"广东外语外贸大学国际服务外包人才培训系列教材" 编委会

主　任：隋广军

副主任：顾也力　郑建荣

委　员：(按姓氏笔画排序)

毕惠阳　李铁立　林吉双　姜灵敏　黄立军

黄永智　蒋吉频　曾　增　熊海涛　魏　青

广东外语外贸大学国际服务外包人才培训系列教材

Fuwu Waibao Qiye Zhanlue Guanli

服务外包企业战略管理

黄立军　主编

暨南大学出版社
JINAN UNIVERSITY PRESS

中国·广州

图书在版编目（CIP）数据

服务外包企业战略管理/黄立军主编. —广州：暨南大学出版社，2013.8
（广东外语外贸大学国际服务外包人才培训系列教材）
ISBN 978 - 7 - 5668 - 0538 - 6

Ⅰ.①服…　Ⅱ.①黄…　Ⅲ.①服务业—对外承包—企业战略—研究
Ⅳ.①F719

中国版本图书馆 CIP 数据核字（2013）第 080503 号

出版发行：暨南大学出版社

地　　址：中国广州暨南大学
电　　话：总编室（8620）85221601
　　　　　营销部（8620）85225284　85228291　85228292（邮购）
传　　真：（8620）85221583（办公室）　85223774（营销部）
邮　　编：510630
网　　址：http：//www.jnupress.com　http：//press.jnu.edu.cn

排　　版：广州市天河星辰文化发展部照排中心
印　　刷：湛江日报社印刷厂

开　　本：787mm×1092mm　1/16
印　　张：15.375
字　　数：286 千
版　　次：2013 年 8 月第 1 版
印　　次：2013 年 8 月第 1 次
印　　数：1—2000 册

定　　价：38.00 元

（暨大版图书如有印装质量问题，请与出版社总编室联系调换）

总　序

自 21 世纪以来,我国承接美欧日等国家和地区的国际服务外包呈加速发展之势。2012 年,我国承接国际服务外包执行金额为 336.4 亿美元,现已成为全球第二大服务外包接包国。伴随着服务外包产业的迅速发展,我国能熟练从事国际服务外包业务中高端人才的短缺问题日益突显出来。因此,尽快培养国际服务外包产业所需的中高端人才,已成为促进我国服务外包产业持续、快速和健康发展的当务之急。

广东外语外贸大学国际服务外包研究院和国际服务外包人才培训基地是全国普通高等院校中最早成立的有关国际服务外包研究和人才培训的专门机构。2009 年 10 月以来,国际服务外包研究院承接国际服务外包的理论研究和政府咨询等课题 40 余项,发表论文 200 余篇。目前,广东外语外贸大学国际服务外包研究院已成为华南地区国际服务外包理论研究中心、政府决策咨询智库。四年来,广东外语外贸大学国际服务外包人才培训基地共培训软件架构师、软件测试工程师和网络工程师等 IT 类高校“双师型”教师 150 余人;培养和培训 ITO、BPO、KPO 等适用型大学毕业生 2 000 余人;为 IBM、西艾、从兴等服务外包企业定制培训服务外包商务英语和相关业务流程专业人才 500 余人;培训服务外包企业和政府中高层管理人员近 7 000 人。经过几年来对服务外包人才培养模式与实践的有益探索,广东外语外贸大学国际服务外包人才培训基地已成为广东省服务外包“双师型”教师资源库、大学毕业生适用型人才交付中心、企业和政府管理人员短期进修中心。

广东外语外贸大学作为广东省国际服务外包高端人才培训基地,为更好地发挥其在国际化人才培养上的优势,进一步提高国际服务外包人才培养的质量,特组织专家学者编写了本套教材。本套教材包括《服务外包企业战略管理》、《服务外包项目管理》、《服务外包客户关系管理》、《商务沟通英语》、《商务会谈技巧英语》、《商务谈判日语》、《商务交际日语》、《软件开发中级英语阅读与写作教程》和《软件测试中级英语阅读与写作教程》,共 9 本。

培训服务外包产业所需的中高端人才是一项系统工程,其中,编写出能够既反映服务外包发展理论,又符合服务外包发展实践的教材就尤其重要。

我们希望本套教材的出版能够为服务外包人才的培养尽一份力量；同时，我们也真诚地欢迎各位读者对本套教材的不足之处提出修改的意见和建议，以期进一步提高我们教材编写的质量。

广东外语外贸大学国际服务外包人才培训系列教材编委会
2013 年 5 月

前　言

　　企业战略管理是企业制定战略和实施战略的一系列管理决策和行动。本书正是沿着战略管理的过程展开的，系统地讲述了战略分析、战略决策和战略实施的理论与方法，反映了这一领域的研究成果与实践经验。

　　本书共分为九章。第一章是企业战略管理概论，主要阐述了服务外包，服务外包企业，企业宗旨、目标、战略和战略管理等基本概念，为整个课程的学习打下坚实的概念基础。

　　第二章和第三章讲述了战略分析的理论与方法。第二章是企业战略环境分析，主要讲述了如何对外部环境进行深入的研究，以准确地把握宏观环境的趋势，测评行业的竞争状况和企业在市场上的地位，掌握竞争对手的动态，明确成功的关键因素，发现新的机会和威胁。第三章是企业资源和能力分析，通过对企业的价值链、核心竞争能力、SWOT分析等考察企业所拥有的资源和能力，以评价企业的优势和劣势。

　　第四、五、六、七章讲述了战略决策，学习这些内容，是为了学会分析成功战略和平庸战略之间的区别，正确地选择满意的战略。第四章是企业总体战略，主要讨论了企业发展的方向和方式，分析了加强型战略、一体化战略、多元化战略、稳定战略、收缩战略、并购与重组。第五章是企业竞争战略，主要讲述了企业如何针对不同的环境和条件确立竞争优势，分析了基本竞争战略、在不同行业环境中的竞争战略和处于不同竞争地位时的竞争战略。第六章是国际化战略，企业的竞争战略不仅发生在国内本行业中，而且会发生在国际市场环境中。为此，要研究国家的竞争优势、进入国际市场的方式、国际化战略和战略联盟。第七章是企业战略评价，主要讲述了影响战略制定和评价的基本因素，介绍了战略评价的方法和研究结论。

　　第八章和第九章讲述了如何成功地实施战略。一个卓越的战略很重要，但如果不能有效地实施也无济于事。第八章是战略实施的计划与组织，主要讲述了把战略方案从空间上分解为职能战略，从时间上分解为实施计划，并制订权变计划；论述了各种组织结构如何去适应不同的战略，以及建立企业信息系统和实行流程再造。第九章是战略实施的领导与控制，新战略的实施

是一次重大的变革，对变革的领导是很重要的，这包括建立与战略匹配的领导班子，培育支持战略的企业文化和激励系统，克服变革阻力等；要使战略沿着成功的轨道实施，还必须进行有效的战略控制。

　　本书是主要为服务外包企业管理人员所写的培训教材，也可以为其他行业有志于从事管理工作的学员学习使用。

编　者

2013 年 5 月

目　录

第一章　企业战略管理概论

学习目标

1. 服务外包及其企业
2. 企业宗旨
3. 企业目标
4. 企业战略
5. 企业战略的构成要素
6. 总体战略
7. 经营单位战略
8. 职能战略
9. 战略管理过程

开篇案例

德尔塔公司的使命

1993 年，德尔塔航空公司的首席执行官罗纳尔德·W. 阿兰是这样表述公司使命的：

我们想让德尔塔公司成为全球最好的航空公司。

我们不仅是，而且想要成为一个革新的、积极进取的、有伦理道德的、成功的市场竞争者，以最高的顾客服务标准，为顾客提供去往全球的机会。我们将继续寻求机会，通过进入新的航线创建新的战略联盟，扩大我们的业务范围。

因为我们想进入我们最了解的业务领域——航空运输及相关服务。我们决不会离开我们的根。我们深信，航空业有着长远的前途，有利润，有增长，我们将继续在这个业务环境中集中我们的时间、精力和投资。

我们极其看重顾客的忠诚度、职员的忠诚度以及投资者的忠诚度。对于旅行者和货物托运者，我们将不断提供最好的服务和价值。对于我们的员工，我们将继续提供更富挑战性、高报酬和以工作成绩为导向的工作环境，认可并感谢他们的贡献。对于我们的股东，我们将提供一个稳定、超群的回报率。

讨论题：

1. 德尔塔公司的使命包括哪些内容？
2. 你认为还应该增加哪些内容？

资料来源：亚瑟·A. 汤姆森等著的《战略管理：概念与案例》。

第一节　服务外包与服务外包企业

一、服务外包概述

美国高德纳（Gartner）咨询公司定义：Gartner 按最终用户与 IT 服务提供商所使用的主要购买方法将 IT 服务市场分为离散式服务和外包（即服务外包）。服务外包又分为 IT 外包（ITO）和业务流程外包（BPO）。

ITO 可以包括产品支持与专业服务的组合，用于向客户提供 IT 基础设施，或企业应用服务，或同时提供这两方面的服务，从而确保客户在业务方面取得成功。从最低程度上来看，外包包括某些 IT 管理服务，ITO 则被进一步细分成数据中心、桌面、网络与企业应用外包等。BPO 是"把一个或多个 IT 密集型业务流程委托给一家外部提供商，让他拥有管理和控制选定的流程。以上这些业务是基于已定义好和可测量的方法来执行的"。被外包给 ESP 的业务流程包括物流、采购、人力资源、财务会计、客户关系管理，或其他管理，或面向消费者的业务功能等。

IDC 公司定义：IDC 公司认为 IT 服务市场由三个子市场构成：IT 外包（ITO）市场、咨询及系统集成（C&SI）市场以及技术产品支持（TPS）市场。主要业务外包（BPO）市场包括采购、财务会计、培训人力资源、客户服务等业务流程外包服务。IT 外包（ITO）市场和主要业务外包（BPO）市场共同组成了服务外包市场。

毕博管理咨询公司定义：服务外包就是指企业为了将有限资源专注于其核心竞争力，以信息技术为依托，利用外部专业服务商的知识劳动力，来完成原来由企业内部完成的工作，从而达到降低成本、提高效率、提升企业对市场环境迅速应变的能力并优化企业核心竞争力的一种服务模式。

在我国，服务外包是指企业将价值链中原本由自身提供的具有基础性的、共性的、非核心的 IT 业务和基于 IT 的业务流程剥离出来后，外包给企业外部专业服务提供商来完成的经济活动。因此，服务外包应该是基于信息网络技术的，其服务性工作（包括业务和业务流程）通过计算机操作完成，并采用现代通信手段进行交付，使企业通过重组价值链、优化资源配置，降低了成本并增强了企业核心竞争力。一般来说，服务外包可分为信息技术外包服务（ITO）、技术性业务流程外包服务（BPO）和技术性知识流程外包（KPO）。其中，信息技术外包服务可细分为软件研发及外包、信息技术研发服务外包和信息系统运营维护外包；技术性业务流程外包服务可细分为企业业务流程设计服务、企业内部管理数据库服务、企业运营数据库服务和企业供应链管理数据库服务；而技术性知识流程外包的适用范围则包括知识产权研究、医药和生物技术研发和测试、产品技术研发、工业设计、分析学和数据挖掘、动漫及网游设计研发、教育课件研发、工程设计等领域。

二、服务外包企业

服务外包企业是指根据其与服务外包发包商签订的中长期服务合同，向客户提供服务外包业务的服务外包提供商。

服务外包业务是指服务外包企业向客户提供的信息技术外包服务（ITO）和业务流程外包服务（BPO）。它包括业务改造外包、业务流程和业务流程服务外包、应用管理和应用服务等商业应用程序外包、基础技术外包（IT、软件开发设计、技术研发、基础技术平台整合和管理整合）等。

当前服务外包的发包方主要是美国、欧洲、日本的跨国公司和国际机构。而服务外包业务的承接方主要是发展中国家，做得较早和较好的有印度、新加坡、菲律宾、巴西等国。尽管从理论上来说，发展中国家既有可能是接包方，也有可能是发包方，但以比较优势论，我国和其他发展中国家更多为发达国家的服务接包方。

三、发展服务外包的战略意义

（一）深化服务业的发展，优化社会经济结构

服务外包发展意味着服务分工深化。其通过服务流程分工深化提升服务业以及其他需要服务投入流程的部门经济效率，改造当代企业基本组织构造，并通过外包—接包关系离岸化和国际化改变全球经济结构，从而对我国经济增长速度和经济福利提升产生积极影响。我国积极推进鼓励和促进服务外包政策，有助于通过提升服务生产效率以更好地实现经济发展和追赶目标，有助于获取自身发展需要的技术、知识、人才和市场条件，对深化国内服务业分工具有促进意义。我国的西安、大连、上海、北京、深圳等一批城市近年

来积极发展服务外包，试图让这一新兴行业成为区域经济的新增长点。

从经济学角度来看，服务业外包的出现，对于认识经济发展模式和战略的选择，都提供了新鲜的经验。承接服务外包，尤其是出口导向型的服务业投资，对于我国承接新一轮产业转移从而提升产业结构、引进先进经营管理理念、扩大出口份额、减少贸易摩擦、创造就业、提高员工收入和科技水平等都具有重要的经济意义和社会意义。同时，现代服务业属于资源消耗少、无污染的无烟工业，这些特点与我国可持续发展的经济理念相一致，为我国大力发展服务外包提供了良好的机遇。

（二）加大服务业的市场开放度，促进服务贸易长足发展

目前，尽管我国个别领域服务业吸引外资初见成效，但从服务业引资总体情况来看，由于我国服务业发展滞后，总体引资水平仍然远远落后于世界平均水平，也落后于已取得卓著成就的制造业。从外资存量来看，70%以上集中在制造业领域，服务业直接投资较少，其中房地产约占21%，其他服务业为8%。近年来，这一点虽有一定程度的改观，但服务业利用外资一直没有进入快速稳定增长的轨道。因此，积极培育国内服务外包市场，改进和加强投资促进工作，加大服务业的引资力度，对促进服务贸易的长足发展有着重要的意义。

（三）完善服务业人才培养体系，构建灵活的外包专业人才培养机制

服务外包涉及的产业和领域非常广泛，专业水平要求很高，应注意培养相关领域的外包专业人才，根据不同的产业特点与外包项目的性质，建立外包专业人才培养基地。落实商务部"千百十工程"人才培训计划，推动服务外包人才培训特别是紧缺人才的培训。整合地区服务外包培训资源，逐步完善服务外包人才的培训体系。我国虽然拥有低人力成本优势，但从事现代服务业和承接外包服务所需的高素质人才紧缺，人才使用成本增加太快，服务企业的成本优势不突出。因此，发展服务外包对完善服务业人才培养体系，构建灵活的外包专业人才培养机制有着重要的促进意义。

第二节　企业战略的基本概念

在制定企业战略的过程中，企业宗旨、目标和战略三者紧密相连，相互制约。战略方案为实现目标服务，而目标又体现了企业宗旨的要求。所以，我们的学习是从理解这些基本概念入手的。

一、企业宗旨

（一）企业宗旨的定义

任何企业都有其特定的宗旨。企业宗旨是企业管理者确定的企业生产经营的总目标、总方向、总特征和总的指导思想。它反映了企业管理者为组织将要经营的业务规定的价值观、信念和指导原则；描述了企业力图为自己树立的形象；揭示了本企业与同行其他企业在目标上的差异；界定了企业的主要产品和服务范围，以及企业试图满足的顾客基本需求。

关于企业宗旨的思想主要是以彼得·德鲁克于 20 世纪 70 年代中期创立的一整套理论为基础提出的。德鲁克认为，确定企业的宗旨就是要明确这样的问题："我们的企业是什么以及它应该是什么?"定义企业宗旨就是阐明企业的根本性质与存在的目的或理由，说明企业的经营领域、经营思想，为企业目标的确定和战略的制定提供依据。

企业宗旨有多方面的内容，所以有时又称战略展望、战略意图、愿景和使命、战略纲领、目的和任务陈述等。尽管提法不同，但都表明企业存在的理由和追求，回答"我们的企业是什么以及它应该是什么"这一关键问题。这个听起来很简单的问题，正是企业必须时时做出明确答复的最大难题。在企业结构简单的情况下，企业的所有者与经营者将各种职能集于一身，其信念、愿望、抱负决定着企业的宗旨，决定着整个企业的生产经营方向和运作，这时问题还比较清晰。但经营一段时间后，企业逐渐扩大，增加了新的产品和新的市场时，这些问题就会变得模糊起来。特别是随着新的经济时代的到来，企业需要面对各种新的变化，如转产、多元化经营、兼并、合资等。在新的情况下，企业如何选择自身存在的基础，如何树立自身存在的价值和意义，如何确立企业生存和发展的理念，是企业面临的重要课题。

（二）企业宗旨的内容

1. 企业愿景（远景）（vision）

愿景是企业对其前景所进行的广泛的、综合的和前瞻性的设想，即我们要成为什么。这是企业为自己制定的长期为之奋斗的目标。它是用文字描绘的企业未来图景，它使人们产生对未来的向往，从而使人们团结在这个伟大的理想之下，集中他们的力量和智慧来共同奋斗。愿景只描述对未来的展望，而不包括实现这些展望的具体途径和方法。

愿景不一定要实现，只要有 50% ~70% 的可能性就可以了，关键是要能使大家认可，激励人们前进。愿景一般包括 10 ~30 年可见的目标，以及对这个目标实现时情景的生动描述。有四类愿景的陈述方式（见表1-1）可供借鉴。

表1-1　愿景的陈述方式

陈述的角度	例子	
	陈述	组织
从质和量的角度陈述	到2000年成为1 250亿美元的公司	沃尔玛，1990年
	成为在世界范围内改变人们认为日本产品质量差的看法的最知名的公司	索尼，20世纪50年代
	成为世界商业飞机的主角并将世界带入喷气时代	波音，1950年
从战胜竞争者的角度陈述	击败RJR，成为世界第一烟草公司	菲利普，20世纪50年代
	粉碎阿迪达斯	耐克，20世纪60年代
	摧毁雅马哈	本田，20世纪70年代
从相关角色的角度陈述	用20年的时间成为像今天的惠普公司一样受人尊敬的公司	一家办公设备公司
	成为西部的哈佛	斯坦福大学，20世纪40年代
从内部改造的角度陈述	通过把大公司的优势与小公司的精干与灵敏结合起来，使公司成为所服务的市场中第一或第二位的公司	通用电气，20世纪80年代
	将我们的公司由国防领域转变为世界上最好的多样化的高科技公司	罗可维尔，1995年
	将这个部门由一个没有声望的内部产品提供者转变为最受尊敬的、令人兴奋的和广受欢迎的部门之一	一家电脑公司的一个产品部，1989年

资料来源：转引自董大海. 战略管理. 大连：大连理工大学出版社，2000.

2. 企业使命（mission）

企业使命旨在阐述企业长期的战略意向，其具体内容主要说明决定企业目前和未来所要从事的经营业务范围。

使命是企业存在的目的和理由。可能有人会说企业是为了盈利而存在的，不过，利润是企业成功经营的结果。企业只有以某种技术，在某些地区，以某种可获利的价格，向某些顾客提供了某种产品或服务，满足了他们的某种需求，才能盈利。集中考察刚刚起步的企业可能会使我们更好地理解企业使命。开办一个新企业时，不是决定利润多少，而是决定要满足的需求、顾客和所采用的技术。所以，要想获得一个在战略的角度上清晰明了的业务界定，必须包括下面三个要素：

（1）顾客的需求。企业需要满足的需求是什么？仅仅知道企业所提供的产品和服务是远远不够的。顾客需要的不是产品和服务本身，而是产品或服务提供的功能，而这种功能能够满足他们的某种需求。没有需求或需要，也就没有业务可言。

（2）顾客。需要满足的对象是谁？企业定位的顾客群是什么？顾客群这个因素之所以重要，是因为他们代表了一个需要提供的市场，即企业打算在哪些地理区域内展开竞争以及企业追逐的购买者类型。

（3）技术和活动。企业在满足目标市场时所采用的技术和开展的活动。这个因素表明企业是如何满足顾客需求的，以及企业所覆盖的活动是行业的生产—分销价值链的哪些部分。例如，大型的跨国石油公司（如埃克森石油公司）所做的业务包括：租赁采油场、钻油井，实地采油，用自有的油轮和管道将原油输送到自己的炼油厂，通过自己的品牌分销商和服务分店网络销售石油和其他精炼产品。这些业务覆盖了整个行业生产—分销价值链的各个阶段。而有些公司则是专业厂商（如沃尔玛），它们只集中经营行业整个生产—分销价值链的某一个阶段。

很好地界定企业所服务的需求、目标市场以及所开展的活动是一个挑战，请看下面一个例子。麦当劳用来界定公司业务的理念是：一张有限的菜谱，质量一致的美味快餐食品，快速到位的服务，超值定价，卓越的顾客关怀，便利的定位和选址，全球的覆盖。麦当劳的业务使命确定的中心是：在全球范围内向一个广泛的快餐食品顾客群"在气氛友好、卫生清洁的饭店里以很好的价值提供有限系列的、美味的快餐食品"。

确定企业使命往往是一个反复认识和实践的过程。例如，美国施乐复印机公司原先将其经营业务定义为"我们生产复印机"，这是一种生产者导向的经营使命。后来，将经营业务更改为"我们帮助提高办公效率"。这一经营使命的改变，使施乐公司连上两个台阶。首先，施乐公司从一个"箱子"公司变成了一个系统提供者，不仅经营复印机，而且与其他办公用品的生产企业合作，经营其他办公用品；其次，施乐公司成立了专业文件服务公司，利用信息工具的协同效果，为一些大公司提供信息的收集、处理、储存的专业文件服务。

　　企业使命阐明了企业的前进方向和对未来的业务展望，应当适时对它进行修改。正如德鲁克所说，"关于一个企业的宗旨和使命的定义，很少维持到三十年的，更不用说五十年了，一般的只能维持十年"。所以，他认为企业要经常分析外部环境和内部条件，审视自己的使命，问一问"我们的企业将会成为什么样子？""我们的企业应该是什么？"惠普公司以前这样描述自己的使命：设计、制造、销售和支持高精密电子产品和系统，以收集、计算、分析资料，提供信息作为决策的依据，帮助全球的用户提高其个人和企业的效能。多年来，在这个使命的指引下，惠普公司主要在六个领域内经营，即计算机系统，信息产品（计算机、打印机、扫描仪），测量、测试仪器，医疗仪器，化学分析仪器，电子元器件。面对信息时代的到来，惠普公司重新修订了自己的使命：创造信息产品以便加速人类知识进步，并且从本质上改善个人及组织的效能。

　　3. 经营哲学

　　经营哲学是一个组织为其经营活动方式所确定的价值观、信念和行为准则，是企业文化的高度概括。经营哲学主要通过以下两方面表现出来：

　　（1）企业提倡的共同价值观。

　　国际商用机器公司（IBM）前董事长小 T. J. 华森论述了共同价值观念的重要性。他说："我的论点是，首先，我坚信任何组织为了生存并获得成功，必须树立一套正确的信念，作为它们一切方针和行动的前提。其次，我相信一个公司成功的最主要因素是其成员忠诚地坚持那些信念。最后，我认为如果一个组织在不断变动的世界中遇到挑战，它必须在整个寿命期内随时准备变革它的一切，唯有信念却永远不变。"华森接着阐述了国际商用机器公司的哲学：①尊重个人；②希望在世界上的所有公司中，给予顾客最好的服务；③所有的工作都能以卓越的方式去完成。这几条价值观念在以后的几十年内指引着 IBM 前进。

　　经营哲学同样制约着企业的经营范围和经营效果。例如我国青岛海尔公司提出"出口创牌"而不是"出口创汇"的经营理念，所以他们首先选择欧洲市场出口产品，力求打造世界名牌。又如，我国海信公司总经理明确提出，不把进入世界 500 强作为该公司的主要目标，他认为，为了进入世界 500 强，企业对销售额的追求不亚于在计划体制下对产值的追求。海信公司在这样的经营哲学的指导下，实施"稳健的财务制度"，实行更为注重效益的扩张战略。

　　（2）企业对利益相关者的态度。

　　企业应该有效地反映企业内外部利益群体和个人的合理要求。企业内部利益群体包括企业的股东、董事会、管理人员和员工。企业的外部利益群体包括企业的顾客、供应商、销售商、竞争者、政府和一般公众等。这些利益群体希望企业能够按照他们满意的方式进行生产经营活动，例如，职工要求在经济收入、社会地位和心理状态上得到满足；股东要求从他们的投资中得到满意的回报；顾客要求购买到物美价廉、符合他们利益的商品；供应者希望企业能够长期地使用他们的产品或服务；竞争者要求能够公平竞争；政府机构要求企业遵纪守法；社区公众则希望由于企业在当地的存在，使他们的生活水平能够有所提高；更进一步讲，一般公众希望企业保护环境、促进社会公正和进步，支持社会活动和文化活动等。企业应当在其宗旨中明确地阐述自己对这一问题的态度，即企业在承担遵守法律和创造利润的基本责任外，还愿意承担多少社会责任。

例如，美国的本一杰瑞公司这样定义自己的宗旨：本一杰瑞公司的使命是生产和分销高质量、全天然、多品种、新风味，用佛蒙特奶场生产的各种新原料制成的冰淇淋及相关产品。要不断增加盈利，在良好的财务基础上进行经营，要为我们的股东增加价值，为我们的雇员创造职业机会和经济回报。要充分发挥企业在社会结构中应起到的中心作用，要以创新的方式改进当地、国家及全球人民的生活质量。

（三）确定企业宗旨的意义

企业的宗旨可以不用文字陈述出来，而只为企业高层领导人所掌握。但是，精心策划、措辞恰当的企业宗旨对管理者来说具有真正的价值：

（1）使公司的高层管理者对公司的长期发展方向和未来业务结构有一个清晰的认识。

（2）可以降低公司的管理部门在缺少企业宗旨指导的情况下制定决策时的风险。

（3）它传递着公司的目标，激励企业员工作出承诺，激励员工竭尽全力为实现企业的宗旨做出自己的贡献。

（4）低层的管理部门可以依照它来制定部门的宗旨，设置部门使命和目标体系，制定与公司的发展方向和与总体战略协同一致的职能部门战略。

（5）它有助于为公司规划未来做好充分的准备。

二、企业目标

（一）企业目标的概念和作用

企业目标是企业宗旨和使命的具体化。对此，德鲁克的精辟阐述如下："有关企业及其宗旨和使命的基本定义必须转化成各种目标。否则，它们仍旧是永远不会产生成果的构想、良好的愿望和漂亮的警句。"

一般来讲，企业的目标由四个部分组成：①目的，这是企业期望实现的标志；②衡量实现目的的指标；③企业应该实现的指标水平；④企业实现指标的时间表。

企业的目标是一个体系。它可分为长期目标和年度目标。建立目标体系的目的是将企业的宗旨和使命转换成明确具体的业绩目标，从而使得企业发展有一个可以测度的指标，为管理活动指明了方向，为考核提供了标准。同时，目标还能起到激励员工和凝聚员工力量的作用。

（二）企业长期目标

长期目标又称战略目标，是企业在战略管理过程中所要达到的结果。

1. 长期目标的指标

长期目标的目的实际就是企业的愿景。企业长期目标往往是企业各利益相关者利益均衡的产物，为了全面反映企业各利益相关者的利益，企业的战略决策者一般从两个大方面考虑建立自己的长期目标。

第一方面是财务目标，这是指与财务业绩有关结果领域的指标。获得满意的财务业绩至关重要。如果没有足够的盈利和发展，那么企业追求的愿景，企业的长期健康性，以至于企业的生存，都将受到威胁。无论是股东还是企业的经营者，都不会对一个不能带来满意财务结果的事业继续投入资本。具有代表性的财务目标是：收益增长率、满意的投资回报率（或者经济附加值——MVA）、股利增长率、股票价格评价（或者市场附加值）、良好的现金流、企业的信任度（强大的证券和信用评价，公认的"蓝带公司"）、提高公司收入的多元化程度、在经济萧条期间稳定的公司收益等。

第二方面是战略地位目标，这是反映企业竞争力和市场地位的指标。如果企业的经营业绩不能反映企业不断提高的竞争力和市场地位，那么，企业的发展就不能鼓舞人心，企业继续产生良好财务业绩的能力也将受到怀疑。具有代表性的战略地位目标是：提高企业的市场份额；如何在行业中占据领先地位，如拥有更短的从设计到市场的周期、比竞争对手更高的产品质量、更低的公司的总成本、更宽或者更有吸引力的产品线、更卓越的顾客服务、更好的企业形象与顾客忠实度、更广阔的地理覆盖面、更高的顾客满意度；是技术和产品革新方面的领导者；更好地承担社会责任方面的目标，等等。

下面是几个著名公司长期目标的例子：

通用电气公司：在公司进入的每一项业务上，占有第一或第二的市场份额，成为全球最具竞争力的公司。在 1998 年之前，达到存货周转率 10 倍、营业利润率 18% 的目标。

3M 公司：每股收益平均年增长率为 10% 或 10% 以上，股东权益回报率为 20% ~ 25%，营运资金回报率为 27% 或 27% 以上，至少有 30% 的销售额来自于最近四年推出的产品。

波音公司：尽我们所能来获得高利润，保持股东的年平均收益率为 20%。

Anheuser - Busch 公司：使我们所有大公司的领导者在他们所在的行业中拥有很高的素质，同时超越顾客的期望；获得美国啤酒市场 50% 的市场份额；在国际啤酒市场上建立和维持占统治地位的领导地位；为我们所有的职员提供富于挑战性和有益的工作，令人满意的工作环境，个人发展和提高的机会，竞争性的工资补偿；获得两位数的年度每股收益率，提高与收益增长相一致的红利发配，在机会合适的时候重新购买股票，追求有利可图的国际啤酒业的扩张，获得高质量的公司收益和现金流回报，通过达到这些目标为股东提供卓越的回报。

2. 制定长期目标的程序

长期目标是选择战略方案的依据，战略方案是为实现长期目标而采取的行动，两者的时间跨度应该是一致的。为使长期目标与战略方案有机地结合起来，制定时必须遵循以下程序：

（1）根据环境预测和内部评估，确定长期目标的期望水平；

（2）预测企业未来的绩效水平，并找出目标期望水平和未来预测水平的差距；

（3）探讨弥补差距的战略方案；

（4）综合调整各项战略，并修改对企业未来绩效水平的预测。经过调整和修订，如果期望水平与预测水平之间的差距可以得到弥补，期望目标即成为长期目标。否则，就必须重新确定目标的期望水平。

3. 衡量长期目标的质量标准

企业在确定长期目标时，不仅要考虑上述内容，而且还要考虑目标内涵的质量。衡量长期目标的质量一般有以下标准：

（1）适合性。企业中的每一个长期目标应该是企业宗旨的具体体现，违背企业宗旨的目标往往只会损害企业自身的利益。

（2）可度量性。企业在制定长期目标时，要尽可能明确具体地规定目标的内容及实现目标的时间进度。含糊不清的目标既容易引起误解，又无法衡量。正如惠普的合伙创始人比尔·休利特所说："对于您测量不了的事情，您是管理不了的……那些能够被测量的东西才能被完成。"对于某些社会责任目标，也应当作出明确的定性解释。

（3）合意性。所制定的目标要适合企业管理人员的期望和偏好，使他们便于接受和完成。此外，有的长期目标还要使企业外部的利益群体能接受。

（4）易懂性。企业各层次的战略管理人员都必须清楚地理解他们所要实现的目标，必须理解评价目标效益的主要标准。为此，企业在阐述长期目标时，要准确、详细，使其容易为人们所理解。

（5）激励性。企业长期目标要有一定的挑战性，激励人们去完成。在实践中，不同的个人或群体对目标的挑战性可能有着不同的认识。在这种情况下，企业要针对不同群体的情况提出不同的目标，以达到更好的激励效果。

（6）灵活性。当经营环境出现意外的变化时，企业应做到适时调整其目标。不过，有时企业在调整目标时，会产生一定的副作用，如影响员工的积极性等。为了避免或减少这种副作用，企业在调整目标时，最好是只改变目标的实现程度，而不改变目标的性质，以保证其可行性。

4. 企业长期目标的层次

如果要使战略性思维和战略驱动性的决策渗透到整个组织的行为之中，那么，长期目标的对象就不能局限于整个组织，还应当具体到公司的每个战略经营单位、事业部、职能部门。

长期目标体系的建立自上而下的程度要比自下而上的程度更强一些。通常的做法是：首先建立整个公司的长期目标体系，然后在业务单元、分公司、职能部门建立长期目标，并使这些长期目标与公司整体的长期目标直接联系。这种自上而下的目标制定方式有两个优势：第一，它有助于在组织内各个部分的目标和战略之间创造协调一致性；第二，它有助于将公司沿着既定战略路径前进所做的努力统一起来。如果公司的高层管理部门偏向于让多个层次的组织成员参与公司整体目标制定工作，而没有首先提出一个全公司范围内的目标体系作为指导，那么，低层组织单元就没有一个将自己的业务目标和公司业务目标联系起来的基础。一个企业任由低层单位按自己的决策优先来制定目标，最后产生整个企业的目标体系，就会使各组织单元的目标和战略不协调，不能形成整体合力，这是无法推动整个企业沿着既定的战略道路前进的。

5. 企业年度目标

年度目标是指实施企业总体战略的年度作业目标，是战略实施中的一种必要手段。它与企业的长期目标有着内在的联系，为监督和控制企业的绩效提供具体的可以衡量的依据，具有较强的可操作性。企业主要从两个方面考察其年度目标：

第一，与长期目标的联系。年度目标是长期目标在时间上的一种分解，它常常表明企业的管理者试图达到长期目标的速度。如果年度目标脱离长期目标，往往会损害企业的长期生存与发展。

第二，职能部门年度目标间的协调。年度目标又是长期目标在空间上的一种分解，即年度目标将长期目标的信息传递到主要职能部门，并将长期目标按职能的需要分解为更具体的年度目标，使之便于操作和落实。在实践中，有的企业职能部门在确定年度目标时，往往只注重本部门的利益，可能导致各职能部门的年度目标缺乏内在联系，从而损害企业的整体利益，影响整体效益。为了避免这种情况，应反复进行综合平衡，保持各部门年度目标间的一致性。此外，前面提到的衡量长期目标的六条标准，对年度目标同样适用。

三、企业战略

（一）战略的含义

在英文中，战略"Strategy"一词来源于希腊语"Strategos"，其含义是将军。到中世纪，这个词演变为军事术语，指对战争全局的筹划和谋略。它依据敌对双方的军事、政治、经济、地理等因素，照顾战争全局的各方面，规定军事力量的准备和运用。战略是从整个战争的胜利出发考虑问题，为了实现既定的战略目标，就要围绕战略部署制订具体的作战方案，这就是战术问题。战术（Tactic）是指解决局部问题的原则和方法，是有关特定军事行动的具体方案，考虑的是如何赢得战斗或战役的胜利。战略是战术的灵魂，是战术运用的基础；战术的运用要体现既定的战略思想，是战略的深化和细化。

除军事领域之外，战略的价值同样适用于政治、经济等领域。后来演变为泛指重大的、全局性的、左右胜败的谋划。将战略思想运用于企业经营管理之中，便产生了企业战略这一概念。

（二）企业战略的定义

企业战略是指企业面对激烈变化、严峻挑战的经营环境，为求得长期生存和不断发展而进行的总体性谋划。它是企业为实现其宗旨和目标而确定的组织行动方向和资源配置纲要，是制订各种计划的基础。

具体而言，企业战略是在符合和保证实现企业宗旨的条件下，在充分利用环境中存在的各种机会和创造新机会的基础上，确定企业同环境的关系，规定企业从事的经营范围、成长方向和竞争对策，合理地调整企业结构和配置企业的资源，从而使企业获得某种竞争优势。

第三节　企业战略的构成要素和层次

一、企业战略的构成要素

从狭义战略的角度来讲，企业战略由以下四个要素组成。

（一）经营范围

经营范围是指企业从事生产经营活动的领域。它反映出企业与其外部环境相互作用的程度，也反映出企业计划与外部环境发生作用的要求。企业应该根据自己所处的行业、自己的产品和市场来确定自己的经营范围。

（二）资源配置

资源配置是指企业过去和目前对资源和技能进行配置、整合的能力与方式。资源配置的优劣差异极大地影响着企业战略的实施能力。企业只有注重对异质战略资源的积累，形成不可模仿的自身特殊能力，才能很好地开展生产经营活动。如果企业的资源匮乏或缺乏有效配置，企业对外部机会的反应能力会大大削弱，企业的经营范围也会受到限制。因而，战略资源学派强调资源配置是企业战略最重要的构成要素。

（三）竞争优势

竞争优势是指企业通过其资源配置模式与经营范围的决策，在市场上所形成的优于其竞争对手的竞争地位。竞争优势既可以来自企业在产品和市场上的地位，也可以来自企业对特殊资源的正确运用。

（四）协同作用

协同作用是指企业从资源配置和经营范围的决策中所能寻求到的各种共同努力的效果。也就是说，分力之和大于各分力简单相加的结果。协同作用作为战略要素极具抽象性，从广义的角度上，它可被看作资源配置与整合的规模优势。在企业管理中，协同作用主要表现为以下四个方面：

（1）投资协同作用。该作用来源于企业各经营单位联合利用企业的设备、原材料储备、研发投资以及专用工具和专有技术。

（2）作业协同作用。该作用产生于充分利用现有的人员和设备，共享由经验曲线造成的优势等。

（3）销售协同作用。该作用产生于企业的产品使用共同的销售渠道、销售机构和促销手段。

（4）管理协同作用。该作用来源于管理过程中的经验积累以及规模效益等。如对企业的新业务，管理人员可以利用过去积累的经验减少管理成本。

协同作用的值可以是正值，即 $1+1>2$ 的效应，但协同作用也会出现负值。从大量的实践中可以看出，当一个企业进入全新的行业进行多种经营时，如果新行业的环境条件与过去的经营环境截然不同，则以往的管理经验发挥不了作用。在这种情况下，管理协同作用的值便为负值。

总的来看，衡量企业协同作用的方法有两种：一是在企业收入一定时，评价由于企业内部各经营单位联合经营而使企业成本下降的情况；二是在企业投资一定时，评价由于企业内部各经营单位联合经营而使企业纯收入增加的情况。

二、战略层次

企业的目标是多层次的，它包括企业的总体目标、企业内各个层次的目标以及各经营项目的目标，各层次目标形成一个完整的目标体系。企业的战略，不仅要说明企业整体目标以及实现这些目标的方法，而且要说明企业内每一层次、每一类业务以及每个部门的目标及其实现方法。因此，企业的总部制定总体战略，事业部或经营单位制定经营单位战略，部门制定职能战略。在这三类战略中，战略的四个构成要素又起着不同的作用，见表1-2。

表1-2　各战略层次的基本特征

	企业总体战略		经营单位战略	职能部门战略
企业目标	谋求企业的生存，获得全面增长和利润		谋求在特定的产品和细分市场上获得增长和利润	谋求市场占有率、技术领先程度等
战略构成要素的重要性	大型联合企业	生产相关产品的多种经营企业		

（续上表）

	企业总体战略		经营单位战略	职能部门战略
经营范围	* * *	* * *	* *	*
资源配置	*	* *	* * *	* * *
竞争优势	*	* *	* * *	* *
协同作用		*	* *	* * *
战略构成要素的特征 经营范围	大型联合企业的投资组合与多种经营		产品和细分市场上的竞争与同心式多种经营	注重产品和市场开发，以及产品的形态和商标
资源配置	企业财务组织与技术方面的能力		随着产品和市场寿命周期的变化而变化	不同的职能领域，产品的发展阶段以及整个竞争地位有不同的变化
竞争优势	与行业相比		与特定的竞争对手相比	与特定的产品相比
协同作用	作用于各经营业务之间		作用于各职能领域之间	作用于职能领域之中
重大职能方针决策	财务方针 组织方针	多种经营方针 制造与购买方针 技术方针 财务与组织方针	制造系统设计 产品系列方针 市场开发方针 研究开发方针	定价方针 促销方针 生产进度方针 存货控制方针
资源配置问题	投资组合问题		产品和市场寿命周期问题	职能的综合与平衡问题

注：＊＊＊表示非常重要；＊＊表示重要；＊表示偶尔重要；空白表示不重要。

（一）总体战略（公司战略）

总体战略又称公司战略，是企业的战略总纲，是企业最高管理层指导和控制企业的一切行为的最高行动纲领。在大型企业里，特别是多元化经营的企业里，它需要根据企业的宗旨和目标，选择企业可以竞争的经营领域，合理配置企业经营所必需的资源，决定企业整体的业务组合和核心业务，促使各经营业务相互支持、相互协调。可以说，从公司的经营发展方向到公司各经营单位之间的协调以及从资源的充分利用到整个公司的价值观念、企业文化的建立，都是总体战略的重要内容。

总体战略主要有发展战略、稳定战略和收缩战略。在三种战略中最重要的是发展战略，它包括决定朝什么方向发展，是在原行业中进行产品或市场的扩张，还是通过一体化、多元化进入新的经营领域；还要决定用什么方式发展，要在内部创业、购并、合资等发展方式中做出战略选择。对于多元化经营的企业，要决定企业整体的业务组合和核心业务。

总体战略主要回答企业应该在哪些经营领域内进行生产经营的问题。因此，从战略的四种要素上来看，经营范围和资源配置（投资组合问题）是总体战略中主要的构成要素。竞争优势和协同作用两个要素则因企业不同而需要进行具体分析。在生产相关产品的多元化经营企业中，竞争优势和协同作用很重要，它们主要是解决企业内部各产品的相关性和在市场上进行竞争的问题。在多种行业联合的大型企业里，竞争优势和协同作用相对来讲不太重要，因为企业中各经营业务之间存在一定的协调性，可以共同形成整体优势。即使某个经营业务略有不善，其他的经营业务也可以支持整个企业形成优势。

企业总体战略与企业的组织形态有着密切的关系。当企业的组织形态简单，经营业务和目标单一时，企业总体战略就是该项经营业务的战略，即经营单位战略。当企业的组织形态为了适应环境的需要而趋向复杂化，经营业务和目标也多元化时，企业的总体战略也相应复杂化。不过，战略是根据企业环境变化的需要而提出来的，它对组织形态也有反作用，会要求企业组织形态在一定时期做出相应的变化。

（二）经营单位战略（事业部战略、经营战略）

经营单位是战略经营单位的简称，是指公司内其产品和服务有别于其他部分的一个单位。一个战略经营单位一般有着自己独立的产品和细分市场。它的战略主要针对不断变化的环境，在各自的经营领域里有效地竞争。为了保证企业的竞争优势，各经营单位要有效地控制资源的分配和使用。同时，战略经营单位还要协调各职能层的战略，使之成为一个统一的整体。经营单位战略主要有基本竞争战略、投资战略，以及针对不同行业和不同行业地位的经营战略。

从战略构成要素的角度来看，竞争优势与资源配置通常是经营单位战略中最重要的组成部分。但这里的资源配置主要是指产品和市场寿命周期问题。在多数情况下，经营范围与产品和细分市场的选择有关，与产品和市场的发展阶段有关，而与产品和市场的深度与广度的关系不大。在这个层次上，协同作用是指把经营单位中不同职能领域的活动加以协调。

总体战略是涉及企业全局发展的、整体性的、长期的战略计划，对企业的长期发展产生深远影响。而经营单位战略则着眼于企业整体中的有关事业部或子公司，影响着某一类具体的产品和市场，是局部性的战略决策，只能在一定程度上影响总体战略的实现。所以，总体战略主要由企业的最高层参与决策、制定和组织实施；而经营单位战略形成的参与者主要是具体的事业部或子公司的决策层。

（三）职能战略

职能战略又称职能部门战略，是为了贯彻、实施和支持总体战略与经营单位战略而在企业特定的职能管理领域制定的战略。职能战略一般可分为营销战略、人力资源战略、财务战略、生产战略、研发战略等。

从战略构成要素来看，协同作用和资源配置是职能战略的关键要素，而经营范围则通常不用职能战略考虑。要根据经营单位战略的要求，在各职能部门中合理地配置资源，并确定各职能的协调与配合。

前面说过，在军事上习惯用战略和战术（或称之为策略）来区分不同层次和范围的决策。但在战略管理中，通常不用战略和战术的说法对上述问题做出处理，而是将战略分为三个层次。但实际上，职能战略属于战术。与企业总体战略相比，职能战略用于确定和协调企业短期的经营活动，期限较短，一般在一年左右；职能战略是为负责完成年度目标的管理人员提供具体指导的，所以它较总体战略更为具体；职能战略是由职能部门的管理人员在总部的授权下制定出来的。

对于跨行业多元化经营的大型企业来说，三个战略层次十分清晰，共同构成了企业的战略体系。三个层次战略的制定与实施过程实际上是各管理层充分协商、密切配合的结果。对于中小型企业而言，它们的战略层次往往不明显。它往往相当于大型企业中的一个战略经营单位，所以竞争战略对它们来说十分重要。如果它们成功了，就面临着一个发展的关口。对于单一经营的大型企业而言，前两个层次的战略也往往是合在一起的。

第四节 企业战略管理

一、企业战略管理的过程

战略是计划的一种形式，但战略管理却不仅仅是制定战略。战略管理是制定和实施战略的一系列管理决策与行动。一般认为，战略管理是由几个相互关联的阶段所组成的，这些阶段有一定的逻辑顺序，包含若干必要的环节，由此而形成一个完整的体系。

（一）战略分析

战略分析的主要任务是对为保证组织在现在和未来始终处在良好状态的那些关键性影响因素形成一个概观，即对影响企业战略形成的关键因素进行分析，并根据企业目前的"位置"和发展机会来确定未来应该达到的目标。这个阶段的主要工作是：

（1）明确企业当前的宗旨、目标和战略。首先要明确企业当前的宗旨、目标和战略，这些指导企业目前行动的纲领性文件是战略分析的起点。

（2）外部环境分析。外部环境分析的目的就是要了解企业所处的战略环境，掌握各环境因素的变化规律和发展趋势，发现环境的变化将给企业的发展带来哪些机会和威胁，为制定战略打下良好的基础。

（3）内部条件分析。战略分析还要了解企业自身所处的相对地位，分析企业的资源和能力，明确企业内部条件的优势和劣势；还需要了解不同的利益相关者对企业的期望，理解企业的文化，为制定战略打下良好的基础。

（4）重新评价企业的宗旨和目标。当掌握了环境的机会和威胁，并且识别了自身的优势和劣势之后，需要重新评价企业的宗旨，必要时要对它作出修正，以使它更具有导向作用，进而确定下一步的战略目标。

（二）战略选择

战略选择阶段的任务是决定达到战略目标的途径，为实现战略目标确定适当的战略方案。企业战略管理人员在战略选择阶段的主要工作是：

（1）产生战略方案。根据外部环境和企业内部条件、企业宗旨和目标，拟订要供选择的几种战略方案。

（2）评价战略方案。评价战略备选方案通常使用两个标准：一是考虑选择的战略是否发挥了企业的优势，克服了劣势，是否利用了机会，将威胁削弱到最低程度；二是考虑该战略能否被利益相关者所接受。需要指出的是，实际上并不存在最佳的选择标准，经理们和利益相关者的价值观和期望在很大程度上影响着战略的选择。此外，对战略的评估最终还要落实到战略收益、风险和可行性分析的财务指标上。

（3）最终选出可供执行的满意战略。

（三）战略实施与控制

战略实施与控制过程就是把战略方案付诸行动，保持经营活动朝着既定战略目标与方向不断前进的过程。这个阶段的主要工作包括计划、组织、领导和控制四种管理职能的活动。

战略实施的关键在于其有效性。要保证战略的有效实施，首先要通过计划活动，将企业的总体战略方案从空间上和时间上进行分解，形成企业各层次、各子系统的具体战略或策略、政策，在企业各部门之间分配资源，制定职能战略和计划。制订年度计划，分阶段、分步骤地贯彻和执行战略。为了实施新的战略，要设计与战略相一致的组织结构。这个组织结构应能保证战略任务、责任和决策权限在企业中的合理分配。一个新战略的实施对组织而言是一次重大的变革，变革总会有阻力，所以对变革的领导是很重要的。这包括培育支持战略实施的企业文化和激励系统，克服变革阻力等等。

战略实施的成功与否取决于管理者激励员工能力的大小和人际技能的高低。战略实施活动会影响到企业中的所有员工和管理者。每个部门都必须回答以下问题：为了实施企业战略中属于我们责任的部分，我们必须做什么？我们如何才能将工作做得更好？战略实施是对企业的一种挑战，它要求激励整个企业的管理者和员工以主人翁精神和热情为实现已明确的目标而努力工作。

战略控制是战略管理过程中的一个不可忽视的重要环节，它伴随战略实施的整个过程。建立控制系统是为了将每一阶段、每一层次、每一方面的战略实施结果与预期目标进行比较，以便及时发现偏差，适时采取措施进行调整，以确保战略方案的顺利实施。如果在战略实施过程中，企业外部环境或内部条件发生了重大变化，则控制系统会要求对原战略目标或方案做出相应的调整。

图1-1总结了前面讲的战略管理过程。需要指出的是，在管理实践中，各阶段并不是按直线排列的。由于各项工作是直接相联系的，很可能战略分析和战略决策重叠在一起，也可能评估战略时就开始实施战略了。所以，以上步骤是为了从理论上讨论问题的方便而已。

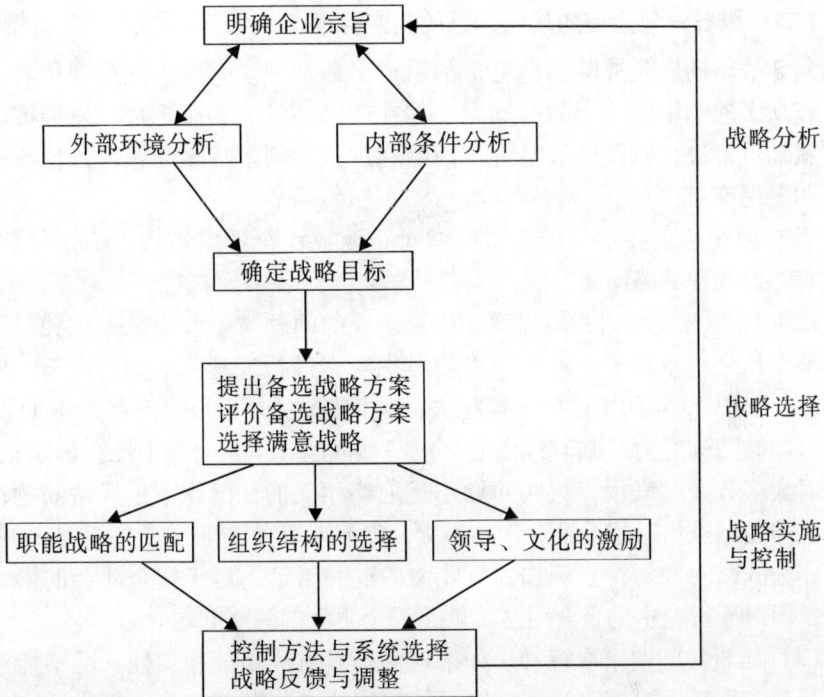

图 1－1　企业战略管理过程图

二、服务外包企业的战略问题管理

（一）服务外包企业的战略问题管理的含义

战略问题是指那些对服务外包企业实现战略、达到目标的能力有重大影响的企业内部或外部即将出现的问题。它们可以是企业外部环境中新出现的机会或威胁，也可以是企业内部可以开发的优势或足以危害企业绩效以至生存的劣势。

针对这些战略问题单独制定战略并付诸实施，就是战略问题管理。战略问题管理可以较好地处理企业战略的两重属性——计划性、长期性、全局性和应变性、风险性、竞争性的矛盾，将一些应变性的、临时性的重大战略问题从企业的长期战略规划中分离出来，单独进行分析和管理。这样，既可以避免对长期战略规划进行繁杂的、经常性的修订，又可以对战略问题迅速做出反应。

（二）服务外包企业的战略问题的判定标准

判定战略问题是战略问题管理的重要组成部分。它要求充分利用各种信息，在众多问题中筛选出战略问题，并在问题还没有完全形成、发展或巩固之前就加以解决，以保证战略管理的顺利进行。判定战略问题可以依次通过以下四条标准：

（1）问题的重要性。如果该问题对企业或社会影响不大，不是很重要，就没有必要当作战略问题处理。

（2）问题与战略相关的程度。如果出现的问题与企业战略不相关，即使它对整个社会很重要，企业也不需要考虑对它进行管理。例如，对于一些政治事件，如1999年的中国驻南斯拉夫的大使馆被炸、2001年的"9·11"事件等，即波特称之为"临时性变故"的一些问题，虽然对整个社会影响很大，但是对大多数企业来说，这些问题不是战略相关的，因而不是战略问题；而另一些问题，虽然对整个社会影响不大，但是对具体企业来说是战略相关的，就应作为战略问题对待。例如，行业中的购并活动，对于整个社会的影响并不大，但对于行业中的企业而言，就是一个重大的战略问题。

（3）能否对问题采取行动。如果该问题具有战略的相关性，但不能对它采取行动或暂时不能采取行动，则只能关注这一问题的发展，等待解决的时机。例如，2003年美国发动伊拉克战争，对于伊拉克周边国家的旅游业来说，虽然面临着巨大的威胁，但它们无能为力，不可能作为战略问题加以处理。

（4）问题的紧迫性。在问题性质重要、与战略有关、可采取行动的情况下，企业应优先处理比较紧急的问题。例如，在1999年，在对中国是否能加入WTO和人民币是否会贬值等重大问题的判断上，一些企业能抓住最紧迫的问题，而一些企业却判断失误。

（三）服务外包企业的战略问题管理过程

（1）判定问题。在服务外包企业中，即将发生的战略问题会有三种信息来源，即企业外部环境变化趋势、企业内部演变趋势和企业的效益发展趋势。企业可以从相互依存和影响的环境因素与内部各职能领域之间的变化上找出问题，并按前述的判定标准分析问题对整个企业可能的影响。

（2）评估问题的重要性。将所判定的战略问题整理分类，按重要程度加以排序。最重要的战略问题应由企业总部详尽分析；一般重要的战略问题可放在经营单位或事业部层次详细分析；而一般性的问题只需加以注视，不必详加分析。

（3）分析问题。分析的方法有：①战略问题寿命周期分析。从过去、现在和将来，分析问题的发展趋势。这种方法适合于企业全面综合地描述比较大的问题。②战略问题分析。将战略问题逐层分解，有针对性地收集有助于作出判断的数据，研究各个层次的问题以及它们对企业战略的影响，系统、翔实地掌握企业的战略问题。③假设分析。从相关利益群体角度，对战略问题提出正反两方面的假设，然后，评估这些假设的重要程度和可靠程度。

（4）提出与战略问题相关的战略。企业对战略问题进行分析后，就应考虑是否需要提出相关战略。如果这些问题所涉及的面较广，则应考虑需要制定总体战略；如果问题只涉及局部单位，则可只制定相应的局部战略。

（5）战略的实施。企业提出的战略，要及时付诸实施，从而增进或避免减少企业的效益。

（6）战略控制。企业管理人员对战略的实施结果，要以一定的手段加以衡量，并向企业反馈，以改进对战略问题的管理。

思考题

1. 何谓企业宗旨？在市场经济的条件下，企业如何确定自己的宗旨？
2. 试说明企业宗旨、目标和战略之间的相互关系。
3. 我国企业如何判断自己企业的战略构成要素，从而寻求竞争优势？
4. 试论企业经营范围与资源配置的关系。
5. 试述各战略构成要素在不同层次的战略中的作用。
6. 描述企业自身的战略管理过程图。
7. 企业战略问题的判定标准是什么？

网络练习

在互联网上找出一个真实的服务外包公司，了解它的企业宗旨、企业目标、企业战略、总体战略、事业部战略、职能战略等方面的情况。

第二章 企业战略环境分析

学习目标

1. 外部环境研究的必要性
2. 宏观环境
3. 行业分析的基本思路
4. 行业生命周期
5. 经验曲线和规模经济
6. 五种竞争力量
7. 竞争对手分析
8. 成功关键因素分析

开篇案例

民族饮料行业的一颗明星

在 1998 年 12 月中国企业管理协会、中国企业家协会主办的'98 全国市场竞争力调查活动中,汇源果汁不仅在果蔬类饮料中榜上有名,而且荣获消费者心目中理想品牌第一名,实际购买品牌第一名,1999 年购物首选品牌第一名,蝉联三项第一,并荣获中国家庭爱用品牌的称号,令众多的业界人士刮目相看,赞叹不已。

饮料行业是我国食品工业的一个主要行业,特别是果蔬菜汁饮料,由于有着丰富的果品资源,所以具有广阔的发展前景。成立于 1992 年的北京汇源果汁饮料集团经过多年的不断探索与发展,已经成为果汁饮料行业中的骨干企业。北京汇源果汁饮料集团总公司在北京的怀柔、顺义,河南的巩义,湖北的宜昌,山西的右玉等建有 6 家现代化果汁罐装厂;在山东拥有大型的苹果、山楂浓缩汁生产基地;此外,还从美国 Auto Pack 公司引进了世界先进的瓶装生产线。截至 1999 年底,汇源果汁集团共引进 21 条国际一流的无菌灌装生产线,占国内进口生产线总和的 1/10,生产规模居果汁加工行业之首。汇源果汁集团共开发出八大系列、近百个品种的果汁产品。ISO9002 国际质量认证的通过，使汇源果汁远销欧美等西方发达国家，拓宽了企业生存和发展的空间。

汇源果汁饮料集团认为：我国是一个农业大国，长期以来农业经济的发展滞后于其他行业，生产力水平和市场化程度低，丰富的资源优势不能转化为经济优势，导致这一现象的主要原因是农业产业化没有很好地发展起来，作为提高农副产品附加值的农业延伸行业——食品加工行业没有得到很好的发展。根据我国的国情，发挥地域优势，改变传统的生产方式，调整产业结构，依靠先进的科学技术，实施科教兴农。按照"优质优产高效"的原则，开展农副产品的深加工和发展优势产品，利用我国中西部地区山区水果资源丰富的优势，在"果"字上将大有文章可做。

加工系列果汁饮品每年需要各种水果、蔬菜原料数百万吨，甚至上千万吨，极大地解决了果农卖果难的问题，不但增加了农民的收入，而且带动了农民绿化荒山、防风固沙、大力种植果树的积极性，对保护生态环境、发展绿色高效生态农业起到了积极的促进作用。

在发达国家，果蔬汁是一种常用的保健型饮料，它以最佳的搭配将各种营养成分集于一身，使人体获得最佳的营养吸收效果，从而促进身体健康。所以，果蔬汁又有"营养早餐"、"维生素和矿物质的鸡尾酒"的美称。

汇源果汁饮料集团在水果产区建立浓缩汁基地，在大中城市消费区建立果汁罐装厂，以果汁饮料的工业化、现代化带动农业产业化的发展，把国家利益、企业利益、果农利益和消费者利益有机地结合在一起，以果促农、以果促商、以果促工、以果促林的良性发展，对开创和发展我国民族果汁饮料行业提供了新思路，开辟了我国饮料行业的新纪元。

讨论题：
1. 目前，我国果汁饮料行业处于寿命周期的哪个阶段？
2. 从潜在进入者、供应者、购买者、替代品和现有企业这五个方面对汇源果汁饮料集团公司所处的果汁饮料行业进行行业结构分析。

资料来源：根据互联网资料和参考资料改写。

第一节　企业外部环境分析概述

一、企业外部环境研究的必要性

现代管理把企业看作一个开放的系统，我们将企业外部的对其产生影响的各种因素和力量统称为外部环境。任何企业都是在一定环境中从事活动的，环境的特点及其变化必然会影响组织活动的方向、内容以及方式的选择。

外部环境是企业生存发展的土壤，它既为企业的生产经营活动提供了必要的条件，同时也对其生产经营活动起着制约的作用。企业生产经营所需的各种资源都需要从外部环境中去获取。任何企业，无论生产什么产品还是提供什么服务，它们都只能根据外部环境提供的资源种类、数量和质量来决定其生产经营活动的具体内容和方向。与此同时，企业利用上述资源经过自身的转换产生出产品和劳务，并将其在外部市场上进行销售。那么在生产之前和生产过程中，企业就必须考虑这些产品能否被用户所接受，是否受市场欢迎。

对企业经营活动有着如此重要作用的环境，其本身又处于不断的变化之中。假如环境是静态不变的，那么问题就简单了。因为静态的环境即使影响再大，通过多次仔细的研究总可以把握它的特点，而且一旦把握了就可以一劳永逸。然而，外部环境总是处在不断的变化之中。外部环境的种种变化，可能会给企业带来两种性质不同的影响：一是为企业的生存和发展提供新的机会，二是可能会对企业生存造成威胁。这样，企业要谋求继续的生存和发展，就必须研究和认识外部环境。外部环境研究不仅可以帮助企业决策者了解今天外部环境的特点，而且可以使其认识到外部环境是如何从昨天演变到今天的，从中发现外部环境变化的一般规律，以便在此基础上估计和预测其在未来一段时间内发展变化的趋势。这样，企业就可以敏锐地发现、预见到机会和威胁，进而扬长避短，利用机会，避开威胁，能动地适应环境的变化。还可以发挥企业的影响力，选择对自己有利的环境，或促使环境向对自己有利的方向发展。

二、外部环境的构成

对企业经营活动有着直接而且重要影响的因素，可能来源于不同的层面。通常，按照环境因素是对所有相关企业都产生影响还是仅对特定企业具有影响而将企业的外部环境分为宏观环境、行业环境和微观环境。本章将着重分析影响企业战略的宏观环境和行业环境。

宏观环境也就是企业活动所处的大环境，主要由政治环境（political）、经济环境（economic）、社会环境（social）、技术环境（technological）等因素构成，即 PEST 分析。宏观环境对处在该环境中的所有相关组织都会产生影响，而且通常是间接地、潜在地影响企业的生产经营活动，但其作用却是根本的、深远的。

行业是影响企业生产经营活动最直接的外部因素，是企业赖以生存和发展的空间。行业是由一些企业构成的群体，它们的产品有着众多相同的属性，以至于它们为了争取同样的一个买方群体而展开激烈的竞争。行业之间在经济特性和竞争环境上有着很大的区别。例如，有的行业已经存在了很多年，而有的行业才刚刚兴起，它们当前的规模、将来的总容量和市场增长率都十分不同；在一个行业中，各种竞争力量可能比较"温柔"，而在另一个行业中，竞争却是你死我活的。而且，行业中的差别还体现在对价格、产品质量、性能特色、服务、广告和促销、新产品开发等方面的重视程度不同。

一个行业的经济特性和竞争环境以及它们的变化趋势往往决定了该行业未来的利润和发展前景。企业的行业环境分析总的来说要回答以下六个问题：

（1）行业中最主要的特征是什么？

（2）行业中发挥作用的竞争力量有哪些？它们有多强大？

（3）行业中的变革驱动因素有哪些？它们有何影响？

（4）竞争地位最强和最弱的公司分别有哪些？

（5）行业中下一个竞争行动是什么？采取这一行动的可能是哪一家公司？

（6）决定成败的关键因素是什么？

三、企业宏观环境分析

（一）政治环境

政治环境泛指一个国家的社会制度，执政党的性质，政府的方针、政策，以及国家制定的有关法律、法规等。不同的国家有着不同的社会制度，不同的社会制度对企业生产经营活动有着不同的限制和要求。即使在社会制度没有发生变化的同一个国家，政府在不同时期的基本路线、方针、政策也是不断变化的。对于这些变化，企业必须进行分析研究。另外，随着社会法律体系的建立和完善，企业必须了解与其活动相关的法制系统及其运行状态。通过对政治环境的研究，组织可以明确其所在的国家和政府目前禁止企业干些什么，允许企业干什么以及鼓励企业干什么，以便使企业活动符合社会利益并受到有关方面的保护和支持。

（二）经济环境

对于企业来说，经济环境是影响组织行业诸多因素中最关键、最基本的因素。经济环境主要指构成企业生存和发展的社会经济状况及国家的经济政策，包括社会经济结构、经济体制、宏观经济发展水平、宏观经济政策等要素。其中影响最大的是宏观经济的发展状况和政府所采取的宏观经济政策。

衡量宏观经济发展的指标有国民收入、国民生产总值及其变化情况，以及通过这些指标能够反映的国民经济发展水平和发展速度。宏观经济的发展和繁荣显然会为企业的生存和发展提供有利机会，而萧条、衰退的形势则可能给所有企业带来生存的困难。宏观经济的发展又会导致企业所在区域和所服务市场区域的消费者收入水平、消费偏好、储蓄情况和就业程度等因素的变化，这些因素直接决定着企业目前及未来的市场规模。

政府的宏观经济政策主要指国家经济发展战略、产业政策、国民收入分配政策、金融货币政策、财政政策、对外贸易政策等，往往从政府支出总额和投资结构、利率、汇率、税率、货币供应量等方面反映出来。例如，国家实施信贷紧缩会导致企业流动资金紧张，周转困难，投资难以实施；而政府支出的增加，则可能给许多企业创造良好的销售机会。

（三）社会环境

社会环境包含的内容十分广泛，如人口数量、结构及地理分布、教育文化水平、信仰和价值观念、行为规范、生活方式、文化传统、风俗习惯等。其中，人口因素是一个极为重要的因素。人口数量制约着个人或家庭消费品的市场规模，如我国的移动电话起步较晚，但现在移动电话的用户为世界第一位。人口的地理分布决定消费者的地区分布，消费者的地区分布范围越广，消费者的嗜好也越多样化，这就意味着会出现多种多样的市场机会。年龄分布决定以某年龄层为对象的产品的市场规模，如我国有大量的独生子女和老年人，这些都分别形成了独特的消费市场。中国乳制品业在近年来发展十分迅速，生产规模不断扩大。这有多方面的原因，人们的可支配收入增多、人口结构的变化、消费观念和习惯的改变等都在起着作用。

社会环境中还包括的一个重要因素是企业所处地理位置的自然资源与生态环境，包括土地、森林、河流、海洋、生物、矿产、能源、水源等自然资源以及环境保护、生态平衡等方面的发展变化对企业的影响。

（四）技术环境

技术环境是指与企业生产经营活动相关的科学技术要素的总和，它既包括导致社会巨大发展的、革命性的产业技术进步，也包括与企业生产直接相关的新技术、新工艺、新材料的发明情况、应用程度和发展趋势，还包括国家和社会的科技体制、科技政策和科技水平。当前，一场以电子技术和信息处理技术为中心的新技术革命正在迅猛发展，它既促进了一些新兴产业的高速发展，也推动了老产业的革新，同时也对企业管理产生了重要影响。科学技术是第一生产力，它可以创造新的产品、新的市场，降低成本，缩短生产周期，改变企业的竞争地位和盈利能力，世界上成功的企业无一不对新技术的采用予以极大的重视。

第二节　行业环境分析

一、行业总体分析

（一）行业的最主要经济特性

因为行业之间在其特征和结构方面有着很大的差别，所以行业环境分析往往首先应从整体上把握行业中最主要的经济特性。各个行业之间在以下一些因素上往往存在很大的差异：

（1）市场规模。小市场一般吸引不了大的或新的竞争者；大市场常常能引起公司的兴趣，因为它们希望购并在有吸引力的市场中已建立稳固地位的竞争者。

（2）市场增长率。快速增长的市场鼓励公司进入该市场；增长缓慢的市场使市场竞争加剧，并使弱小的竞争者退出。

（3）市场竞争的地理区域。该行业的市场是当地性的、区域性的、全国性的、国际性的，还是全球性的？

（4）竞争厂商的数量及其相对规模。行业是被众多的小公司所细分还是被几家大公司所垄断？

（5）购买者的数量及其相对规模。到达购买者的分销渠道的种类。

（6）前向一体化及后向一体化的普遍程度。

（7）产品生产工艺革新和所推出的新产品及其技术变革的速度。技术变革迅速会使风险提高，因为投资的技术设施或设备往往在尚未破损之前就已经

"陈旧过时"。而产品革新迅速也会使风险增加，因为存在交替"执牛耳"的机会。

（8）竞争对手的产品服务是标准化的还是差别化的？

（9）规模经济和经验曲线效应的程度如何？行业中的公司能否实现采购、制造、运输、营销或广告等方面的规模经济。行业中的某些活动是否有学习及经验效应方面的特色，从而单位成本会随累积产量的增长而降低。

（10）生产能力利用率高低是否在很大程度上决定着公司能否获得成本生产效率。

（11）必要的资源以及进入和退出的难度。进入困难往往可以保护现有公司的地位和利润，而退出困难则会加剧行业内的竞争。

（12）行业的整体盈利水平如何？高利润的行业吸引新进入者；行业盈利水平差往往会使部分竞争者退出。

（二）行业生命周期

行业的很多经济特性都与该行业处于行业生命周期的哪个阶段有关，在此要重点讨论一下行业生命周期的概念。行业生命周期是一个行业从出现直至完全退出社会经济领域所经历的时间。一般来说，它可以分为开发期、成长期、成熟期、衰退期四个阶段。如图 2-1 所示，行业生命周期曲线的形状是由社会对该行业的产品需求状况决定的。行业是随着社会某种需求的产生而产生，又随着社会对这种需求的发展而发展的，最后，当这种需求消失时，整个行业也就随之消失，行业的生命即告终止。

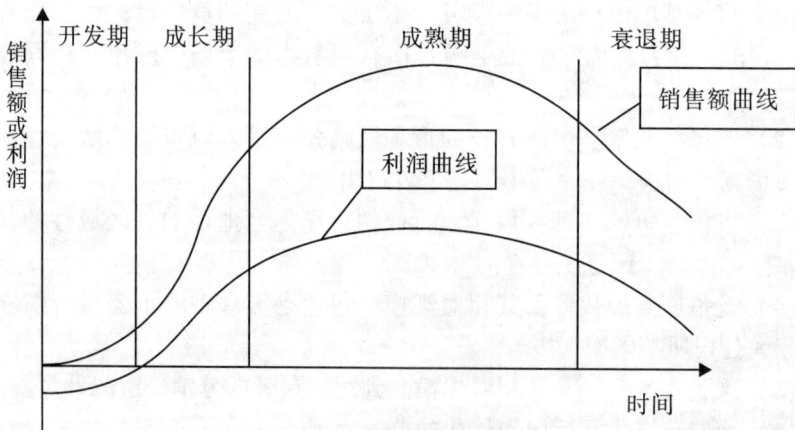

图 2-1 行业寿命周期

在开发期，产品设计尚未成熟与定型，产品的开发、销售成本很高，销售增长缓慢且不稳定，利润很低甚至亏损，行业内竞争较少，进入壁垒主要来自产品的设计和开发能力以及投入水平，市场风险很大。处于该阶段的行业领域一般不会成为企业的战略焦点，大多是行业先驱者在做基础性的研究与开发工作。

在成长期，产品的设计工艺与方法已初步成熟并被迅速模仿，顾客对产品的认知程度迅速提高，销售额和利润迅速增长，规模的增大使得企业的生产成本不断下降，生产能力出现不足，进入壁垒进一步下降，丰厚的利润空间使得大量企业正在以各种方式加入该行业，企业间的竞争在迅速形成和展开，行业内企业应对风险的能力增强。

在成熟期，原来潜在的市场份额已被"瓜分"完毕，产品销售趋于饱和，利润不再增长。顾客的重复购买行为成为支撑企业生存发展的重要特征。经过市场竞争"大浪淘沙"式的选择后，生存下来的企业彼此之间实力相当，竞争激烈，它们往往依靠不同的竞争战略和市场细分在行业领域内占据一席之地。规模效应的存在使得进入壁垒进一步提高，行业内现存的企业风险不大。

在衰退期，由于替代品的出现或生产能力严重过剩等原因，产品销售量和利润水平大幅度下降，原有企业纷纷退出该行业，市场竞争程度因企业的退出行为而趋于缓和，但企业面临较多难以预料的风险因素。在这一阶段，成功的退出或转移战略的制定与实施成为企业战略管理活动的主要内容。

为了便于比较分析，可以通过表2-1来反映行业的生命周期特征。

表2-1 市场/行业生命周期各阶段的主要特征

阶段 因素	开发期	成长期	成熟期	衰退期
市场发展	缓慢	迅速	约与GNP的增长速度相当	需求下降，市场萎缩
增长的可预见性	需求只被现有产品满足一小部分，增长潜力难以预料	需求已被满足一大部分，需求上限开始清晰	增长潜力已很好确定	增长潜力明显有限

（续上表）

因素 ＼ 阶段	开发期	成长期	成熟期	衰退期
顾客的稳定性	顾客以很小的信任试用该产品	有一定信任，顾客试用不同的产品，尚未形成品牌忠诚	已形成品牌购买倾向，新进入者很难获得高额利润	极稳定，顾客很少有寻求其他供应者的动机
产品系列的拓展性	产品品种单一	产品系列迅速扩展	扩展减慢或停止	不盈利产品逐渐退出，产品品种减少
技术的作用	为了生产适合市场需要的产品，技术是重要的角色	前期，产品技术至关重要；后期，生产技术更为重要	生产工艺和材料替换是重点，可以用新技术更新使该行业延伸	技术完全成熟、稳定，易于掌握
产品技术	高度的产品创新；尚未产生主导性的设计	主导性的产品设计已经出现；强调产品多样性	小的渐进的革新，基本围绕节省成本、提高效益展开	产品很少有改变
生产技术	强调柔性制造，主导产品出现以前，工艺都不固定	随着主导性设计的出现，生产工艺开始专门化	强调效率，尤其是通过自动化手段	很少或没有工艺改变
定价模式	价格高且易变	随成本下降和竞争加剧，价格迅速下降	价格随生产力允许的成本下降，很慢	价格低且稳定
促销	促销目标是"革新者"和"尝鲜者"，主要是唤起顾客的购买欲望	侧重建立品牌形象	调整促销策略以适应不同的细分市场	主要依靠惯性维持市场

（续上表）

阶段 因素	开发期	成长期	成熟期	衰退期
竞争者的数量	较少	在先入者高边际利润吸引下，竞争者数量迅速增多，到成长期后期达到最多	竞争力较强的企业已建立稳定地位，并购和弱竞争者被淘汰，行业进一步集中	新进入者已很少，且不受欢迎。竞争者继续减少
市场份额的分布	不稳定。市场份额反映企业家的眼光和把握机会的能力	稳定性增加。少数竞争者以强有力的态势出现	稳定。少数企业常会控制整个行业的绝大部分	或是集中在极少数竞争手中，或是因行业细分化或市场地区化而分散
竞争的性质	有限竞争。企业眼光主要在产品改进上而不是竞争上	市场的迅速增长掩盖了竞争	为了生存，竞争达到顶峰	随着新格局的形成，倾向于低度竞争
进入与退出	进入容易。进入障碍主要是技术、资金和对未知的担心	较困难。市场力量已经产生，但不很强。如果没有对立性竞争，是进入的好时机	困难。市场已"瓜分"完毕，市场领导者地位已确立，新进入者要从别人那"抢生意"。行业内开始分化，有的发生动摇	因为市场萎缩，很少有新进入者。行业内企业纷纷退出，只留下一些大企业和"补缺"的小企业
投资需求	逐渐地投资以支持新的产品	为支持增长，资金需求达到高峰	为保存生存能力，仍需再投资	很少投资，甚至变卖部分资产以"榨取"现金
财务状况	启动成本高，需要大量现金投入，回本无保障	销售增长带来利润，但大部分利润用于再投资	稳定的销售带来巨额利润，再投资减少，形成现金来源	利润下降，现金流很少（可能是正，也可能是负）

（三）经验曲线

经验曲线，是指当某一产品的累积生产量增加时，产品的单位成本趋于下降。显然，制定企业战略时，需要了解企业各种业务的经验曲线效应如何。

经验曲线的概念产生于第二次世界大战。当时，美国军队对飞机的生产效率问题进行了研究。这项研究表明，随着飞机装配的数量增多，单位劳动成本下降。后来，波士顿咨询公司和其他许多学者对这一问题进行了深入研究。结果表明，不仅企业的劳动成本可以通过熟练地操作和学习获得下降，而且成本中的其他影响因素也同样会发生变化。随着经验的增加，能够形成单位成本下降的趋势有三个原因：

（1）劳动的效率。随着员工反复地重复某一活动，他们知道如何操作以及如何更好地操作。因此，劳动的效率大大提高。这一点，不仅体现在装配生产上，在各个层次的管理职能上也是如此。

（2）工艺的改进。企业改进工艺的范围很广，既可以改进现有的生产方法，也可以彻底地改善所用的设备甚至工厂。经验曲线会使会计部门设置出更完善的控制系统，也会使市场营销系统更好地利用广告媒介。

（3）产品的改善。企业可以通过各种改善方式，生产出更标准化的产品。

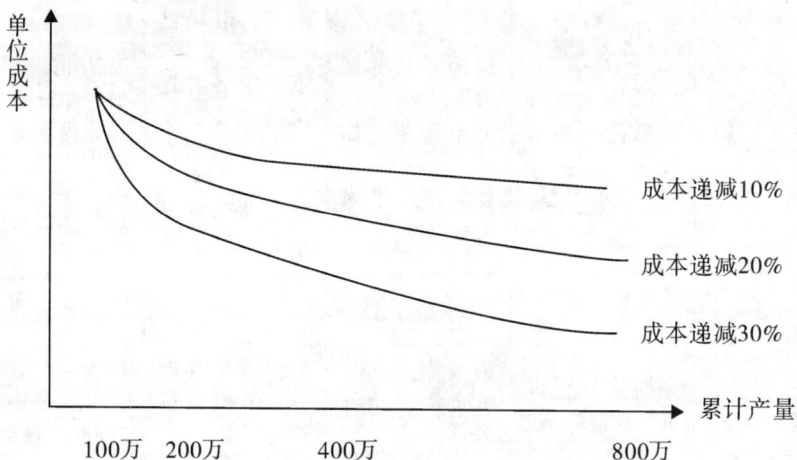

图 2-2　经验曲线效应比较

在半导体等行业中，产品生产中的学习和经验效应非常明显，累计产量增加一倍，单位成本往往会降低 20% 左右。这样，如果第一批 100 万件产品的单位成本为 100 元，那么当产品累积达到 200 万件时，单位成本就是 80 元

（100 元×80%），当累计产量为 400 万件时，单位成本就是 64 元（80 元×80%）。如果某一行业的特点是生产制造过程中的经验能够取得巨大的经济效益，那么，当该行业中的某个公司首先生产某种新产品，然后成功地制定和实施某种战略而获取了最大的市场时，它就可以成为一个低成本生产商，获得由此带来的持久竞争优势。如图 2-2 所示，经验曲线效应越大，累积产量最大的公司所获得的成本优势就越大。

值得注意的是，产品的经验曲线与规模经济往往交叉地影响产品成本的下降水平。但是，这两者在两个非常重要的方面有着截然不同的区别。第一，经验曲线导致成本下降的原因是在一定时期内生产产品的累积数量，而规模经济促成成本下降的原因是在某个时间里生产产品的数量；第二，在促使成本下降的方式上有两种不同的现象。规模经济导致成本下降的原因是，产品数量增加后，分摊到每个产品的固定成本金额则减少。而经验曲线导致成本下降的原因主要是，企业管理上取得了明显的效果。如果管理不善，成本还有可能回升。例如，企业在流水线上生产产品，比较容易控制生产过程，使成本下降。但是，如果在管理上不能不断地激励职工并且保持必要的职工人数，经验曲线便不会成立，成本也会上升。为了分析经验曲线促使成本下降的管理效应，企业可以运用价值分析法来测定。

企业绘制经验曲线，需要有一定时期内的产品以及以不变价格计算的单位成本。在绘制经验曲线的过程中，最困难的工作是收集数据。首先，企业要确定所要研究的产品对象，即是将所研究的企业的所有类型的产品都绘制在同一个经验曲线上还是每个类型的产品单独绘制出来？或是只将其中的某些部件的曲线绘制出来？关键在于企业所要分析的对象，以及企业所要考虑的竞争战略。其次，要收集一定期限内与产量有关的成本数据。根据绘制经验曲线的要求，产品的现行价格要换成不变价格。但是，企业有时由于内部变动或会计方法的变革而找不到原始数据。在这种情况下，为了分析进入障碍，还需要估计某经营业务的经验曲线，假设产品的市场价格与产品的成本有着某种固定的关系，企业管理者可用不变价的产品价格代替不变价的成本。

二、行业竞争分析

深入分析行业的竞争过程从而挖掘出竞争压力的源泉和确定各个竞争力量的强大程度，这是行业竞争分析的一个重要组成部分。一个行业的竞争激烈程度取决于行业内的经济结构，行业的经济结构状况又对竞争战略的制定和实施起制约作用。虽然不同行业中的竞争压力不可能完全一致，但是竞争过程的作用方式是相似的，我们可以用同一个分析框架来分析各个行业中竞争力量的性质和强度。哈佛大学商学院迈克尔·波特（M. E. Perter）教授指出，在一个行业中，存在着五种基本的竞争力量，即行业内现有竞争者、替代品、潜在加入者、购买者和供应者之间的抗衡。如图2-3所示，一个行业中的竞争状态是各个竞争力量共同作用的结果。

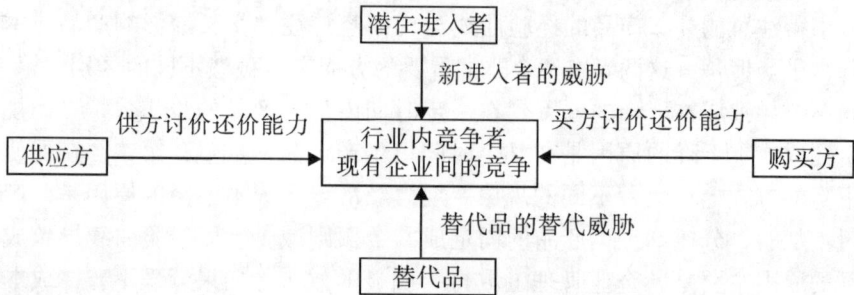

图2-3 驱动产业竞争的力量

（一）行业内现有竞争者

行业内的竞争者往往是五种竞争力量中最强大的竞争力量，为了赢得市场地位和购买者的青睐，它们通常不惜代价，"无计不施"。在有些行业中，竞争的核心是价格，在某些情况下会爆发全面的价格战，致使产品的价格低于单位成本，从而导致绝大多数竞争者亏损。在有些行业中，价格竞争很弱，竞争的核心是如下一些因素：性能特色、新产品革新、质量和耐用度、售后服务、品牌形象。

竞争对手之间的竞争，在一家或几家竞争厂商看到了一个能更好满足客户要求的机会或处于改善其产品性能的压力之下时，就会变得更加激烈。竞争厂商之间的竞争强度是竞争厂商运用如下策略的程度的函数：降低价格、更引人注目的特色、扩大客户服务、延长保修期、采用特殊的促销手段、推出新产品。竞争可能是友好的，也可能是你死我活的，这完全取决于行业中公司采取威胁竞争对手的行动的频率和攻击性。一般来说，行业中的竞争厂商都重视在自己的产品上增加新的特色以提高对客户的吸引力，同时毫不松懈地挖掘出其他竞争厂商的市场弱点。

当一家公司采取了某一战略行动，其竞争对手必然会采取相应的行动予以回击或报复。战略行动和反战略行动的这种互动模式使得市场竞争成了一种"战争游戏"，当然这场"战争游戏"遵循的是公平竞争原则。实际上，从战略制定的角度来看，商场就如同战场，竞争之战的沉浮为当局者最近的战略行动所牵制。在实践中，市场态势无一不是为主要竞争对手的战略所确定。

竞争厂商之间的竞争不光有强弱之分，而且来自这种公司间竞争的压力也会随时间的不同而有所不同。也就是说，竞争不是静态的，而是会随着各个公司从这种策略组合转向另一种策略组合而不断变化，同时这种变化有时会有迅雷不及掩耳之势，有时会有条不紊地逐渐发生。

不论在什么行业之中，影响行业内现有企业之间的竞争强度的因素都主要有以下几个：

1. 竞争结构

竞争结构是指一个行业中企业的数量和规模的状况。不同的竞争结构决定了不同的竞争强度。在行业市场容量一定的情况下，行业中同一价值环节上竞争对手的数量较多，而且当与对手的力量对比差距很小时，在共同的行业活动规律性的支配下，各企业在获取的能力、为了争夺市场所能支配的资源量、可能采取的竞争方式、能够利用的行业协作体系，甚至企业对市场的影响力和影响方式等方面都是相近的，此时的行业竞争强度一定较高。特别是在行业处于其相对成熟阶段后，市场容量扩大的可能性逐渐消失，在行业中，如果企业较多，常常会有一些表现特殊的企业引发竞争。如果行业中企业在规模与资源上比较均衡，也会产生不稳定的现象。

2. 需求条件

决定现有企业的竞争强度的另一个因素是行业的需求条件。在一个迅速扩张的市场上，每个企业都可以增长。这时企业无须从其他企业夺取市场份额，竞争自然趋缓。相反，需求下降的结果是企业间更加激烈的竞争。因为当市场增长缓慢或市场需求下降时，急需扩张的企业或生产能力过剩的企业常常会降低价格，采用其他提高销售的策略，从而点燃一场争夺市场份额之战，其结果可能会将那些弱小和效率低下的企业淘汰出局。

3. 成本结构

当一个行业固定成本较高时，企业为降低单位产品的固定成本，势必采用增加产销量的措施。企业的这种发展趋势，会使生产能力急剧膨胀，直至过剩，而且还会导致产品价格竞争，从而使现有竞争者的竞争激化。这种情况在民用航空、高档宾馆、纸张、铝等行业都会发生。某种与高固定成本有关的情况是，产品一旦生产出来，要加以储存是十分困难的，或者要花费很大资金。在这种情况下，为了确保销售，诸厂商还将容易受到略减价格的引诱。在某些行业中，如捕虾业、危险化学品制造业和有些服务性行业中，这种压力会使利润保持在很低的水平。

4. 产品差异和用户转变费用

若用户从购买一个企业的产品转到购买另一个企业的产品的转变费用较低，则竞争激烈；相反，如果转变费用高，行业内不同企业的产品各具特色，各企业有各自不同的用户，则竞争不剧烈。

5. 规模经济的要求

在规模经济要求大量增加企业生产能力的行业，新的生产能力不断增加，就必然会经常打破行业的供需平衡，使行业产品供过于求，降价竞争在所难免。这类情况在我国的农用车、玻璃等行业都发生过。

6. 退出障碍

退出障碍是指那些迫使投资收益低甚至亏损的企业仍然留在行业中从事生产经营活动的各种因素。主要包括：

（1）固定资产高度专业化。在特定的经营业务或地理位置上，企业拥有高度专业化的资产，但其清算价值低或转让费用高。

（2）退出成本过高。这类成本包括劳动合同、重新安置费、已售出产品的维修等。

（3）战略上的相互关系。行业内经营单位之间的协同关系是企业战略的重要因素。如果其中某一经营单位退出现有行业，就会使原有的协同关系遭到破坏。

（4）感情障碍。企业在制定经济合理的退出决策时，常常受到管理者和员工情绪上的抵制，如对多年所从事业务的感情、对自己个人职业生涯的担心、对员工的忠诚心理等。

（5）政府和社会的限制。政府考虑到就业问题或对地区经济的影响，有时会出面反对或劝阻企业合理的退出决策。

退出障碍高时，过剩的生产能力不能及时离开本行业，迫使那些经营不善的企业不得不继续在行业中消耗有限的资源，使行业的竞争加剧，获利能力仍保持在较低的水平。

7. 高度的战略性赌注

如果大量企业在某个行业内为了取得成功而下了很高的赌注，那么该行业内的抗衡会变得更加反复无常。例如，索尼、松下等公司曾感觉到有一种要在美国市场上确立牢固地位的强烈需要，以便树立全球性威望或技术上的信誉。在这种情况下，这类企业的目标也许不仅形式不同，而且是更加不稳定的，因为这些目标具有扩张性并包含牺牲获利能力的潜在愿望。

8. 形形色色的竞争者

在战略、起源、个性以及与其母公司的关系上，各不相同的竞争者会有各种不同的目标，对竞争有着不同的战略。它们也许要度过一段艰难的时期才能精确地理解彼此的意图，并对该行业的一系列"竞赛规则"取得一致意见。战略上的抉择对某个竞争者来说是正确的，而对另一个竞争者来说则有可能是不正确的。如小企业可能满足于低收益，而大企业往往对低收益是无法接受的。

要确定行业内现有企业之间的竞争激烈程度，其中的关键是准确判断公司的竞争会给盈利带来多大的压力。竞争企业的竞争行动如果降低行业利润水平，那么就可以认为竞争是激烈的；如果绝大多数企业的利润都达到可以接受的水平，那么就可以认为竞争是一般的；如果行业中的绝大多数企业都可以获得超过平均水平的投资回报，那么就可以认为竞争是较弱的，具有一定的吸引力。

（二）潜在进入者

行业外有可能并准备进入该行业的企业称为潜在进入者。事实上，任何一种产品的生产经营，只要有利可图，都会有潜在进入者。这些潜在进入者一旦加入，既可能给行业经营注入新的活力，促进市场的竞争和发展，也势必会给现有厂家造成压力。因为潜在进入者在加入到某一新领域时，会向该行业注入新的生产能力和物质资源，以获取一定的市场份额，其结果可能导致原有企业因与其竞争而出现价格下跌、成本上升、利润下降的局面。这种由于竞争力量的变化而对行业内原有企业产生的威胁称为进入威胁。

新厂家进入特定行业的可能性大小，取决于两大因素：一是该行业对潜在进入者设置的进入障碍大小；二是该行业内现有企业对进入者的预期反应。

进入障碍也称进入壁垒，是指那些能起到阻止行业外企业进入的因素。进入障碍的存在使新进入者的进入成本提高，加大了一个企业进入某行业的难度。进入障碍越大，对欲进入某行业的企业来说就会越困难，这时即使该行业的收益较高，也会将许多企业挡在门外，对行业内现有的企业来说，进入威胁就小一些；反之，进入威胁就会增大，这时该行业内企业的好日子就会很快过去。决定进入障碍的因素主要有以下几个：

（1）规模经济。在一个规模经济明显的行业中，新进入者不得不面临两难选择：或者以很大的生产规模进入该行业，承担巨大的初始投资，更为严重的是致使市场供给大幅度增加，压低了产品价格，招致该行业现有企业的激烈报复；或者以小的生产规模进入该行业，结果是产品成本过高，在竞争中处于劣势。

（2）品牌偏好与客户忠诚。产品的购买者往往忠诚于一定的既有品牌。例如，日本的消费者非常忠诚于日本品牌的机动交通工具、电子产品、相机和胶卷。欧洲消费者一般都忠诚于欧洲品牌的家用器具产品。品牌忠诚度很高就意味着：一个潜在进入者必须建立一个分销及特约经销网，然后愿意并有能力花足够的资金用于产品广告和产品促销来克服客户的品牌忠诚，然后建立自己的客户群。建立客户对品牌的认知和忠诚可能是一个缓慢的、代价高昂的过程。而且，如果一个客户转换品牌的难度较大或成本较大，那么新进入者就必须说服购买者相信它的品牌值得他付出这个成本。要超越转换成本壁垒，新进入者必须给予购买者一定的价格折让或者给予额外的质量和服务。所有这一切都意味着，新进入者的利润率比较低，这就提高了新进入的企业在早期利润方面所承受的风险。

（3）资源要求。成功进行某一市场所需的总资本投入额和其他资源条件越高，符合条件的进入者就越有限，最明显的资本体现在以下一些方面：制造工厂及设备、分销设施、为存货及用户信用提供资金的营运资本、为新产品建立客户群的支出（新产品推出的广告和促销费用）、为弥补业务起步时产生的亏损而设置的现金储备。其他资源壁垒还有技术、专业技能和诀窍、R&D要求、劳动力要求、客户服务要求等。

（4）学习和经验曲线效应。如果单位成本降低的原因部分或大部分来自产品生产的经验和经验曲线产生的效益，那么，新进入者与那些有着更多经验的厂家竞争时就会有成本劣势。

（5）与规模无关的成本劣势。现有厂家可能拥有潜在进入者不可企及的成本优势。这些优势可能是：可以获取最好的、最便宜的原材料，可以获得专利和专有技术，拥有学习及经验曲线效应所带来的利益，现有厂家的生产工厂和设备在几年前就以低成本建立，选址有利，购买成本低等等。

（6）分销渠道。企业在进入一个新的行业时，如果没有自己的产品分销渠道，也会面临进入障碍。原有的分销渠道一般都是为已有的企业服务的，它们往往不愿意接受尚未被顾客认知的产品。新加入者必须通过让利、合作、广告津贴等方式让原有的分销渠道接受其产品。这样必然减少新加入企业的利润，并且这种状况一直要到其产品赢得分销商和零售商足够的接受度之后才会有所改善。

（7）政府政策。政府的政策、法规、法令等都会在某些行业中限制新加入者。例如，在许多国家中，都有一些受政府管理的行业，如有线电视、通讯、电气设施、医疗设备、铁路等，市场进入通常是受政府控制的。严格的安全管理条例和环境保护标准都是进入障碍，因为它们往往会提高进入成本。国家政府通常用关税和贸易限制条款（当地化、贸易额度以及控股比例）来提高外国厂商的进入壁垒。

（三）替代品

还有一种竞争力量是替代品的威胁，即其他行业的产品可以与该行业的产品一样满足消费者的相同需求。例如，我国铁路运输业虽然近乎独家经营，但仍要面对公路运输、航空业的竞争；电视、报纸、因特网之间展开竞争。来自替代品的竞争压力的强度取决于三个因素：

（1）是否可以获得价格上有吸引力的替代品？容易获得并且价格上有吸引力的替代品往往会产生竞争压力，替代品会给行业中的企业定出一个最高限价，超过这一限价，就会冒着已有顾客转向替代品的风险。

（2）在质量、性能和其他一些重要属性方面的满意程度如何？替代品的易得性会不可避免地刺激顾客去比较彼此的质量、性能和价格。例如，人们在购买热水器时，往往对电热水器、太阳能热水器和燃气热水器进行全面的比较。

（3）购买者转向替代品的难度。来自替代品的竞争强度的另一个决定因素是本行业中的客户转向替代品的难度和成本。最常见的转换成本有：可能的额外价格，可能的设备成本，测试替代品质量和可靠性的时间和成本，断绝老供应关系、建立新供应关系的成本，转换时获得技术帮助的成本，职员培训成本。如果转换成本不高，那么替代品的生产商说服购买者转向它们的产品就容易得多。

因此，一般来说，替代品的价格越低，替代品的质量和性能越高，用户的转换成本越低，替代品所带来的竞争压力就越大。测评替代产品竞争优势的指标有销售额及利润的增长速度、所渗透进入的市场以及其产品生产能力的扩大计划等。

（四）供应者

企业生产经营所需的生产要素通常需要从外部获取，提供这些生产要素的企业就对企业具有两方面的影响：一是这些企业能否根据本企业要求按时、按质、按量地提供所需的生产要素，这影响着企业生产经营规模的维持和扩大；二是这些企业提供供应品时要求的价格在相当程度上决定着企业生产成本的高低，从而影响企业的获利水平。一旦供应商能够确定它所提供商品的价格、质量、性能、交货的可靠度，那么这些供应商就会成为一种强大的力量。供应者的压力主要取决于以下几个因素：

（1）供应者的集中程度和本行业的集中程度。如果是集中的少数供应者供给本行业中分散而众多的企业，那么将对本行业构成较大的竞争压力；反之，则竞争压力就小。

（2）供应品的可替代程度。如果供应品的可替代程度高，即使供应者再强大，对行业也不会构成较大的竞争压力；反之，则会形成较大的竞争压力。

（3）本行业对供应者的重要程度。如果本行业是供应者的重要用户，供应者对本行业有很大的依赖性，则来自供应者的压力会较小；反之，则会形成较大的压力。

（4）供应者对本行业的重要程度。如果供应品对本行业的产品起关键作用，则来自供应者的压力大；反之，则小。

（5）供应品的差异性和转变费用。如果供应品具有特色并且转变费用很大，供应者讨价还价的能力就会增强，会对本行业施加较大压力；反之，如果供应品是标准商品，或容易得到替代品，供应者的压力就较小。

（6）供应者前向一体化的可能性。如果供应者有可能向前发展，进入本行业，就会增强它们对本行业的压力。

（7）行业内企业后向一体化的可能性。如果行业内的企业有可能向后发展，自己生产供应品，就会降低它们对供应者的依赖程度，从而减弱供应者对本行业的压力。

（五）购买者

对行业中的企业来讲，购买者也是一个不可忽视的竞争力量。购买者所采取的手段主要有：要求压低价格，要求较高的产品质量或更多的服务，甚至迫使行业中的企业互相竞争等。所有这些都会降低企业的获利能力。来自购买者的压力主要取决于以下因素：

（1）购买者的集中程度。供应商行业只有大量的小企业，而购买者只有少数大企业，这时购买者比供应商强大。

（2）购买者购买产品的数量。购买者购买产品的数量很大时，他们可以把其购买力当作要挟的手段，为降低价格讨价还价。这种情况在购买者的订单占供应商订单总数的较大比例时，更为突出。

（3）购买者购买的产品对其产品的重要程度。如果企业的产品对购买者的产品质量影响很大，则购买者一般在价格上不太敏感。

（4）购买者从本行业购买的产品的标准化程度。如果产品标准化程度高，差别小，购买者常常确信自己总会找到可以挑选的供应者，并使供应企业互相竞争而从中获利。

（5）购买者的转换费用。购买者转向购买其他行业产品的选择余地越大，则对本行业形成的压力也越大。

（6）购买者的盈利能力。如果购买者的盈利能力很低，则这些用户对价格就会很敏感，这一点在购买者所购产品占其成本的比重较大时，更为突出。

（7）购买者采取后向一体化的威胁。如果买方已部分一体化或形成可信的后向一体化的威胁，那么它们会在讨价还价中处于有利的迫使对方让步的地位，增加对本行业的竞争压力。例如，大型汽车生产企业会在自己内部生产所需的一部分零部件，一方面使一体化的威胁更加可信，另一方面可更好地了解有关成本情况，从而使自己处于更有利的谈判地位。

（8）购买者掌握的信息。购买者掌握了有关市场需求、产品成本等方面的充分信息，就会有较强的讨价还价的能力。

（六）研究五种竞争力量的战略意义

五种竞争力量模型深入透彻地阐述了某一给定市场的竞争模式。最无情的竞争情形是：进入障碍很低，每一个新进入者都可以获得一个市场立足点；替代品的竞争很强烈；供应商和顾客都有相当的谈判优势；行业内竞争白热化，但退出障碍却很高。那么从利润的角度来看，行业是没有吸引力的。

最理想的情况是：供应商和顾客都处于谈判劣势，没有很好的替代品，进入壁垒相对较高，现有企业间的竞争也比较温和。那么从利润的角度来看，行业是有吸引力的。但是，即使其中几类竞争力量很强大，对于那些市场地位和战略可以防御竞争压力的企业来说，该行业仍旧可能是有吸引力的。

要想成功地与竞争力量展开竞争，管理者所制定的战略必须做到：①尽可能地摆脱这五种竞争力量的影响；②影响竞争压力，使其向着有利于本企业的方向改变；③建立强大的、安全的优势。

三、行业中的变革驱动因素分析

一个行业的经济特征和竞争结构包含了行业及竞争条件的许多信息，但是对行业的变革却不能提供足够的信息。行业及竞争环境之所以会发生变化，是因为各种因素的变动会产生某种动力或压力来推动行业变革。所以，我们要辨认出各种驱动因素，并且预测出驱动因素将会对行业产生的影响。

（一）常见的驱动因素

最常见的驱动因素是：行业增长率的长期变动，购买者构成结构的变化，产品革新、技术变革和营销革新，大型公司的进入或退出，行业的日益全球化，成本和效率的变动，购买者对产品或服务的偏好在标准化和差别化之间

的变动，管理条例的影响和政府政策的变动，社会因素及人们生活方式的变化，不确定性及商业风险的降低等。

驱动因素分析这项任务是将行业变革的重要的因素和不重要的因素分离出来。一般来说，符合驱动因素的条件不会超过 4 个。分析工作就是要仔细评价行业的力量和竞争变革，从而将重要的因素与不重要的因素区分开来。

（二）驱动因素与战略的联系

对一个行业的驱动因素做良好的分析是制定良好战略的前提条件。如果不能敏锐地洞察在一年或三年之后有什么样的外部因素会给公司的业务带来最大的潜在变革，那么管理者就根本无法制定出指导今后行动的战略。

四、行业中主要竞争对手分析

主要竞争对手是指那些对企业现有市场地位构成直接威胁或对企业目标市场地位构成主要挑战的竞争者。如果一个企业不去监测其主要竞争对手的各种行动，不去理解它们的战略，不去预测它们下一步最有可能采取的行动，它就不可能战胜竞争对手。从这一点来说，力求更加深刻地了解你的竞争对手甚至比了解你自己更加重要。

（一）识别主要竞争对手

现在，谁是主要的竞争对手，这一点通常很明显。但是，在今后一段时间内，情况可能会有变化。有些企业可能会失去锐气，有些新的竞争者可能会加入进来，有些企业可能会快速成长。所以，要注意下列潜在的竞争对手：可以轻易克服进入壁垒的企业，进入本行业后可产生明显协同效应的企业，其战略的延伸必将导致加入本行业的企业，可能通过一体化进入行业的客户或供应商，可能通过购并而快速成长的企业等。

对于主要竞争对手，企业要进行有效的信息收集和分析活动。企业进行战略决策所需要的信息中，有 95% 都可以从公开渠道得到。一些竞争信息的来源包括行业杂志、招聘广告、报纸、政府文件、行业资料、用户、供应商、分销商和竞争者本人。

（二）主要竞争对手分析内容

对主要竞争对手的分析包括四个方面：主要竞争者的目标、战略假设、现行战略、资源和能力，如图 2－4 所示。大部分企业至少对于它们对手的现行战略、优势和劣势有一定的直观感觉，即能够大致了解竞争对手在做什么和能做什么。而对图 2－4 左边的关注要少得多，他们对竞争对手的未来目标和战略假设知之甚少，因为对这两个因素的观察要比对竞争对手的实际行为的观察难得多，但这却是确定竞争对手将来行动的主要因素。

1. 主要竞争者的目标分析

了解竞争者的目标就可以了解每位竞争对手对其目前的地位和财务状况是否满意，推断出竞争者的战略发展方向和可能采取的行动，从而在战略管理一开始就能针对主要竞争者可能采取的行动设计应付方法。对竞争对手目标的了解也有助于预测它对战略变化的反应，从而帮助企业避免那些会招致引发激烈战争的战略行动。竞争对手的公开战略目标可以通过各种公开资料获得，如上市公司的公告。即使是通过不公开的途径来获得，也不太困难。因为战略目标总是要让很多人知晓。困难的是，竞争者不愿公开的目标，以及各种目标的权重。以下信息有助于弄清竞争者的目标体系：竞争对手的价值观或信念、对待风险的态度、组织结构、控制和激励系统、领导层的构成、该业务单位在母公司中的地位、母公司的业务组合等。

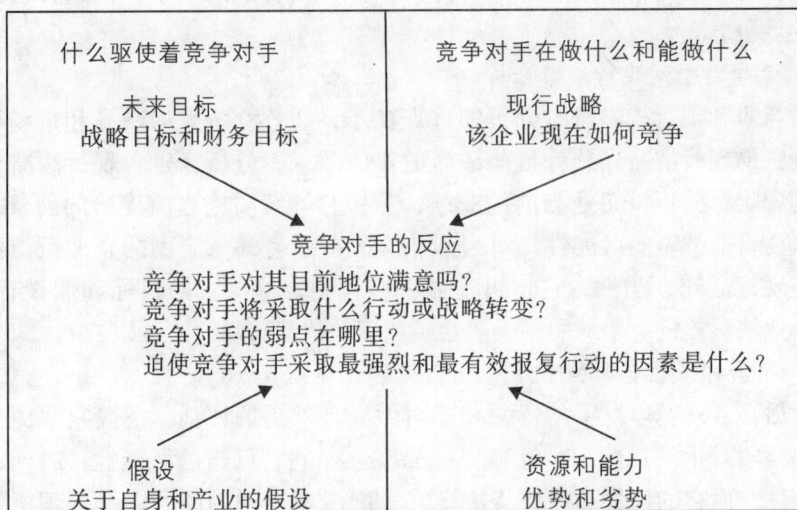

什么驱使着竞争对手	竞争对手在做什么和能做什么
未来目标 战略目标和财务目标	现行战略 该企业现在如何竞争
竞争对手的反应 竞争对手对其目前地位满意吗？ 竞争对手将采取什么行动或战略转变？ 竞争对手的弱点在哪里？ 迫使竞争对手采取最强烈和最有效报复行动的因素是什么？	
假设 关于自身和产业的假设	资源和能力 优势和劣势

图 2-4　主要竞争对手分析的内容

2. 主要竞争者的假设分析

竞争者的目标是建立在其对环境和对自己的认识之上的，这些认识就是竞争者的假设。竞争者的战略假设有两类：第一类是竞争者对自己的力量、市场地位、发展前景等方面的假设，称为竞争者自我假设；第二类是竞争者对自己所在行业及行业内其他企业的假设，包括竞争者对产业构成、产业竞争强度和主要产业威胁、产业发展前景、产业潜在获利能力等方面的认识和判断。

竞争者的战略假设主要与下列因素有关：企业的历史和文化，最高管理者的职业经历和背景，在市场上成功或失败的经验，行业中的传统思路等。对假设进行分析不是一件容易的事，但是仍旧可以从竞争对手的公开宣传、领导层和销售队伍的言论、价值观念、过去的战略行动和现行战略等信息中体察到这些假设。

要分析竞争对手的战略假设是否正确，错误的或过时的假设常常会使企业找到战略契机。例如，假如某竞争对手相信它的产品拥有极高的顾客忠诚度，而事实并非如此，则刺激性的降价就是抢占市场的好办法。这个竞争对手很可能拒绝作相应的降价，因为它相信该行动不会影响它的市场占有率，只有在发现已丢失一大片市场时，它才会认识到其假设是错误的。了解竞争对手的战略假设，不但可以理解竞争对手当前的战略，进而推断它可能采取的战略行动，还可以了解它的认识方式，针对其特定的认识方式选择自己针对它的竞争方式。

3. 竞争对手的现行战略分析

对竞争者现行战略进行分析的重点在于，通过竞争者的产品和市场行为来推断它的现行战略，预计目前战略的实施效果，分析竞争者现行战略对本企业的影响。分析该企业当前的业绩，分析它继续实施当前战略的前景，竞争者改变目前战略的可能性。对当前业绩及前景持满意态度的企业可能会继续实施现行战略，当然，它也可能做一些调整，这与它的目标和假设有关。但是，业绩很差的竞争对手则一般会推出新的战略行动。

4. 竞争对手的资源和能力

最后，要对竞争对手的资源和能力做实事求是的评估，把握它的优势和劣势。竞争对手的目标、假设和现行战略会影响它反击的可能性、时间、性质和强度。而它的优势和劣势将决定它发起战略行动的能力以及处理所处环境中突发事件的能力。

（三）预测主要竞争对手的下一步行动

在对以上四方面因素进行分析的基础上，应对各个竞争对手可能发动的战略行动和防御能力做出判断。

1. 预测竞争对手的下一轮行动

（1）对现行地位和业绩的满足。将竞争者的目标与其现行地位和业绩相比较，谁可能想要实行战略性转变？

（2）可能采取的行动。根据竞争者的目标、假设、资源和能力，它最有可能做出什么样的战略变化？

（3）行动的强度和严肃性。对某个竞争者的目标、资源和能力进行的分析，能够被用来评估这类可能采取的行动的预期强度。

2. 分析竞争对手的防御能力

（1）易受攻击性。竞争者最易受到攻击的是哪些战略行动和事件？什么事件具有不对称的获利后果，即对某个竞争者的利润影响比对发起行动的企业的利润影响是大还是小？哪些行动可能需要太大的代价去报复或仿效，以至于使该竞争者无法冒险去采取这类行动？

（2）什么行动或事件将会挑起竞争者之间的报复？

（3）报复的有效性。报复会不会迅速进行？报复可能以什么形式展开？采取何种行动能使竞争者的报复的有效性下降？

五、成功关键因素分析

在同一个行业中，或同一行业生命周期的不同发展阶段，在竞争中胜出的企业往往有着共同的优势特征。我们把企业在特定行业或特定时期内获得竞争优势和骄人业绩所必须集中精力搞好的一些因素称为成功关键因素（key success factor，KSF）。这些特定因素一般为 6 ~ 8 个。寻找成功关键因素的目的是为了集中企业的资源，投入到这些因素中去，以便形成竞争优势。

回答以下三个问题有助于确认行业的成功关键因素：①顾客在各个竞争品牌之间进行选择的基础是什么？②行业中的一个卖方厂商要取得竞争成功必须有些什么样的资源和竞争能力？③行业中的一个卖方厂商获得持久的竞争优势必须采取什么样的措施？

在不同的产业中，企业的成功关键因素各不相同。例如，石油、矿山等资源采掘产业中，资源的保有储量是企业获得持续竞争优势的关键因素；而在计算机网络设计与软件开发行业，稳定的、高素质的技术人才队伍是企业竞争制胜的关键因素。在啤酒行业，其 KSF 是充分利用酿酒能力（以使制造成本保持在较低的水平上），强大的批发分销网络（以尽可能多地进入零售渠道），上乘的广告（以形成忠诚的顾客群），低成本制造效率（以便定出吸引人的价格和获得很高的利润率）。下面列出了部分最常见的成功关键因素。

1. 与技术相关的成功关键因素

（1）科学研究技能（在制药、空间探测以及一些高科技行业尤为重要）；

（2）在产品生产工艺和过程中进行有创造性的改进的技术能力；

（3）产品革新能力；

（4）在既定技术上的专有技能；

（5）运用因特网发布信息、承接订单、送货或提供服务的能力。

2. 与制造相关的成功关键因素

（1）低成本生产效率（获得规模经济，取得经验曲线效应）；

（2）固定资产很高的利用率（在资本密集型和高固定成本的行业中尤为重要）；

（3）低成本的生产工厂定位；

（4）能够获得足够的娴熟劳动力；

（5）劳动生产率很高（对于劳动力成本很高的商品来说尤其重要）；

（6）低成本的产品设计和产品工程（降低制造成本）；

（7）能够灵活地生产一系列的类型和规格的产品来满足顾客的订单。

3. 与分销相关的成功关键因素

（1）强大的批发分销商和特约经销商网络（或者拥有通过因特网建立起来的电子化的分销能力）；

（2）能够在零售商的货架上获得充足的空间；

（3）拥有公司自己的分销渠道和网点；

（4）分销成本低；

（5）送货速度快。

4. 与市场营销相关的成功关键因素

（1）快速准确的技术支持；

（2）礼貌的客户服务；

（3）顾客订单的准确满足（订单返回很少或者没有出现错误）；

（4）产品线和可供选择的产品很宽；

（5）商品推销技巧；

（6）有吸引力的款式和包装；

（7）顾客保修和保险（对于邮购零售、大批量购买以及新推出的产品来说尤为重要）；

（8）精明的广告。

5. 与技能相关的成功关键因素

（1）劳动力拥有卓越的才能（对于专业型的服务，如会计、咨询、投资银行，这一点尤其重要）；

（2）质量控制诀窍；

（3）设计方面的专有技能（在时装行业尤为重要，对于低成本制造也是一个 KSF）；

（4）在某一项具体的技术上的专有技能；

（5）能够开发出创造性的产品和取得创造性的产品改进；

（6）能够使最近构想出来的产品快速地经过研究与开发阶段到达市场上；

（7）组织能力；

（8）卓越的信息系统（对于航空旅游业、汽车出租业、信用卡行业和旅店业来说很重要）；

（9）能够快速地对变化的市场环境做出反应（简捷的决策过程，将新产品推向市场的时间很短）；

（10）能够娴熟地运用因特网和电子商务的其他方面来做生意；

（11）拥有比较多的经验和诀窍。

6. 其他类型的成功关键因素

（1）在购买者中间拥有有利的公司形象和声誉；

（2）总成本很低（仅仅是在制造中）；

（3）合适的设施选址（对于很多的零售业务都很重要）；

（4）公司的职员在所有与顾客打交道的过程中都非常礼貌，态度和蔼可亲；

（5）能够获得财务资本（对那些最新出现的有着高商业风险的新兴行业和资本密集型行业来说是很重要的）；

（6）专利保护。

确定行业的成功关键因素应该具有很高的优先性。一个公司如果能够深刻地洞察行业的 KSF，就可以通过将公司的战略建立在行业的 KSF 之上，然后竭尽全力在这些因素的一个或多个上比竞争对手做得更好，以便获得持久的竞争优势。一个健全的战略应该包括这样一种努力：在所有的行业成功关键因素上有能力，并且在至少一个行业成功关键因素上拥有卓越的能力。

成功关键因素随着行业的不同而不同，甚至在相同的行业中，也会因行业驱动因素和竞争环境的变化而随时间变化。对于某个特定的行业来说，在一个特定的时期，极少有超过四个成功关键因素的。甚至在这三四个成功关键因素中，也只有一两个占据较重要的地位。因此，公司管理者不能将那种不够重要的因素列在成功关键因素的清单之上，这会干扰管理层的视线，破坏管理层对这些关键因素的注意力。

思考题

1. 什么是企业的外部环境？企业为什么要进行外部环境研究？

2. 简述宏观环境分析的主要内容。

3. 结合企业自身的情况，界定所在行业的主要经济特征。

4. 什么是经验曲线？它和规模经济形成的成本下降有什么不同？以企业的实例，探讨某种产品的经验曲线。

5. 运用行业结构分析方法，分析你所熟悉的某行业的竞争状况。

6. 简述主要竞争对手分析的内容。

7. 结合你所熟悉的某一行业的实际情况，分析企业的成功关键因素。

网络练习

利用互联网访问华为公司的网站并查找该公司的相关资料，然后分析该公司的行业环境、行业竞争状况，简要分析它的主要竞争对手和成功关键因素。

第三章　企业资源和能力分析

学习目标

1. 企业资源和能力分析的基本步骤
2. 价值链的构成和分析
3. 企业核心竞争能力的含义和特征
4. 企业核心竞争能力的管理
5. SWOT 分析方法的基本原理

开篇案例

夏普公司的资源共享

夏普公司是一个资产达 140 亿美元的电子类消费品行业的巨人，它坚持不懈地致力于技术创新，最终使自己处于行业的前列。

夏普公司最有价值的资源就是高度专门化的可视电子产品技术，这对公司保持核心业务的竞争优势具有至关重要的作用。它最为成功的技术就是液晶显示屏，这几乎是所有夏普产品最为重要的卖点。这一资源的竞争优势在夏普公司录像机产品的成功中充分地展现了出来，它的突破性产品——取景镜头，首次使用了一个液晶显示的取景器。这一创新使得夏普公司在该产品推出的 6 个月内占领了日本录像市场 20% 的市场份额。

夏普公司的一位高级经理何志浅田这样描述夏普公司的技术战略："我们投资于那些在将来可能会成为公司的核心的技术。作为核心，这种技术应该具有可用于许多产品的开发性能力。"遵循这一战略，夏普公司成功地将业务扩展到许多新的领域，只要这些业务的竞争优势取决于它的某种核心技术。比如，作为其显示屏技术的扩展，夏普公司以其名为"奇才"（Wizard）的产品作为一种个人电子产品的开路先锋。

夏普的业务类型受到严格的限制，主要是电视与可视系统、通讯与广播系统、家用电器、信息系统以及电子零件。与其竞争同行索尼公司和松下公司不同，夏普公司从未考虑过要进入影视业，因为它知道自己除了技术基础之外，并不具备竞争优势。

夏普公司的技术投资都具有以下几个特点：它们的费用总是比较高；它们有极多的领先次数；它们产品中的优势会因为模仿或是产品生命周期的缩短而较快消失。为了在这样的环境中取得成功，夏普公司必须做出正确的投资选择。并且为了补偿其投资，它必须在全公司范围内迅速而广泛地传播新技术。

所以夏普公司有一个超过 1 500 人的总部——还不包括研究与开发部门。从现在流行的较小规模的公司机构来看，这一数目简直是个天文数字。夏普的战略必须依靠广泛的、难以驾驭的共享技术行为之间的协作，这就是其总部人员众多的原因。

对共享行为的需要决定了夏普公司的基本结构。公司按职能划分部门，而不是按生产划分部门。因此，对关键组成部件如液晶显示屏的研究与生产是在某一个专门化的单位中完成的，能够获得规模经济。与之形成对比的是，一家典型的由生产分支机构组成的美国公司——霍尼尔公司，曾经同时在七个分支机构中进行液晶显示屏的研究。

为了防止职能集团成为不利于产品开发的障碍，夏普公司任用了产品经理。他有责任——但没有自主权——协调整个价值链中的行为；公司还组成了大量的跨部门团队以及公司委员会，以确保共享行为——包括公司的研究开发单位与销售力量——的规划及其在各个不同的生产线之间的分配是最优的。夏普公司投资于这种时间密集型的协作，以尽量减少各个单位在分享重要资源时无法避免的冲突。

每年夏普公司大约有三分之一的研究开发经费被用于 10 ~ 15 个"金牌项目"之中。这些项目在公司的技术战略会议上被挑选出来，因为它们通常都涉及贯穿各个生产集团的基础技术。所有的项目人员都被赋予公司经理的权力，并且戴着金色的徽章，这样他们就能调动夏普公司的任何一个员工来协助他们的研究。

由于公司特有的以职能为基础的制度使得财务统计变得不甚清楚，夏普公司的控制系统更多地关注员工的行为，而不是他们在短期内的财务业绩。因而升职——而不是每年加薪——是最有效的激励因素，员工会因为一贯表现出的资深持重以及办事圆熟（如团队协作精神与善于交流沟通）而获得提升。在一家具有职能式组织结构、以技术为基础的公司中，这种控制系统是少有的几种避免了不适当地以短期的自身利益为导向的系统之一。

正如许多日本公司一样，夏普公司的企业文化强调：公司就是一个大家庭或者一个共同体，它的成员应该相互合作以获得更大的收益。与终身雇用的政策相一致的是人事变动很少，这也鼓励每个员工都使各自的利益相互协调，而且追求整个公司利益的最大化。这一共同的目标也减少了在共享重要资源——比如研究与开发以及零部件制造时相互间不可避免的冲突。

讨论题：

1. 夏普公司的核心竞争能力体现在哪一方面？

2. 夏普公司是如何管理其核心竞争能力的？

资料来源：唐纳德·索尔等著的《如何提升企业核心竞争力》。

第一节　企业资源与战略能力分析概述

一、企业资源与战略能力分析的必要性

在上一章中，我们讨论了企业的外部环境分析，那是企业制定战略的基础。但是，外部环境中的某些因素及其变化，对不同企业的影响却并不是一样的。也就是说，某一种环境因素，对某个企业是机会，对其他企业则不一定，甚至还可能是威胁，这是因为不同的企业拥有不同的资源与能力。即使外部环境的变化给每个企业都带来了可以利用的机会，也只有那些具备了与此相适应的资源和能力的企业，才能真正抓住机会。

每个企业都拥有或可以拥有一定的资源，以及有效地协调这些资源以满足特定市场需求的能力，即每个企业都是资源和能力的结合体，这一结合体形成了战略的另一个基础。不明晰企业的资源、不具备利用资源的能力，就无法正确地制定战略。企业资源分析包括掌握企业资源的"家底"，明确现有资源满足完成使命要求的程度，明确与竞争对手相比有哪些不同。进而要分析企业有效地协调可以获得的资源以满足特定市场需求的能力，因为企业的竞争优势既可以来自稀缺资源的拥有，又可以来自对资源的优异的运用能力。企业资源的差异性和企业利用这些资源的独特方式就成为企业竞争优势的最重要的来源。

将独特的资源和能力与第二章中提出的成功关键因素相比较，它们是两类不同的概念。成功关键因素应被看作是市场层次的特征，而不是针对某个个别企业的。拥有成功关键因素是获得竞争优势的必要条件，而不是充分条件。例如，一个公司要成为成功的体育运动鞋的供应商，它就必须有发展新款式、管理供应商、分销商网络和进行营销活动的能力。但只有这些还不够，所有大运动鞋公司都有产品发展部门、供应商和销售网络以及很大的营销预

算，但只有像耐克这样少数的公司才能将这些活动做得很出色，从而创造出高于竞争对手的价值。

独特的资源、独特的能力和成功关键因素的共同之处在于它们都是公司盈利能力的指示器。虽然它们在概念上的区别是清楚的，但在特定的环境中区分它们并不容易。例如，一个成功关键因素可能是某行业所有企业要成功都必须具备的，但它也可能是特定公司所具备的独特能力。

对组织资源问题并不限于作战略分析，它也是战略选择过程中的关键决定因素。它可以帮助确定与组织的战略能力相匹配的战略方向，详细地进行资源规划和开发也是成功地实施战略的重要组成部分。组织的资源并不限于它所"拥有"的资源，组织外的资源是产品或服务的设计、生产、营销到客户等一系列行为的不可缺少的一部分，它会大大地影响组织的战略能力。

二、企业战略能力分析的基本步骤

企业战略管理的理论研究和实践，创造出许多资源和能力分析的方法。英国的格里·约翰逊和凯万·斯科尔斯提供了一个分析框架，这一框架将众多的资源分析方法联系在一个从对资源的简单评估到对战略能力更深入理解的系统分析流程中。见图3-1。

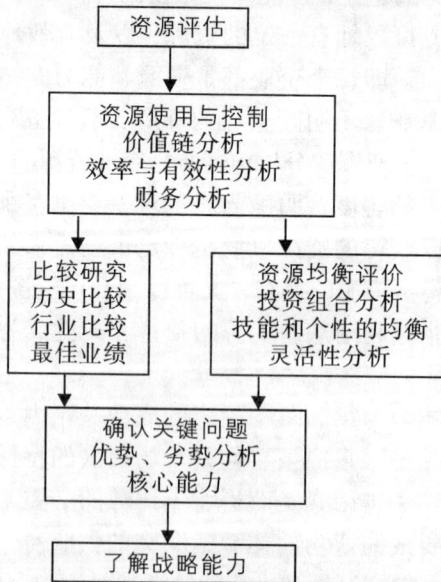

图3-1　战略能力分析的过程

（一）资源评估

资源评估就是对企业可得资源的数量和质量进行评估和分析，以便确认企业是否拥有战略维持和战略延伸的资源。通常，可以把资源分为以下四类：

（1）实物资源。对企业的实物资源进行评估，不仅要列出设备的数量和生产能力，而且还应该对这些资源的自然状况，如寿命、状态、能力和位置等进行了解。

（2）人力资源。对人力资源进行分析需要调查和研究许多相关的问题。既要了解企业中不同技能的人员的数目和类型，还要分析人力资源的适应性等其他方面。

（3）财务资源。包括货币的来源和使用，如资金的获得、现金管理、对债权人和债务人的控制、处理与货币供应者（如股东、银行等）的关系等。

（4）无形资产。无形资产是企业重要资产的组成部分，包括专利、专有技术和"商誉"等。商誉主要来源于商标、品牌、公司形象及其他。应该重视无形资产的价值，因为企业出售的商品和服务中有一部分价值就是"商誉"，尤其是一些服务行业的企业。

（二）资源使用与控制

资源的使用与控制分析是将企业资源和使用这些资源的战略目标联系起来，这对于了解战略能力十分关键，这是从资源的使用过程而不是从资源本身发现经营好或坏的原因。

1. 价值链分析

我们将在本章的第二节详细讲述这种分析方法。

2. 效率（efficiency）与有效性（effectiveness）分析

对企业内部资源分析要求企业确定采用什么标准来衡量资源的使用与控制。效率和有效性是两个主要指标。

效率是指企业实际产出与实际投入的比率，即实际的投入产出比；而有效性是指企业实际产出达到期望产出的程度。这两个指标可以用于多种场合，如对企业不同战略层次的战略评估，对企业战略要素的功能评价等。在对企业资源使用与企业战略能力的评估与分析中，效率和有效性是两个主要指标。一般认为，在成本竞争中，效率对企业特别重要；相反，对于通过有特色的服务或产品而与其他竞争者保持差异化的企业而言，有效性是一个关键的衡量指标。以下的讨论与本书在第五章要讨论的企业基本竞争战略的选择有关。

（1）成本效率分析。成本驱动因素有多种，企业可以通过各种途径获得成本效率。对以下的成本驱动要素的选择将决定企业的长期竞争地位。

①规模经济通常是制造企业获得成本优势的一个重要来源。

②要素成本。与各种投入相关的包括资金、劳动力、原材料和零部件等在内的生产要素是企业成本的直接来源。

③生产率。生产率即单位要素的产出，它与单位产品的成本互为倒数，那么，提高生产率与成本效率密切相关。学习和经验对生产率的提高有着重要的作用，经验曲线的分析在这里是依旧有作用的。

④产品——工艺设计。企业价值工程研究的一个重要内容是寻找物美价廉的替代品，这说明改进产品设计可以提高成本效率；工艺设计的改进对提高成本效率的作用更是显而易见的，因为这本身就是以降低生产成本为目的的。

⑤生产能力的利用程度。生产能力利用程度的高低决定于分摊在单位产品上的固定成本的多少。

⑥交易的组织形式。在不同的情况下，是采用内部化生产，还是靠市场获取，成本会有很大的不同。

⑦重点集聚。企业集中力量针对某一经营领域，如某一顾客群体，某一特定市场，某一类型产品，某一特定的技术等，可能会比广泛地使用力量获得更多的成本效率。

（2）有效性分析。与成本分析不同，有效性的来源有许多而且各种各样，我们只能提出进行有效性分析时需要考虑的问题的主要方面。

①产品或服务的功能和特性与客户的要求相匹配程度如何？对提供这些特殊功能或特性所增加的成本能够由客户补偿吗？如果答案是否定的，那么，资源的使用可能就是无效的。

②企业所提供的商务支持活动和顾客服务与客户的要求相符吗？它们能为产品或服务增加价值吗？同样，所增加的价值是否足以补偿这些活动所增加的费用？

③在售前、售中和售后，与客户建立的交流和关系是否可以为企业增加价值？如果增加，主要体现在哪些方面？是稳定了与客户的关系还是减少了交易费用，或者节约了开发成本？

3. 财务分析

企业对资源的使用和控制能力在很多情况下可以通过财务指标反映出来，因而，财务分析是企业战略分析的重要内容。然而，企业不同的利益相关者对企业财务状况的评价有不同的标准，因此，对企业资源使用与控制的财务评价只能是利益相关者利益均衡的结果。

（1）股东特别关心如何评价他的投资质量，同时也关心他们所期望的投资收益。因此，满足股东利益的财务指标主要是每股收益、市盈率、股利收益等。

（2）企业的管理人员更关心企业的规模，满足他们利益的财务指标主要是较高的销售额。

（3）银行和其他贷款者对资源使用和调度的要求是要尽量降低贷款风险，反映在财务指标上就是要有一个合适的负债比率和利息收益率。

（4）资源的使用和调度还要满足供应商、债权人和雇员对短期资金使用的要求，因为他们最关心的是企业能否按时支付工资和偿还贷款，反映在财务指标上就是要有一个合适的"流动比率"。

（5）企业资源的使用和调度对社会公众利益的满足表现在要有助于降低社会成本，如不能引起严重的环境污染，不能对社会公众和儿童造成损害等。反映在财务指标上是企业阶段性净社会收益，包括企业内部的社会成本和效益以及外部的成本与效益。

（三）比较分析

企业内部条件分析的目的是找出自己的优势和劣势，分析的基本方法是比较法。根据比较对象不同，可以分成以下三种方法：

（1）纵向比较（历史比较），即将企业的资源状况与以前各年相比从而找出重大的变化。这种方法可以揭示出其他方法所不能揭示的不太明显的变化趋势。在许多情况下，它都促使企业重新评估其主要的推动力将来应该放在什么地方。

（2）横向比较（行业比较），即将企业的资源状况和竞争力与主要竞争对手进行对比。

（3）与产业成功关键要素比较（最佳业绩）。如上一章所述，不同的产业在不同的时期具有各自的基本要求，不具备这些要求的企业根本不可能在该产业中获得经营成功。将企业的资源和能力与产业成功关键要素进行比较，可以较好地反映企业的优势和劣势，这已成为企业战略管理中普遍采用的方法。

经常采用的一种方法是竞争者态势矩阵（competitive profile matrix, CPM）。这种方法的步骤如下：

（1）列出在外部环境分析中确认的成功关键因素和获得竞争优势或劣势的最有力的决定变量，一般来讲，变量的数目为 6~18 个。

（2）给每个因素赋予权重，其数值从 0.0（不重要）到 1.0（非常重要）。权重标志着该因素对于企业在行业中取得成功的影响的相对重要性。确定权重的方法包括对成功的竞争者和不成功的竞争者进行比较，以及通过集体讨论而达成共识。所有因素的权重总和必须等于1。

（3）根据每一个变量对企业及其主要竞争对手进行评分。评分赋值可以从1到10分，也可以从1到4分。分数大小反映了企业在该项指标上的优劣，因此它是以企业为基准的，而步骤（2）中的权重是以行业为基准的。

（4）用每个因素的权重乘以它的评分，得到每个因素的加权分数。

（5）将所有因素的加权分数相加，以得到企业的总加权分数。

（6）作出关于企业净竞争优势或劣势的结论，同时对企业的那些最强或最弱的各个领域的强势指标作更具体的分析。

表3-1是一个竞争态势矩阵的实例。在这一实例中，是按照1~4分来评分的。广告及全球扩张是最为重要的影响因素，正如其权重0.20所表示的。雅芳（Avon）和欧莱雅（L'Oréal）的产品质量是上乘的，正如评分4所表示的；欧莱雅的"财务状况"是好的，正如评分3所示；宝洁公司（P&G）从整体上看是最弱的，其总加权平均分2.80说明了这一点。

除了以上竞争态势矩阵中列举的各项关键因素之外，其他因素往往包括产品品种的多少、销售、配送效率、专利优势、设施布局、生产能力及效率、经验、劳资关系、技术优势以及电子商务技能等。

表3-1

关键因素	权重	雅芳		欧莱雅		宝洁	
		评分	加权分数	评分	加权分数	评分	加权分数
广告	0.20	1	0.20	4	0.80	3	0.60
产品质量	0.10	4	0.40	4	0.40	3	0.30
价格竞争力	0.10	3	0.30	3	0.30	4	0.40
管理	0.10	4	0.40	3	0.30	3	0.30
财务状况	0.15	4	0.60	3	0.45	3	0.45
用户忠诚度	0.10	4	0.40	4	0.40	2	0.20
全球扩张	0.20	4	0.80	2	0.40	2	0.40
市场份额	0.05	1	0.05	4	0.20	3	0.15
总计	1.00		3.15		3.25		2.80

资料来源：[美] 弗雷德·R. 戴维. 战略管理（第8版）. 北京：经济科学出版社，2001.132.

（四）资源均衡评价

以上的分析有助于我们对来源于独立的产品、服务或业务单位的战略能力进行考察。但是，在许多企业中还有另一个具有同等重要性并具有互补性的资源问题，即在一定程度上，组织的资源均衡应该作为一个整体来考虑。这种分析应该注意以下三个重要方面：企业的各种不同的活动和资源相互补充的程度；企业内的人员在个人技能和个性方面的均衡程度；企业资源的灵活性是否适应环境的不确定性和企业准备承担的风险水平。

1. 投资组合分析

战略能力分析的一个重要组成部分就是评估构成企业业务组合的互补程度。常用的分析方法有波士顿矩阵、通用矩阵、产品—市场演进矩阵。由于这些方法也是重要的战略评价的方法，所以本书在第七章中进行讲述。

2. 技能和个性的均衡

投资组合分析强调的是企业内部财务资源的均衡，企业内的人员在个人技能和个性方面的均衡程度也是企业竞争优势的重要来源。技能和个性的均衡分为两个层次：主管人员的个性与技能组合、业务运行人员的技能组合。

主管人员的个性与技能组合要考虑主管人员的个性特点、管理技能、解决非常规问题的能力和主管队伍职能的平衡。

业务运行人员的技能组合应注意这些人员技能的多面性和灵活性，还要注意平衡人员的技术水平和处理人际关系的能力。

3. 灵活性（柔性）分析

资源均衡另一个需要分析的问题是企业资源的灵活性和适应性，它反映了企业适应内外环境变化的能力。灵活性分析包括四个方面：

（1）确定企业内部和外部的主要的不确定性因素；

（2）分析目前企业针对这些不确定性因素而投入的资源；

（3）分析企业相对于这些不确定性因素所需的灵活性；

（4）提出针对这些不确定性因素的行动方案。

（五）　确认关键问题

资源分析的最后一方面是从以前的分析中确认出关键问题。只有在这个阶段，才能对组织的主要优势和劣势，以及它们的战略重要性作出合理的评估。然后，资源评估才能作为判断未来行动过程的标准。关于 SWOT 分析和核心竞争能力的分析是这一阶段的重要内容，在本章的第三节、第四节将详细讲述这些问题。

第二节　价值链分析

价值链分析是从企业内部条件出发，把企业经营活动的价值创造、成本构成同企业自身竞争能力相结合，与竞争对手经营活动相比较，从而发现企业目前及潜在优势与劣势的分析方法，是指导企业战略制定与实施活动的有力分析工具。

一、价值链分析的基本原理

价值链分析的关键是认识到企业不是人、资金、设备等资源的随机组合，如果不将这些资源组织进入到生产经营中来，保证生产出最终顾客认为有价值的产品或服务，那么这些资源将毫无价值。因此，内部资源分析必须是一个从资源评估到对怎样使用这些资源的评估的过程。

波特教授认为企业每项生产经营活动都是其为顾客创造价值的经济活动，那么，企业所有的互不相同但又相互关联的价值创造活动叠加在一起，便构成了创造价值的一个动态过程，即价值链。企业所创造的价值如果超过其成本，就能盈利；如果超过竞争对手所创造的价值，就会拥有更多的竞争优势。企业是通过比竞争对手更廉价或更出色地开展价值创造活动来获得竞争优势的。

二、价值活动的构成

企业生产经营活动可以分成主体活动和支持活动两大类：

（一）主体活动

主体活动是指生产经营的实质性活动，一般分为原料供应、生产加工、成品储运、市场营销和售后服务等五种活动。这些活动与商品实体的加工流转直接相关，是企业基本的价值增值活动，又称基本活动。每一种活动又可以根据具体的行业和企业的战略再进一步细分为若干项活动。

（1）原料供应是指与产品投入有关的进货、仓储和分配等活动，如原材料的装卸、入库、盘存、运输以及退货等。

（2）生产加工是指将投入转换成最终产品的活动，如机加工、装配、包装、设备维修、检测等。

（3）成品储运是指与产品的集中、存储、转移给客户有关的活动，包括产成品的收集、入库、保管、客户订单处理、送货等活动。

（4）市场营销是指与促进和引导购买者购买企业产品有关的活动，如广告、定价、促销、市场调查、分销商支持和管理等。

（5）售后服务是指与为保持或提高产品价值有关的活动，如安装、调试、修理、使用人员培训、零部件供应等。

（二）支持活动

支持活动是指用以支持主体活动而且内部之间又相互支持的活动，包括企业投入的采购管理、技术开发、人力资源管理和企业基础结构。企业的基本职能活动支持整个价值链的运行，而不分别与每项主体活动发生直接关系。

（1）采购管理是指获取各种资源输入主要活动的过程，而不是输入资源本身。在企业的许多部门都会发生采购活动管理。改进采购管理活动，对提高采购物的质量和降低费用有着重要意义。

（2）技术开发是指可以改进价值活动的一系列技术活动，既包括生产技术，也包括非生产技术。企业的每项生产经营活动都包含着不同性质、开发程度和应用范围的技术，因此技术开发活动不仅与最终产品直接相关，而且支持着企业的全部活动，成为反映企业竞争实力的重要标志。

（3）人力资源管理是指企业的员工招聘、雇用、培训、考核、激励等各项管理活动。这些活动支持着企业中每项主体活动和支持活动，以及整个价值链。在任何一个企业中，都可以通过人力资源管理在员工的素质、技能和动力方面以及聘用和培训成本方面的作用来影响竞争优势。

（4）企业的基础结构是指与企业总体管理相关的活动，包括企业计划、财务、质量管理、组织结构、控制系统、文化建设等活动。

三、企业价值链与产业价值链

上述价值活动组成的企业价值链可以用图 3－2 表示出来。

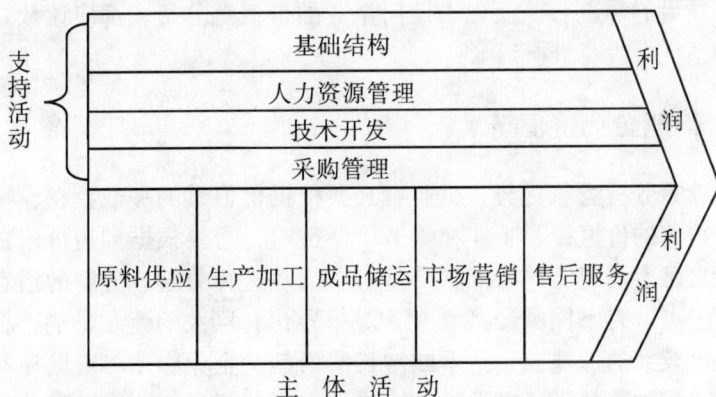

图 3－2　价值链

从图 3-2 中可以看出，企业价值链不是独立价值活动的集合，而是相互依存的活动构成的一个系统。在这个系统中，主体活动之间、主体活动与支持活动之间以及支持活动之间相互关联，共同成为企业竞争优势的潜在源泉。

从更广的角度来讲，在大多数产业中，很少有企业单独完成产品设计开发、生产加工、市场销售、售后服务的全过程，除非企业具有非常充分的资金和十分全面的能力。因此，一个企业价值链往往是产业价值链的一部分，它同供应商价值链、分销商价值链、客户价值链一起构成价值链体系，如图 3-3 所示。

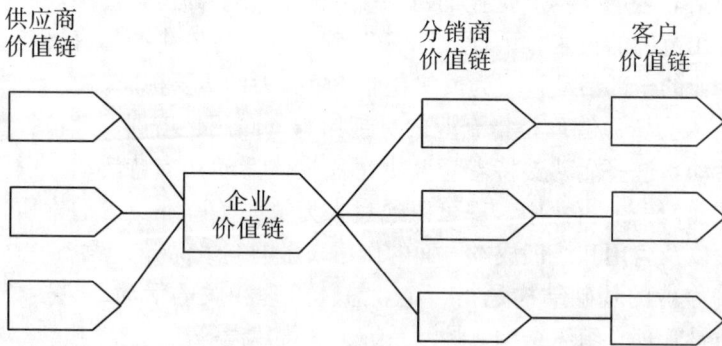

图 3-3　价值链系统

对一个企业而言，向最终顾客提供低价格的产品，可能是由销售商的较低的加价来支持的；而向最终顾客提供高质量的产品，也必然离不开供应商提供的高质量的零部件。所以，任何企业的价值链分析，都应该放在产业价值活动的系统中进行分析。

四、构造企业价值链

为了诊断分析竞争优势，企业有必要根据价值链的一般模型，构造具有企业自身特色的价值链。企业在构造价值链时，需要根据利用价值链分析的目的以及自己生产经营的特点，将每一项活动进行分解。分解的适宜程度取决于以下三点：有不同的经济含义；对差异化有巨大的潜在影响；在成本上表现为一个较大的份额或一个不断增长的份额。企业应该将可以充分说明企业竞争优势或劣势的子活动单独列出来，以供分析使用。对于那些不重要的活动，则可以归纳在一起进行分析。活动的顺序一般按照工艺流程进行，但也可以根据需要进行安排。无论是怎样的顺序，企业的管理人员都应从价值链的分类中得到直观的判断。

一旦确定了价值链的主要因素之后，就可以进行战略成本分析工作了，即将公司的部门成本会计数据分解成各项具体活动的成本。

五、价值链分析

（一）关键活动的成本标杆学习

价值链分析最重要的应用是揭示具体企业与竞争对手相比的相对成本地位。所需要做的工作就是对每个竞争厂商进行成本比较。其中，该成本是各个竞争厂商为向一个界定清晰的客户群或者细分市场提供产品或服务而产生的。一家企业的成本优势或劣势的规模可能随产品线中各个产品的不同而不同，可能随客户群的不同而不同（如果分销渠道不同的话），可能随地域市场的不同而不同（如果影响成本的因素随地域的不同而有差异的话）。

当今的许多企业都将自己某项特定活动的成本与竞争对手的成本进行比较定位，或者同另一个行业中能够高效地开展相同活动的非竞争对手的成本进行比较定位，就称为标杆学习。标杆学习的核心是比较各个公司开展其价值链中一些基本的活动和职能的优劣程度，例如，如何采购原材料，如何培训员工，如何处理公司的分销，企业推出新产品的速度如何，质量控制开展得怎样，如何处理客户的订单，如何为客户服务等等。标杆学习的目标是理解开展某项活动的最好做法，学习怎样才能降低成本。一旦发现自己开展某项活动的成本已经同其他公司的同一活动的成本不一致，就应该采取行动，提高公司的成本竞争力。

世界 500 强中，有 80% 以上的公司进行了一定形式的标杆学习。当然，进行标杆学习时，最难做的是取得比较对象的成本数据。但是，由于进行标杆学习和寻找最佳业务惯例所得到的显而易见的好处，使得各企业千方百计地获得所需的数据。如公开的报告、报表、行业协会所收集的信息，从咨询公司、行业分析专家那里获得帮助，让客户、供应商、合资伙伴成为你标杆学习的联盟。施乐公司是标杆学习的早期开拓者。1979 年，日本的制造商在美国以每件 9 600 美元的价格销售其复印机，施乐就派了一个考察团到日本去学习竞争对手的业务流程和成本。幸运的是，施乐在日本的合资公司（富士—施乐公司）非常了解竞争对手。该考察团发现：施乐的成本太高，其原因是在公司的制造过程和业务管理中存在严重的低效性。后来，施乐公司推出了一个长期的标杆学习计划，将公司关键工作流程的 67 个同那些被认为在这些过程上"做得最好"的公司进行标杆学习。最后，施乐公司的产品恢复

了竞争力。

（二）获得成本竞争力的战略选择

考察企业自己的价值链结构并将它同竞争对手的价值链结构进行比较可以表明：谁拥有多大的竞争优势或劣势？是哪些成本因素导致了这种状况的出现？这种信息对制定战略以消除成本劣势和创造成本优势起着至关重要的作用。

竞争企业之间的重大成本差异可能发生在三个主要的领域：行业价值链体系的供应商部分，企业自己的活动部分，行业价值链体系的前向渠道部分。对以上三个领域，可以分别采取下列战略行动：

1. 对于产生于行业价值链上游部分的成本劣势，可以采取以下行动

（1）通过谈判，从供应商那里获得更有利的价格。

（2）同供应商进行紧密的合作，以帮助它降低成本。

（3）改善供应商价值链和企业自己价值链之间的联系。

（4）尝试使用成本更低的替代品。

（5）尽力在其他地方砍掉成本以补偿这个地方的差异。

世界零售业巨头沃尔玛与其供应商的联系给很多企业提供了启示。一方面，它充分利用其规模优势，对供应商进行强有力的讨价还价，尽力获得最低的价格；另一方面，它又与供应商结成长期伙伴关系，帮助供应商改善管理。沃尔玛与它的主要供应商宝洁公司的计算机系统相连接，从而建立了一个及时订货和传送系统。当沃尔玛的库存到了订货点时，计算机就通过卫星向最近的宝洁工厂发出订单，这些工厂就将其商品送到沃尔玛的分销中心或直接运送到商店。通过双方价值链的连接和协调，宝洁公司能够有效地做出生产计划，进行直线分销，并降低成本，最后宝洁公司又可以将节约的一部分成本让利给沃尔玛，形成了一种双赢的局面。

2. 对于存在于价值链体系下游部分的成本劣势，可以采取以下行动

（1）促使分销商和其他前向渠道减少利润。

（2）同前向渠道联盟或客户紧密合作，以寻找降低成本的双赢机会。一家巧克力生产商知道，巧克力的装运采用罐装车大批量液态装运，而不是用固态的巧克力条，就可以使其生产糖果的客户节约卸装和熔解的成本，而这样做还可以消除自己的巧克力成型成本和包装成本。

（3）转向更具经济性的分销战略，包括前向一体化。如种子公司不通过中间商，直接向具有一定生产规模的农户销售种子。

（4）试图削减价值链体系中其他阶段的成本以弥补这里产生的差异。

3. 对存在于企业内部的成本劣势，可以采取以下行动

（1）简化高成本活动的经营和运作。

（2）再造业务流程和工作惯例，从而提高员工的生产率，提高关键活动的效率，提高企业资产的利用率，或者改善企业对成本驱动因素的管理。

（3）通过改造价值链消除某些产生成本的活动。

（4）对高成本的活动进行重新布置，将其安排在活动的展开成本更低的地理区域。如许多发达国家的企业将其制造工厂转移到人力成本较低的发展中国家。

（5）分析自己的价值链，对它进行分解，看是否有一些非关键的活动由外部的合作商来完成比自己更为合适。这种做法在电子、电脑、汽车、电信等行业很盛行。

（6）投资于节约成本的技术改善，如机器人、柔性制造技术、计算机控制系统等。

（7）围绕棘手的成本要素进行革新，如对工厂和设备追加投资。

（8）简化产品设计，使产品的生产更具有经济性。

（9）通过价值链体系的前向和后向部分来补偿企业的内部成本劣势。

第三节　核心竞争能力分析

一、核心竞争能力的内涵

（一）核心竞争能力的含义

核心竞争能力（core competences）的英文原意是核心能力或核心技能，由于这一概念往往是一个企业与其竞争对手相比较而言的，因此用核心竞争能力更为贴切。根据普拉哈拉德和汉默的定义，核心竞争能力是"组织中的积累性学识，特别是关于如何协调不同的生产技能和有机结合多种技术流的学识"。所以，核心竞争能力是某一企业内部一系列互补的技能和知识的组合，这种组合可以使企业的业务具有独特的竞争优势。说它是组合，是指它既包括科学技术，又包括管理、组织和营销方面的技能。这些技术和知识的结合方式决定着核心竞争能力的强弱，决定着企业开发新产品、服务市场，挖掘新的市场机会的潜力，体现着竞争优势。

核心竞争能力既可能以某种先进技术的形式表现出来，如英特尔公司的

计算机微处理技术、佳能公司的影像技术等，也可能以其他形式表现出来，如麦当劳公司快捷的服务体系、美孚公司遍布全球的销售服务机构等。但无论形式如何，核心竞争能力都是多种先进技术和能力的协调集合。如微型化是索尼公司的核心竞争能力，它不仅包括产品市场和生产上的微型化，还包括对未来市场需求微型化选择模式的引导等等。为了形成这一核心竞争能力，公司的技术人员、工程师以及营销人员必须对未来顾客需求的微型化发展方向和自身技术能力的微型化延展方向达成共识，以便于协调各方面的活动。

（二）核心竞争能力、核心产品与最终产品

要正确认识核心竞争能力的内涵，还必须理解核心竞争能力与核心产品和最终产品的关系。核心产品是核心竞争能力的载体，是联系核心竞争能力与最终产品的纽带。同时核心产品又是最终产品的重要组成部分，它构筑了企业最终产品组合的平台。有的学者作了形象的比喻来说明核心竞争能力、核心产品和最终产品的关系：如果把一个公司比喻成一棵大树，树干和大树枝是核心产品，小树枝是业务单位，叶、花和果实是最终产品，那么提供水分、营养和保持稳定的根系就是核心竞争能力。

企业为了维持在核心竞争能力领域的领导地位，就必须在核心产品的生产上维持尽可能大的制造份额。因为企业竞争的目标实际上应是在某种核心竞争能力领域建立垄断或尽可能接近垄断的地位。但建立最终产品的垄断地位会受到法律或分散销售渠道的约束，而一个公司核心产品的市场份额的增长就不存在这种限制，通过借用下游合作伙伴的销售渠道和品牌，在核心产品市场份额迅速增长的过程中，企业的核心竞争能力可以得到最大限度的发挥。所以，企业以原始设备或核心零部件供应商的身份向竞争对手或下游企业出售其核心产品，是迅速占领市场份额的一种有效途径。目前，越来越多的公司认识到出售核心产品的价值，例如，近年来 IBM 公司一改过去的销售政策，自愿把其核心产品出售给任何人，无论敌友，一视同仁。在 1990—1993 年间，IBM 对外技术销售额从 3 亿美元暴涨到 30 亿美元。

（三）核心竞争能力的特征

（1）独特性。从竞争的角度看，一项能力要成为核心竞争能力必须有一定的独特性。如果某种能力为整个行业普遍掌握，就不能称为核心竞争能力，除非这家企业的能力水平远远高出其他企业。核心竞争能力的独特性还表现在不易被人占有、转移或模仿。任何企业都不能靠简单模仿其他企业来建立核心竞争能力，而应靠自身的不断学习、创造乃至在市场竞争中的磨炼，建立和强化自己独特的能力，这是建立企业核心竞争能力的唯一正确的途径。

（2）扩散性。企业的核心竞争能力应该能够为企业带来多方面的竞争优势。企业的核心竞争能力就如同一个"技能源"，通过其发散作用，将能量不断地扩展到最终产品上，可以通过一定的方式向外衍生出一系列的产品或服务。如佳能公司利用其在光学镜片、成像技术和微处理控制技术方面的核心竞争能力，成功地进入了复印机、激光打印机、照相机、成像扫描仪、传真机等20多个市场领域；夏普公司利用其在平面屏幕相关能力上的领先地位，成功地进入了笔记本电脑、便携式电脑、微型电视、液晶投影电视等多个市场领域。

（3）增值性。核心竞争能力必须以实现用户看重的价值为最终目标。只有那些能够真正为用户提供根本性好处、帮助企业为用户创造更多价值的能力，才能成为企业的核心竞争能力。用户是决定某项能力是否为核心竞争能力的最终裁判。本田公司在发动机方面的技能称为核心竞争能力，而其处理与经销商关系的能力就不是核心竞争能力。因为本田在生产世界一流的发动机和传动系统方面的能力的确为用户提供了很多好处：省油、易发动、易加速、噪音低、震动小。但很少有用户是因为本田的经销人员的独特能力，才在众多的品牌中选择了本田汽车。

（4）可变性。企业的核心竞争能力不是一成不变的，某个企业的核心竞争能力可能最终被竞争对手所成功模仿，并随着时间的推移，逐渐成为行业内的一种基本技能。例如，在20世纪80年代，快捷优质的上门服务无疑是某个家电企业的核心竞争能力。但是时至今日，各个家电企业之间售后服务水平的差距已经大大缩小了，此时售后服务水平已经不是这家企业的核心竞争能力了。这种变化在许多行业中到处可见。因此，企业应该以动态的观点看待企业的核心竞争能力，随时对自身的能力与外界（如竞争对手和行业水平）进行比较和评估，并不断对优势进行加强，以保持持久的核心竞争能力。

二、核心竞争能力的管理

要在一个企业里牢固建立核心竞争能力观念，需要全体管理人员充分理解并积极参与以下五项关键的核心竞争能力管理工作。

（一）找出现有的核心竞争能力

管理人员如果对本企业核心竞争能力的构成没有达成共识，就无法积极管理这些核心竞争能力。所以，衡量一家企业对核心竞争能力的管理水平，首先应该看这家企业对其核心竞争能力的定义是否明确，以及大家对这个定义的认同程度。因此，实施核心竞争能力管理的第一步就是核心竞争能力的识别。可以考虑采取以下三个步骤：

（1）列出企业竞争能力清单。管理者必须从产品焦点中转移出来，把注意力集中在产品隐含的技术、技能、知识及其人力资本与组织载体上。具体步骤是：①辨别与某一产品或产品组，特别是拥有领先地位的产品或产品组有关的是哪些竞争能力。要注意，这里的竞争能力是指除去地理、原材料、市场垄断等非技术或非技能优势后的那些因素，同时，要考虑那些从关联企业和供应商所获得的知识与技能。②分析企业某一部门或单位是否隐藏某些竞争能力。③分析企业文化，以辨别那些可能隐藏在其中的知识或观念。④不仅要考虑竞争能力的内容，而且要判别它是以何种方式或流程体现在现有组织框架及整个价值链系统中。⑤要进一步分析竞争能力存在于组织内的哪些具体部门和人员身上，这为开发、保护和发展该竞争能力提供了基础。通过以上分析并将同类因素加以适当归并，可以列出一个包含若干细目的企业竞争能力清单。

（2）结合外部环境分析，决定这些竞争能力现在和未来 3 ~ 5 年内的顾客价值。

（3）判别竞争能力的相对强度。竞争能力相对强度既包括竞争能力区别于对手的程度，也包括其难于模仿和替代的程度。

可以将以上三个步骤的分析结果归纳在表 3 - 2 中。最后，根据各竞争能力的顾客价值的大小和相对强度，将不同性质的企业竞争能力分别置于图 3 - 4 所示的 4 个象限中，并分别采用不同的管理策略与方法。

表 3 - 2　竞争能力内容与基本性质判别表

技能和知识	存在处	顾客价值	独特性	难模仿和替代性	产业变化及影响

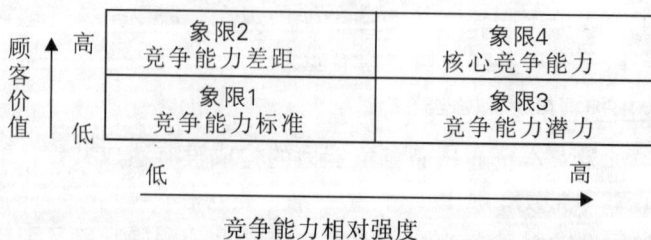

图 3 - 4　竞争能力组合与判别矩阵

竞争能力组合与判别矩阵给出了以下信息：象限 1 中竞争能力的顾客价值和强度都较低，顾客不认为它们非常重要，竞争者和企业一样，甚至更好地掌握它们。这些竞争能力在市场竞争中是必需的，但不产生竞争优势。在象限 2 中的竞争能力被顾客赋予很高的重要性，但公司竞争能力的实力与竞争者相比存在差距。这一象限的竞争能力具有战略相关性，因为如果管理人员认为它们尚存在很大的改进余地，而且用户也看重这种改进，它们就可能成为企业未来核心竞争能力的目标。象限 3 中是比别人更擅长却对提高顾客价值没有贡献的竞争能力，被称为竞争能力潜力。由于企业没有真正抓住顾客的需求，或者市场竞争要素已经改变，可能导致原来的竞争能力价值大减。企业需要尝试将已存的竞争能力潜力与市场发展机会相联系，使之在其他产品/市场上获得价值补偿。在象限 4 中的竞争能力是企业的核心竞争能力，即这些竞争能力既高于竞争对手，又对现在和未来（3～5 年）的顾客价值有重要的作用。

通过以上步骤，企业可以初步确定其拥有的竞争能力状况及大致的竞争能力策略方向。比较理想的情形是，除必须具备的竞争能力标准外，企业具有几项核心竞争能力，一些竞争能力差距，或少量竞争能力潜力。在这种情况下，企业的竞争能力策略方向是：进行核心竞争能力的内部扩散和调配利用；考虑有选择地改进竞争能力差距或寻找新的市场机会利用竞争能力潜力；进行 5～10 年期的新的核心竞争能力的培养。

较差的情况是：企业竞争能力全部分布在第 1、2、3 象限，而这往往是大部分中小企业的现状。在这种情况下，企业的竞争能力策略方向是：考虑从第 2 象限中选取一些有希望的竞争能力，利用企业主要资源和合理的管理方式使之转化为核心竞争能力；考虑选取第 3 象限的竞争能力使之与市场发展机会相联系；进行 5～10 年期的新的核心竞争能力的培养。

（二）制订获取核心竞争能力的计划

虽然一个企业的核心竞争能力的建立进程要根据它的战略发展框架来定，但绘制一份能力—产品矩阵图，可以帮助人们看清楚获取和部署能力的目标。这种矩阵图可区分现有能力与有待获取的能力，分辨现有产品市场与新发现的产品市场（见图 3-5）。

（1）填补空白。第 1 象限是企业现有核心竞争能力与现有产品或服务的组合。通过标出哪些核心竞争能力支持哪个产品市场，企业可以发现和引进企业内其他部门的与这个产品相关的核心竞争能力，以强化其在特定产品市场地位的商机。每个企业均应自问，扩大部署现在的核心竞争能力以增进现

有市场地位的机会在哪里。

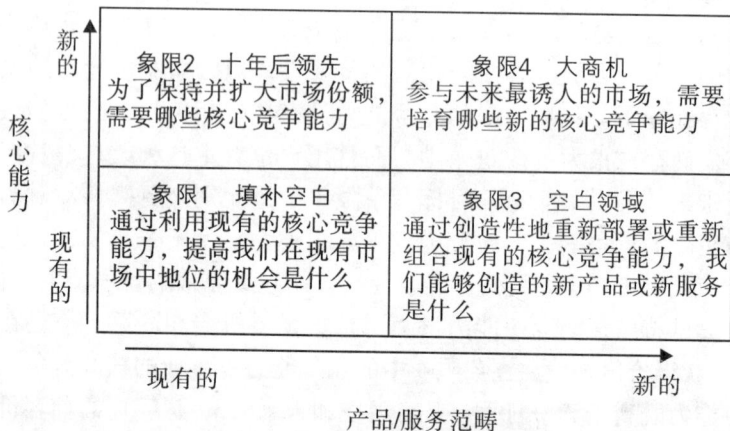

图 3-5 培养核心竞争能力矩阵图

（2）十年后领先。第 2 象限提出了一个重要问题：现在企业应该建立什么样的核心竞争能力，才能确保 5 年或 10 年后用户将我们当作首选的供货厂家？这里的目标是了解需要建立何种核心竞争能力，方可保持并扩大企业在现有市场上的份额。例如，IBM 公司一直在努力发展服务与业务咨询技术，因为它知道自己的用户需要购买的不仅是计算机和软件，还有实际业务问题的答案。假如 IBM 公司不建立这种竞争能力，它作为信息技术供应商的地位将被那些具有强大咨询竞争能力的竞争对手进一步削弱。

（3）过时的能力。第 2 象限还引出了另一个问题：目前用于满足现有顾客的能力，可能被哪些新能力取代或淘汰？企业的能力建立计划应包括了解将来可能取代自己传统技能的新能力。

（4）空白领域。第 3 象限那些不属于现有业务单位的产品——市场范畴的。企业要做的就是想象出这样的商机，来扩展现有的核心竞争能力，将其用到新产品市场上去。例如，索尼公司依靠自己的录音机、耳机技能和微型化竞争能力，成功创造出随身听这一新产品。

（5）大商机。第 4 象限中标示的商机和企业目前在市场上的地位或现有的能力基础都没有任何关系，但如果这种商机意义重大，或者十分诱人，也可以去捕捉。这时的战略手段可以是一系列规模不大但目的明确的购并或联营，借此企业可取得并了解所需的能力，同时开始研究其潜在的用途。

（三）培养新的核心竞争能力

建立领先的核心竞争能力的关键在于持之以恒。而要做到这一点，首先企业内部对建立与支持哪些能力应该意见一致。其次，负责建立能力的管理班子应保持相对稳定。除非高层管理人员对建立哪些能力达成一致意见，否则就不可能有长期一贯的努力。如果上层没有一致的意见，而各个业务单位又只顾建立自己的能力，那么整个企业在能力建立方面就不能集中力量，甚至根本无法建立新能力。培养新核心竞争能力的方法主要有以下五种：

（1）集中法。通过统一目标，将注意力集中在产品开发等少量关键目标上，加大对核心技术的资金投入与人才配置，组建竞争能力开发团队等方法提高内部资源配置的效率。

（2）借用法。通过与其他厂商、研究机构、主要客户形成联盟，如合资、合营、授权等，从中获得并消化吸收合作伙伴的技术和技能。

（3）收购法。通过收购具有相关核心技术或竞争能力的企业或组织（并确保其在收购后不流失），而快速强化目标专长或竞争能力。

（4）融合法。通过系统性思维将若干相关生产技术、各功能领域技术（研究与开发、生产、营销和服务等）、自己拥有的和借用或收购的技术等加以有效整合。

（5）重复法。通过在不同领域或活动中多次使用某些技术、技能、知识，并不断总结、学习与创新，以提高和加强竞争能力。

（四）核心竞争能力的部署

将核心竞争能力在企业内部进行扩散和重新部署，可以使一项核心竞争能力在多种业务或者新市场上发挥作用。善于部署自身的能力可以使企业能够更有效地运用自己的能力。

（1）将注意力集中到能发挥核心竞争能力作用和增强核心竞争能力上来。可以对与企业核心竞争能力无关或关系不大的业务采取收缩或撤退策略；或在存在合格供应商的情况下，对企业价值链上与核心竞争能力关系不大的活动采取外包策略。

（2）在可以充分利用企业已有核心竞争能力的新领域或新产品范围，根据具体情况，可以分别采取收购、合资、内部开发等不同方式增加相应的产品和服务。

（3）核心竞争能力的内部扩散。下列措施有助于使企业核心竞争能力在内部调配和扩散：

①让战略经营单位参与制定公司战略，使公司各业务部门的经理对公司

范围内的优先商机达成共识。

②建立明确的核心竞争能力的分配部署机制，如对"空白领域"采用诸如"紧急项目小组"等高优先度的组织安排，并吸引公司各部门核心竞争能力载体的人员参加。

③建立促进核心竞争能力内部扩散和调配的人事安排与激励制度，如"紧急项目小组"有权将公司内若干关键人才加以调用，用于开发新商机或提升公司范围的业绩，并根据团队业绩对其进行考核与激励。

④对于那些已被充分理解并显性化的技能采用明确程序进行培训的扩散方式；对于具有隐秘性质的技能则采用"学徒式"的方法进行内部扩散。

⑤在组织内部进行"最优的实践交流活动"，以促进若干关键技能的内部扩散与交流。

⑥在公司内培养一批自视为公司核心竞争能力"携带者"的人员，使他们自成团体，进而促进技术与技能的交流与协调。

⑦促进非正式沟通网络在竞争能力扩散方面的作用，具体形式包括定期或不定期的内部讨论会、较频繁的个人面谈等。

（五）保持核心竞争能力

由于核心竞争能力可以使企业在竞争中获得超额收益，竞争对手总是千方百计地对企业的核心竞争能力进行研究和模仿。为此，要针对核心竞争能力丧失的主要原因，努力构筑核心竞争能力的模仿障碍，尽量防止核心竞争能力的丧失，延缓核心竞争能力的扩散。

1. 核心竞争能力丧失的原因

（1）核心竞争能力携带者的流失。核心竞争能力携带者是指体现和掌握核心竞争能力的技术人员或管理人员，他们在企业核心竞争能力的建立过程中曾起过中流砥柱的作用，一旦他们离开企业为竞争者效力，可能会导致企业关键技术的泄密，削弱核心竞争能力的优势。

（2）与其他企业的合作。企业在与其他企业合作时，常常会扩散自己的核心竞争能力。例如，日本一些企业通过战略联盟从西方合作伙伴中获得大量的技术能力，从而使得西方企业的核心技术能力不再独享，它们的核心竞争能力也就不复存在了。

（3）放弃某些经营业务。例如，通用电气、摩托罗拉等公司从 1970 年至 1980 年间先后退出彩电行业，从而失去了各自在影像技术方面的优势。

（4）核心竞争能力逐渐被竞争对手所模仿，成为行业中必备的能力。

2. 保护核心竞争能力的措施

（1）加强对核心竞争能力携带者的管理和控制。核心竞争能力的携带者是企业的宝贵财富，企业高层管理人员必须清楚地识别他们，制定相关政策，防止这些人的流失。例如，可以通过股权激励给他们带上"金手铐"，使他们的利益与公司的利益保持一致，以及培养其忠诚度等。

（2）自行设计和生产核心产品。核心产品是一种或几种核心竞争能力的物质体现，企业通过自行生产核心产品，可以防止秘密技术和独特技能的扩散，从而将核心竞争能力保持在企业内部。可口可乐公司自行配制糖浆就是一个很好的例子。

（3）谨慎处理某些经营不善的业务。在那些因短期市场前景暗淡而即将被企业放弃的业务中，可能含有某些具有潜在价值的核心竞争能力或其组成部分。企业在处理这些业务时必须谨慎，要充分考虑到业务的放弃或转让所造成的影响，看看是否会对企业和竞争对手的核心竞争能力带来影响。

（4）加强对企业核心技术的保密措施与管理制度。

（5）在现有核心技术或技能融合模式的基础上，利用全面质量管理或"小决策"不断对其进行改良与改进。

第四节　外部环境与内部条件的综合分析

一、SWOT 分析法

SWOT 分析法是一种对企业外部环境中存在的机会、威胁和企业内部条件的优势、劣势进行综合分析，据此对备选的战略方案作出系统的评价，最终选择最佳的竞争战略的方法。SWOT 中的 S 是指企业内部的优势（Strengths）；W 是指企业内部的劣势（Weaknesses）；O 是指企业外部环境中的机会（Opportunities）；T 是指企业外部环境的威胁（Threats）。

企业内部的优势和劣势是相对于竞争对手而言的，一般表现在企业的资金、技术设备、职工素质、产品、市场成就、管理技能等方面。判断企业内部的优势和劣势一般有两项标准：一是单项的优势和劣势。例如企业资金雄厚，则在资金上占优势；市场占有率低，则在市场上占劣势。二是综合的优势和劣势。为了评估企业的综合优势和劣势，应选定一些重要因素，加以评价打分，然后根据其重要程度按加权确定。

企业外部的机会是指环境中对企业有利的因素，如政府支持、有吸引力的市场上进入障碍正在降低、市场需求增长势头强劲等。企业外部的威胁是指环境中对企业不利的因素，如新竞争对手的出现、市场增长率缓慢、购买者和供应者讨价还价能力增强、不利的人口特征的变动等。这是影响企业当前竞争地位或影响企业未来竞争地位的主要障碍。

二、SWOT 法分析过程

（一）建立外部因素评价（EFE）矩阵

（1）列出在外部环境分析中确认的外部因素，把握可能出现的机会与威胁。要尽量具体，可能时采取百分比、比率和对比数字。因素总数在 10 个左右。

（2）给每个因素赋予权重，其数值从 0.0（不重要）到 1.0（非常重要）。权重标志着该因素对于企业在行业中取得成功的影响的相对重要性。机会往往比威胁得到更高的权重，但当威胁因素特别严重时也可得到高权重。确定权重的方法包括对成功的竞争者和不成功的竞争者进行比较，以及通过集体讨论而达成共识。所有因素的权重总和必须等于 1。

（3）按照企业现行战略对各关键因素的有效反应程度为各关键因素进行评分，范围为 1~4 分，"4" 代表反应很好，"3" 代表反应超过平均水平，"2" 代表反应为平均水平，而 "1" 代表反应很差。分数大小反映了企业战略的有效性，因此它是以企业为基准的，而步骤（2）中的权重是以行业为基准的。要注意，威胁和机会都可以被评为 1、2、3 或 4 分。

（4）用每个因素的权重乘以它的评分，得到每个因素的加权分数。

（5）将所有因素的加权分数相加，得到企业的总加权分数。

显然，无论 EFE 矩阵所包含的关键机会与威胁数量多少，一个企业所能得到的总加权分最高为 4.0，最低为 1.0，平均为 2.5。总加权分数高说明企业在整个行业中对现有机会与威胁做出了最出色的反应，企业的战略有效地利用了现有机会并将外部威胁的潜在不利因素降到最小。总加权分数低则说明企业的战略不能利用外部机会或回避外部威胁。这里需要指出的很重要的一点是：透彻理解 EFE 矩阵中所列出的因素比实际的权重和评分更为重要。

表 3-3 是一个 UST 公司 EFE 矩阵的例子，这是一家生产无烟烟草的公司。UST 公司的总加权分数为 2.10，说明该公司在利用外部机会和回避外部威胁方面低于平均水平。

表 3 - 3　UST 公司外部因素评价矩阵的实例

	关键外部因素	权重	评分	加权分数
机会	1. 全球无烟烟草市场实际上还没有被开发	0.15	1	0.15
	2. 禁烟活动导致的需求增加	0.05	3	0.15
	3. 惊人的网上广告的增加	0.05	1	0.05
	4. 平克顿（Pinkerton）是折扣烟草市场的领先公司	0.15	4	0.60
	5. 更大的社会禁烟压力使吸烟者转向替代品	0.10	3	0.30
威胁	1. 不利于烟草工业的立法	0.10	2	0.20
	2. 对烟草业的限产加剧了生产竞争	0.05	3	0.15
	3. 无烟烟草市场集中在美国东南部地区	0.05	2	0.10
	4. 粮食和药物管理局进行的不利于公司的媒体宣传	0.10	2	0.20
	5. 克林顿政府政策	0.20	1	0.20
	总计	1.00		2.10

资料来源：［美］弗雷德·R. 戴维. 战略管理（第 8 版）. 北京：经济科学出版社，2001.131.

（二）建立内部因素评价矩阵

（1）列出对企业生产经营活动及发展有重大影响的内部因素。

（2）给每个因素赋予权重，其数值从 0.0（不重要）到 1.0（非常重要）。所有因素的权重总和必须等于 1。不论该要素是否具有优势，只要它会对企业经营战略产生最重要的影响，就可以确定为最大的权重值。

（3）以 1、2、3、4 各评价值分别代表相应要素对于企业战略来说是主要劣势、一般劣势、一般优势、主要优势。

（4）用每个因素的权重乘以它的评分，得到每个因素的加权分数。

（5）将所有因素的加权分数相加，得到企业的总加权分数。

总加权分数大大高于 2.5 的企业的内部状况处于强势，而分数大大低于 2.5 的企业的内部状况则处于劣势。

三、SWOT 战略分析

将上述结果在 SWOT 分析图上具体定位，确定企业战略能力。企业在此基础上，选择所要从事的战略。如图 3 - 6 所示，SWOT 分析法为企业提供了四种可供选择的战略：

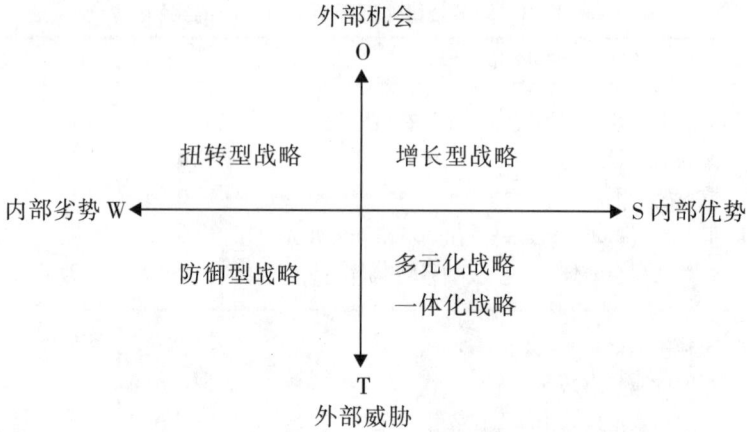

图 3-6 SWOT 分析模型

SO 象限内的区域是企业机会和优势最理想的结合。这时的企业拥有强大的内部优势和众多的环境机会，可以采取增长型战略。WO 象限内的业务有外部市场机会但缺少内部条件，可以采取扭转型战略，尽快改变企业内部的不利条件，从而有效地利用市场机会。WT 象限是最不理想的内外部因素的结合状况。处于该区域中的经营单位或业务在其相对弱势处恰恰面临大量的环境威胁。在这种情况下，企业可以采取减少产品或市场的紧缩型或防御型战略，或是改变产品或市场的放弃战略。ST 象限内的业务尽管在当前具有优势，但正面临不利环境的威胁。面对这种情况，企业可以考虑采取多元化经营战略，利用现有的优势在其他产品或市场上寻求和建立长期机会。另外，在企业实力非常强大、优势十分明显的情况下，企业也可以采用一体化战略，利用企业的优势正面克服存在的环境所设立的障碍。

再次强调的是，准确地列出和透彻理解所列出的因素比实际的权重和评分更为重要。列出企业的优势、劣势、机会和威胁就像建立一张战略平衡表，它是外部环境和内部条件分析的总结。将这些因素列在一起进行综合分析，能从整体上分析一家企业的战略态势，在决策层中统一认识，确定合适的战略方案。所以，SWOT 分析法也是一种战略评价的方法。

表 3-4 是一个以耐克公司为背景的 SWOT 分析实例。表中字母的含义是：S——优势；W——劣势；O——机会；T——威胁；下标——对应于 S、W、O、T 中的第几条。

表 3 - 4　耐克公司 SWOT 矩阵分析应用实例

战略选择　　内部因素　　外部因素	优势（Strengths） 1. 品牌忠诚度 2. 市场营销技术：有效的广告和促销策略 3. 在产品研发方面技术领先 4. 低成本、高质量的生产制造体系（网络型结构） 5. 良好的盈利性；高于平均水平的利润率 6. 1. 24 亿美元的战略基金 7. 菲尔·奈特的未来式领导风格使事件处理速度很快	劣势（Weaknesses） 1. 高于平均水平的杠杆作用限制了借款能力 2. 从财务上来看不能达到 30% 的年增长目标 3. 宽松的管理风格造成沟通不充分，不适合于大型公司 4. 缺少正式的管理体系，造成控制不利 5. 产品线太宽
机会（Opportunities） 1. 由于一些社会性趋势（如休闲）和事件（如 1984 年奥运会），美国市场需求增长 2. 引入了低成本的产品线 3. 增加了富裕、注重地位和时尚的顾客群喜爱的产品 4. 增加了新的个性化产品或新用途 5. 海外市场的扩大	**S + O 战略选择** 耐克如何利用其优势把握它的机会？ 1. 大范围地进行 R&D 开发新的产品线，例如足球装（O_1、O_2、O_3、O_4） 2. 开发中等收入顾客群、妇女以及国际市场	**W + O 战略选择** 耐克如何克服劣势以把握机会？ 1. 削减产品线，将精力集中在盈利多的产品上（W_2、W_5、O_3、O_4） 2. 重新设计组织机构使方向能更集中（W_3、O_3、O_4、O_5）
威胁（Threats） 1. 市场日趋成熟，竞争加剧 2. 顾客对价格的敏感性增加，可能导致价格竞争加剧 3. 顾客对价格的敏感性增加，可能导致一般品牌和私人商标的增加 4. 社会趋势正由运动装向时尚装转变 5. 新竞争者的进入	**S + T 战略选择** 耐克如何利用其优势应对其所面临的威胁？ 1. 在 R&D 方面继续创新，缩短新产品开发周期（S_3、T_1、T_4、T_5） 2. 制定富有竞争力的价格策略（S_4、T_2、T_3）	**W + T 战略选择** 耐克如何避免劣势以应对其面临的威胁？ 1. 削减产品线（W_2、W_5、T_1） 2. 加强管理控制系统，使产品线得以控制（W_2、W_5、T_1）

思考题

1. 简述企业资源和战略能力研究的基本步骤。
2. 简述价值链是如何构成的。
3. 什么是成本标杆学习？进行成本标杆学习的目的是什么？
4. 描述企业核心竞争能力的定义和特征。
5. 试述如何进行核心竞争能力的管理。
6. 运用 SWOT 分析法，分析企业的优势与劣势、机会与威胁。

网络练习

利用互联网了解印度塔塔集团公司的企业资源和战略能力，分析其核心竞争能力及其管理的特点。

第四章　企业总体战略

学习目标

1. 密集型战略的适用情况与方法
2. 一体化战略的类型、动因和优缺点
3. 多元化战略的类型、动因和优缺点
4. 企业进入新领域的各种方式
5. 购并的动机、原则
6. 企业撤退战略的动因及退出障碍
7. 企业在不同情况下应采取的总体战略

开篇案例

巨人集团

1989 年 8 月，史玉柱用全部的 4 000 元钱为自己研制的产品 M6401 桌面排版印刷系统在《计算机世界》刊登了一个广告，这个广告为他带来了 10 万元的回报。史玉柱将这一笔利润又全部投入广告，4 个月后，M6401 为他又赚回了 100 万元收益。初试成功的史玉柱在 1990 年又拿出了新产品 M6402 文字处理软件系列产品。有了资金和新技术后，史玉柱决心办一个属于自己的公司。1991 年春，珠海巨人新技术公司成立。在创业初期，1991 年 10 月，公司以订购 10 块巨人汉卡就提供往返路费的优惠条件，请来全国各地 200 多家电脑销售商，参加全国电脑汉卡连锁销售会。巨人不仅要他们买巨人汉卡，更主要的是使他们成为巨人连锁销售网的成员，双方由单一买卖关系转化为合作开发市场的利益共同体。巨人为了这次会议耗用了几十万元资金，最终建立了一个全国性电脑连锁销售网络。接着，巨人集团以广告开路，通过促销，走出了一条捷径。

文字处理软件曾经是巨人发家的产品。依靠开发电脑软件，巨人曾经创造了年发展 500% 的奇迹，使史玉柱成为珠海高科技产业的样板。中央领导频频视察巨人集团，海内外舆论也聚焦于这个民营企业。1993 年 6 月，史玉柱成为珠海市第二批中将的知识分子，1994 年当选为"中国十大改革风云人物"。

然而，在主产业尚未成长起来并站住脚的时候，就遇到了 1993 年中国电脑产业的灾难年。随着西方 16 国组成的巴黎统筹委员会的解散，西方国家向中国出口计算机禁令失效，"康柏"、"惠普"、AST、IBM 等国际著名电脑公司开始围剿中国硅谷——中关村。随着电脑业步入低谷，巨人赖以发家的本行业受到重创。为了摆脱原有单一电脑产业带来的危机和风险，1994 年 8 月，巨人提出了二次创业的构想，其总体目标是跳出电脑产业，走产业多元化之路。史玉柱希望通过产业扩张，来调动员工的积极性，以士气弥补管理机制的缺陷，同时以新兴产业取代衰落的发家产业。

为此，巨人集团迫切需要寻找新的产业支柱，当时全国正值房地产热，巨人决定抓住这一时机，在房地产方面，投资 12 亿元兴建巨人大厦，盖一幢珠海市的标志性建筑，一幢当时全国最高的楼。同时计划投资 4.8 亿元兴建黄山绿谷旅游工程，投资 5 400 万购买和装修巨人集团总部大楼，并在浦东购买了 3 万平方米土地，准备兴建上海巨人集团总部。其中巨人大厦的投资超过了企业资金实力的十几倍。巨人大厦的楼花在初期卖得很火热，从香港融资 8 000 万港币，从内地融资 4 000 万元人民币，短短数月便获得现款 1.2 亿元。但是，巨人危机的直接导火索恰恰源于正在兴建的巨人大厦。按合同，巨人于 1996 年底应交付使用，否则要给买楼花者退款并赔偿。但巨人未能如期完工，债主因此登门讨债。由于资金供应断线，集团财务周转不灵，巨人已无钱可还，危机终于爆发。

有效营销曾经是巨人迅速发展的法宝。巨人仍然希望依靠营销来使企业摆脱危机。1995 年春季，巨人发动了电脑、保健品、药品的促销战。在集团发动的销售战役中，管理弊端也突出地暴露出来。首当其冲的是集团整体协调乏力，由于产品供应短腿难以追上直销长腿，错过了销售的黄金时节，公司损失较大。渐渐地，更深层次的矛盾又突现出来，原有的干部队伍因动力不足，惰性尽显，而新的骨干队伍一时又难以补充，管理失控。这样一来，急剧的外延使扩张不仅没有激发原有系统的活力，又因无法形成新的机制而使管理上破绽百出。

1996 年初，为挽救颓势，巨人的营销战略从全面进攻转向重点战略，在开发出减肥食品"巨不肥"后，史玉柱发动了"巨不肥会战"。"巨不肥会战"试销售有所回升，但是，整个集团的形势并未好转。

讨论题：

当初史玉柱成功的战略是什么？后来又是怎样的战略失误导致了巨人集

团的失败?

资料来源：根据互联网资料和参考资料改写。

第一节　密集型发展战略

企业总体战略是通过企业的内外部环境分析，根据企业宗旨和战略目标，依据企业在行业内所处的地位和水平，确定其在战略规划期限内的资源分配方向及业务领域发展战略。

一、企业战略选择的方向和方法

在面对不同的环境和基于不同的内部条件时，企业所采取的总体战略态势会各有差异，企业总体战略主要有三种态势：发展型战略、稳定型战略和紧缩型战略。需要指出的是，即使企业总体是采取发展（扩张）型战略，在不同经营领域仍可采用不同的战略，即可以有多种战略方向供企业选择。图4－1表示了一个“产品/市场”矩阵，指出了主要的选择方向。

市场 \ 产品	当前	新
当前	撤退 稳定 市场渗透	产品开发
新	市场开发	一体化 相关多元化 不相关多元化

图4－1　可选择的发展方向

对于各种可选发展战略或可选发展方向而言，每一个都有不同的开发方案，这些方案可以分为三类：内部开发、购并以及联合开发或联盟。

二、密集型发展战略

密集型发展战略是指企业在原有业务范围内，充分利用在产品和市场方面的潜力来求得成长的战略。这种战略包括市场渗透、市场开发和产品开发，有时又被统称为加强型战略，因为它们要求加强努力的程度，以提高企业在现有业务的竞争地位。

（一）市场渗透战略

市场渗透战略是企业通过更大的市场营销努力，提高现有产品或服务在现有市场上的销售收入。

1. 市场渗透战略的适用性

这一战略被广泛地单独使用或同其他战略结合使用，下列五种情况尤其适合采用市场渗透战略：

（1）企业特定产品与服务在当前市场中还未达到饱和。

（2）现有用户对产品的使用率还可显著提高。

（3）在整个产业的销售增长时主要竞争者的市场份额在下降。

（4）在历史上销售额与营销费用曾高度相关。

（5）规模的提高可带来很大的竞争优势。

2. 市场渗透战略的实施措施

（1）通过转变非使用者，努力开发潜在的顾客，以各种促销活动激发新顾客的购买欲望，把产品卖给从来没有使用过本企业产品的用户。

（2）把竞争者的顾客吸引过来，这就要求产品质量提高、价格降低、服务周到、宣传巧妙，使竞争对手的顾客购买自己的产品。

（3）优化产品品质，增加产品特点，改进产品式样，增加产品的新用途，从而促使使用者更加频繁地使用。

（二）市场开发战略

市场开发战略指将现有产品或服务打入新的地区市场，即企业以市场创新为主导，以原有产品为竞争武器，向新市场扩张。

1. 市场开发战略的适用性

特别适合采用市场开发战略的情况主要有以下几种：

（1）可得到新的、可靠的、经济的和高质量的销售渠道。

（2）企业在所经营的领域非常成功。

（3）存在未开发或未饱和的市场。

（4）企业拥有扩大经营所需要的资金和人力资源。

（5）企业存在过剩的生产能力。

（6）企业的主业属于区域扩张型或正在迅速全球化的产业。

2．市场开发战略的实施措施

（1）将本企业原有产品打入从未进入过的新市场。

（2）要在新市场寻找潜在用户，激发其购买欲望，扩大新市场的占有率。

（3）企业也可以考虑增加新的销售渠道，灵活运用各种中间商的销售途径，开发新的市场。

市场开发战略比市场渗透战略具有更广阔的成长空间，但风险也可能增大，因为企业将面临新市场的进入障碍，需要强有力的促销活动，将增大成本。同时，面对原有经营企业的反击，会使其在相当一段时间内利润很少，甚至没有利润。

（三）产品开发战略

产品开发战略是通过改进和改变产品或服务而增加产品销售。特别适合采用产品开发战略的情况主要有：

（1）企业拥有成功的、处于产品寿命周期中成熟阶段的产品。此时可以吸引老用户试用改进了的新产品，因为他们对企业现有产品或服务已具有满意的使用经验。

（2）企业所参与竞争的行业属快速发展的高技术行业。

（3）主要竞争对手以可比价格提供更高质量的产品。

（4）企业在高速增长的行业中参与竞争。

（5）企业拥有非常强的研究与开发能力。

从某种意义上来讲，这是企业密集型发展战略的核心，因为对企业来说，只有不断推出新产品，才能应对市场的变化，保持企业的持续成长。另外，对于市场开发来说，有时并不是直接将原有产品打入新的市场，而是针对新的市场做了针对性的改进后才进入的。例如，对于不发达的农村地区来说，由于接收条件和收入上的不同，对电视机功能的要求与大中城市不同，所以如果开发出适合他们需求的电视机，再打入农村市场，则要比直接将在城市市场上销售的电视机卖往农村的效果要好得多。所以，以上三种加强型战略常常是结合在一起使用的。

第二节　稳定与紧缩战略

一、稳定战略

稳定战略是在企业的内外环境约束下，企业在战略规划期内使资源分配和经营状况基本保持在目前状况和水平上的战略。按照这种战略，企业目前的经营方向、业务领域、市场规模、竞争地位及生产规模都大致不变，保持持续地向同类顾客提供同样的产品和服务，维持市场份额。

（一）稳定战略的类型

根据战略目的和资源分配方式，稳定战略又可进一步细分，美国一些管理学家将其分为以下类型：

（1）无变化战略。这种战略可以说是一种没有战略的战略。采用此战略的企业一般具有两个条件：一是企业过去的经营相当成功，并且企业内外环境没有重大变化；二是企业并不存在重大经营问题或隐患，因而企业没有必要进行战略调整。在这两种情况下，为保持企业现有市场地位、利润及企业平衡发展，避免战略改变给企业带来的组织、资源、市场、利润等方面的不稳定甚至混乱，企业的战略目标、战略方向、战略规划等基本保持不变。

（2）维持利润战略。这种战略注重短期效果而忽略长期利益，根本意图是渡过暂时性的难关，一般在经济形势不景气时采用，以维持已有的经营状况和效益。由于这是以牺牲企业未来发展来维持目前利润的战略，所以如果使用不当，会影响企业的长期发展。

（3）暂停战略。当企业在一段较长时间的快速发展后，有可能会遇到一些问题使得效率下降，此时可采用暂停战略，休养生息，即在一段时期内降低企业目标和发展速度，重新调整企业内部各要素，实现资源的优化配置，实施管理整合，为今后更快发展打下基础。

（4）谨慎实施战略。如果企业外部环境中的某一重要因素变化趋势不明显，又难以预测，则要降低相应的战略方案的实施进度，根据情况的变化实施或调整战略规划和步骤。

（二）稳定战略的适用性

采取稳定战略的企业，一般处在市场需求及行业结构稳定或者较小动荡的外部环境中，企业所面临的竞争挑战和发展机会都相对较少。但是，在市场需求较大幅度增长或是外部环境提供了较大发展机遇的情况下，由于资源不足，有些企业也不得不采取稳定战略。

1. 稳定战略与稳定的外部环境相适应

在以下情况下，企业可以考虑采用稳定战略：

（1）当宏观经济在总体上保持总量不变或低速增长时，就会使某一产业的增长速度降低，则该产业内的企业倾向于采用稳定战略。

（2）当企业所在的产业技术相对成熟，技术更新速度较慢，企业过去采用的技术和生产的产品无须经过调整就能满足消费者的需求和与竞争者抗衡。此时企业可采取稳定战略。

（3）当消费者需求偏好变动较小时，企业可采用稳定战略，在产品领域、市场策略及经营战略方面保持稳定不变。

（4）对于处于行业或产品的成熟期的企业，产品需求、市场规模趋于稳定，产品技术成熟，新产品开发难以成功，同时竞争对手的数目和企业的竞争地位都趋于稳定，因此适合采取稳定战略。

（5）当企业所处行业的进入壁垒非常高或由于其他原因，使得该企业所处的竞争格局相对稳定，竞争对手之间很难有较为悬殊的业绩改变，则企业采用稳定战略能获得较大收益。

2. 稳定战略应与企业资源状况相适应

当企业资金不足、研究开发力量较差或人力资源缺乏，无法采取增长战略时，企业可以采取以局部市场为目标的稳定战略。以使企业有限资源能集中在某些自己有竞争优势的细分市场，维护竞争地位。

当外部环境较为稳定时，资源较充足的企业与资源相对较稀缺的企业都应当采取稳定战略，但两者的做法可以不同，前者应在更为宽广的市场上选择自己战略资源的分配点，后者应在相对狭窄的细分市场上集中资源。

当外部环境不利时，资源丰富的企业可以采用稳定战略；资源不充足的企业根据经营确定经营战略，可以在某个具有竞争优势的细分市场上采用稳定战略，而在其他细分市场上实施紧缩战略，而将资源投入到发展较快的行业。

（三）稳定战略的优缺点

稳定战略的优点主要表现为管理难度较小、效益有保证、风险较小。这是因为：

（1）企业基本维持原有的产品和市场领域，从而可以利用原有的生产经营领域、渠道，避免开发新产品和新市场所必需的巨大资金投入，避免由于开发失败和激烈竞争给企业带来的巨大风险。

（2）由于企业经营领域基本不变，企业不必改变原有的资源分配模式，因而不必考虑原有资源的增量或存量调整，能避免由于改变战略而重新组合资源造成的资金和时间上的浪费。

（3）可以保持企业规模、资源、生产能力等方面的协调平衡，避免因发展过快、过急造成失衡，导致资源浪费，效益不佳。

（4）可以充分利用现有人力资源，保持人员安排上的相对稳定性，减少人员调整、聘用和培训的费用。

稳定战略是在外部环境稳定的条件下实行的企业战略，一旦外部环境好转，企业自身实力增强，这种战略就不再适用，企业应积极转为发展型战略。长期实行稳定战略往往容易使企业减弱风险意识，甚至形成惧怕风险、回避风险的企业文化，这就会大大降低企业对环境的敏感性和适应性，严重影响企业的发展，这也是稳定战略真正的、最大的风险所在。

二、紧缩战略

（一）紧缩战略的特点

紧缩战略是企业从目前的经营战略领域和基础水平上收缩和撤退，且偏离起点较大的一种战略。紧缩的原因是企业现有的经营状况、资源条件以及发展前景不能应付外部环境的变化，难以为企业带来满意的收益，以致威胁企业的生存和发展。紧缩战略的基本特点如下：

（1）对企业现有的产品和市场领域实行收缩、调整和撤退策略，如放弃某些市场和产品线系列。因而从企业的规模来说是缩小的，同时，一些效益指标（如利润及市场占有率等）都会有明显的下降。

（2）对企业资源的运用采取较为严格的控制和尽量削减各项费用支出，往往只投入最低限度的资源，因而战略实施过程中会裁减大量员工，暂停购买一些奢侈品和大额资产等。

（3）具有短期性。企业实行紧缩战略一般是暂时的，是为了避开不利环境的威胁及迅速实现企业资源的最优配置。紧缩战略是一种以退为进的战略，其根本目的是为今后发展积聚力量。

（二）紧缩战略的类型

1. 转向战略

转向战略是企业在现有经营领域不能完成原有产销规模和市场规模，不得不将其缩小；或者企业有了新的发展机会，压缩原有领域的投资，控制成本支出以改善现金流为其他业务领域提供资金的战略方案。

具体可采取以下措施：

（1）调整企业组织。其中包括改变企业关键领导人，在组织内重新分配责任和权力等。

（2）降低成本和投资。其中包括压缩日常开支、实行更严格的预算管理，减少长期投资项目等，也可以适当地减少培训、研究开发、公共关系等活动，缩小某些管理部门或降低管理费用。必要时可裁员。

（3）减少资产。其中包括出售与企业基本市场活动关系不大的土地、建筑物和设备；关闭一些工厂或市场线；出售某些在用的资产，再用租用的方式获得使用权；出售一些盈利产品以获得资金。

（4）加速收回企业资产，降低企业存货等。

2. 放弃战略

在前一战略无效时，可采取放弃战略。放弃战略是将企业的一个或几个主要部门转让、出卖或停止经营。这个部门可以是一个经营单位，一条生产线或者一个事业部。其目的是要找到肯出高于企业固定资产时价的买主，因此关键是让买主认识到购买企业所获得的技术和资源，能使对方利润增加。

放弃战略在实施过程中会遇到如下一些阻力：

（1）结构或经济上的阻力，即一个企业的技术特征及其固定和流动资本妨碍其退出。

（2）公司战略上的阻力。如果准备放弃的业务与企业其他业务有较强的联系，则该项业务的放弃会使其他业务受到影响。

（3）管理上的阻力。放弃战略会威胁企业内部人员特别是管理人员的职业和业绩考核，因此他们往往持反对意见。

3. 清算战略

清算是指卖掉其资产或停止整个企业的运行而终止一个企业的存在。显然，清算战略对任何一个企业来说都不是最有吸引力的战略，通常只有当所有其他战略都失败时才使用。但在毫无希望的情况下，尽早地制定清算战略，企业可以有计划地、尽可能多地收回企业资产，减少损失。

（三）紧缩战略的适用性

企业资源是有限的，当企业发展到一定阶段，外部环境发生变化的情况下，就需要采取紧缩战略，适时退出某些业务。如因行业进入衰退阶段而无法为所有企业提供最低的经营报酬，或者企业为了进入某个新业务领域需要大量的投资和资源的转移等。

（1）当大企业战略重组时，为了筹措所需资金，改善企业投资回报率，开发新的市场领域，会将整个企业的业务集中，发展有潜力的明星业务，放弃衰退业务和问题较多、前途渺茫的业务。

（2）由于经济形势、行业周期、技术发展的变化，市场饱和、竞争等因素，使行业发展停滞及下滑，造成行业经济不景气，此时企业可采用紧缩战略，缩小规模或退出本行业。

（3）由于企业内部决策失误、管理不善及经营机制等问题，削弱了企业在其业务领域的竞争优势和竞争实力，不得不采取紧缩战略。

（四）紧缩战略的特点

（1）帮助企业在外部环境恶劣的情况下，节约开支和费用，顺利渡过难关。

（2）能在企业经营不善的情况下最大限度地降低损失。在许多情况下，采取紧缩战略会避免由于盲目且顽固地坚持衰退的事业而给企业带来的打击。

（3）能帮助企业更好地实行资产最优组合。否则当企业面临一个新的机遇时，会因资源缺乏而错失良机。

（4）实行紧缩战略的尺度难以把握，如果使用不当，会扼杀具有发展前途的业务和市场，影响企业的利益和发展。另外，实施撤退战略会不同程度地裁员和减薪，而且意味着企业领导者和管理者工作的不力和失败，因此会引起企业内部人员的不满，从而造成员工情绪低落。

（五）紧缩战略的困难

（1）对企业或业务状况的判断。紧缩战略决策效果如何，取决于公司或业务状况判断的准确程度。这是一项难度很大的工作。汤普森于1989年提出了一份详尽的清单，对于增强对企业或业务状况的判断能力有一定帮助。

①分析企业产品所处的寿命周期以及今后的利润和发展趋势。

②分析产品或者企业当前市场状况及发挥竞争优势的机会。

③识别剩余资源及分析如何应用。

④寻找一个好的买主。

⑤分析放弃一部分获利的业务或经营活动，提供资金投资在其他可能获利较大的业务是否值得。

⑥关于成本问题。关闭一家企业或者工厂，是否比在微利下维持运转经济。

⑦准备放弃的业务在整个公司中所起的作用和协同优势。

⑧用其他产品和服务来满足现有顾客需求的机会。

⑨企业降低分散经营的程度所带来的有形和无形的效益。

（2）退出障碍。退出障碍是指那些迫使投资收益率低，甚至亏损的企业仍然留在产业中从事生产经营活动的各种因素，这一问题在第二章的行业结构分析中已讲过了。

第三节　一体化战略

一体化战略是指企业充分利用自己在产品、技术、市场上的优势，向经营领域的深度和广度发展的战略。一体化战略主要有三种类型：一是后向一体化；二是前向一体化，两者统称为纵向一体化；三是水平一体化。一体化战略有利于深化专业化协作，提高资源的利用程度和综合利用效率。

一、纵向一体化战略

纵向一体化就是将企业的活动范围在同行业中向后扩展到供应源或者向前扩展到最终产品的最终用户。如一个制造公司投资自己生产某些零配件而不是从外部购买，该公司在本行业的价值链体系中就向前跨越了一个阶段，涉足两个业务单元。纵向一体化可以是全线一体化，即参与行业价值链的所有阶段，也可以是部分一体化，即进入行业价值链的某一个阶段。纵向一体化战略的优势是以其成本节约保证额外的投资，或产生以差别化为基础的竞争优势，增强公司的竞争地位。

（一）后向一体化战略的优势和适用性

后向一体化战略是将企业的价值链进一步反向延伸，依靠自己的力量，扩大经营规模，由自己生产材料或配套零部件，也可以向后兼并供应商或合资办企业，使企业在内部就能够满足生产所需的大部分零部件、原材料、燃料、设备等供应。

企业采取后向一体化战略主要基于以下考虑：

1. 可以降低产品成本

当企业自己生产所需的原材料或零部件后，能够较外购降低成本时，后向一体化才是应该考虑的。只有在以下情况时，后向一体化才能降低成本：

（1）当企业所需的量很大，足以获得供应商所拥有的规模经济，而且在保证质量的前提下可以赶上或超过供应商的生产效率。

（2）供应商拥有相当可观的利润。例如，许多用电量很大的企业，建立自备电厂，以降低用电成本。

（3）企业所在行业迅速发展，供应商数量少而需求方竞争者数量多，供应商讨价还价的能力非常强。

2. 可以产生以差别化为基础的竞争优势

如果通过整合进入更多的阶段，可以增强公司的差别化能力，则是有利的。下列情况可以产生以差别化为基础的竞争优势：

（1）自己生产供应品后，能提高产品和服务的质量，改善公司对客户服务的能力，或者能够从其他方面提高企业最终产品的性能。

（2）能够更好地掌握对战略起着关键作用的技术，建立或加强公司的核心竞争力。

（3）能够增加那些可以提高客户价值的特色。例如，生产葡萄酒的企业往往要控制优质酿酒原料的产地，使自己生产的葡萄酒独具特色。

3. 可以排除依靠供应商提供关键零配件或支持服务所带来的不确定性，降低公司面对那些不失一切机会抬价的供应商时所面临的脆弱性

如果供应商所供应的产品或服务在数量、质量、时间、价格上存在很大的不确定性，而企业又迫切需要稳定和有保证的供应的话，就应该考虑后向一体化。

4. 提高进入障碍

上述优势作用的结果，都会提高行业的进入壁垒，可以控制竞争的激烈程度。

（二）前向一体化战略的优势和适用性

前向一体化将企业的价值链进一步向前延伸，进入其产品的销售行业。例如，汽车制造商不使用独立的销售代理商、批发商、零售商，而建立自己控制的分销系统；煤炭企业建立坑口电厂，由向外销售煤到销售一部分电，使自己的产品进一步增值。

1. 前向一体化战略的优势

前向一体化战略的优势与后向一体化有同样的根源：

（1）降低产品成本。在实现提高生产能力利用率或加强品牌形象的情况下，制造商可以自己投资建立一些销售机构，如分销机构、特许特约经销商、零售连锁店，使企业直接进入销售渠道，取消了销售渠道拥有的议价能力，能带来明显的成本节约，降低产品的价格。

（2）提高产品的差别化能力。对于一些生产原材料或半成品的企业，它们的产品（如原油、煤炭、纺织纤维、钢铁等）具有较少差异性，很难摆脱

价格竞争的不利局面。因此，在整个行业价值链中离最终消费者越近，其产品形成差异化的机会就越多，产品的附加值就越高，有可能给企业带来更多的利益。

（3）增加生产经营的稳定性。因为可以自己消化部分或全部产品，就可以稳定地利用生产能力，并有助于企业直接获取顾客购买趋势及竞争发展态势等资料，提高了生产前瞻性。

（4）提高进入障碍。上述优势作用的结果，都会提高行业的进入壁垒，可以控制竞争的激烈程度。

2. 前向一体化战略的适用性

这种战略适用于以下情况：

（1）企业现在利用的销售商或成本高昂，或不可靠，或不能满足企业销售需要。

（2）可利用的高质量的销售商数量有限，采取前向一体化的企业将获得竞争优势。

（3）企业所处的行业正在明显快速增长或预计将快速增长。

（4）企业具备进行前面经营领域的资金和人力资源。

（5）企业需要保持生产的稳定性。

（6）现在利用的经销商或以企业产品为原料的企业利润丰厚，即它们所经营的领域属于十分值得进入的行业。

（三）纵向一体化战略存在的问题

（1）纵向一体化会提高公司在本产业的投资，增大风险。有时甚至会使公司不可能将公司的资源进行有效配置。

（2）纵向一体化会迫使公司依赖自己的内部活动而不是外部供应源，而随着时间的推移，这样做有可能变得比外部寻源要昂贵，同时降低公司满足顾客产品种类方面需求的灵活性。

（3）纵向一体化有一个保持在价值链的各阶段生产能力的平衡问题。价值链上的每个环节最有效的生产规模可能大不一样，一般情况下，每个活动之间不可能完全达到自给自足，对于某个活动来说，如果它的内部能力不足以供应下一个阶段，差值部分就需要从外部购买；如果内部能力过剩，就必须为之寻找顾客，如果产生副产品，就要进行处理。

（4）一体化战略的实施需要拥有完全不同的技能和业务能力。产品的生产、装配、批发分销、零售都是不同的业务，需要不同的关键成功因素。企业进入自己不擅长的领域，会给管理带来许多麻烦，并不总是如它们所想象的那样能够给它们的核心业务增加价值。

（5）后向一体化进入零配件的生产可能会使公司降低生产的灵活性，延长对设计和模型进行变化的时间，延长公司将新产品推向市场的时间。同时经营方向的调整也很困难。

（6）需要较多的资金。企业实行纵向一体化后，自制零部件或自产原材料所需的生产资金、储备资金和材料资金要比外购这些零部件和原材料增加许多，如果企业财务不够雄厚就不可能采用纵向一体化。

（四）解体（解束）和外部寻源战略

近年来，一些纵向一体化的企业发现在价值链的很多阶段中进行经营并不理想，因而纷纷采取纵向解体（或者叫解束）战略。解体指的是从价值链体系的某些阶段中撤离出来，依靠外部供应商来供应所需的产品、支持服务或者职能活动，即将企业内部的某些经营活动外包给专业供应商。在下列一些情况下，可以考虑对价值链中原来由厂内运作的部分转向从外部寻求资源：

（1）某项活动由外部的专业厂商来做可能会更有效或者成本更低。

（2）该活动对于企业获取持久竞争优势的能力并不具有至关重要的意义，反而会挖空企业的核心能力或者技术诀窍。例如，在西方的很多公司中，对于维修服务、会计、数据处理以及其他一些管理支持活动，常常利用外部的专业公司来做。

（3）这样做可以降低企业应对变化的技术和变化的购买者偏好的风险程度。

（4）这样做能够简化企业的运作，从而提高组织的灵活性，缩短周期时间，加速决策，降低协调成本。

（5）这样做可以使一家企业能够将精力集中于核心业务。

很多企业同供应商建立较疏远的关系，价格通常是这些企业选择供应商的决定性因素。这些企业会让供应商进行竞价，最终获得可能的最低价格。转换供应商对供应商所产生的威胁是最主要的武器。为了使这种威胁具有威慑力，各企业更倾向于同多个供应商签订短期的合同，而不是同单一供应商签订长期的合同，其目的在于加剧供应商之间的竞争。

但是，很多企业摒弃了这种做法，它们同较少的有着强大能力的供应商打交道，这些强大的供应商被公司当作战略合作伙伴。它们认为：同关键的供应商构建紧密的长期合作伙伴关系，充分利用和挖掘强大供应商的能力，可以抓住纵向一体化的优势，避免纵向一体化的很多缺点。

总之，纵向一体化战略既有强大的优点，也有很大的缺点。向纵向一体化的哪个方向走取决于以下的考虑：

第一，它是否会提高对战略起着至关重要作用活动的业绩，降低成本或者加强差别化；

第二，它对与协调更多阶段之间的活动有关的投资成本、灵活性和反应时间以及管理费用所产生的影响；

第三，它是否能够创造竞争优势。

纵向一体化这个问题的核心在于：企业要想取得成功，哪些能力和活动应该在自己内部展开，哪些可以安全地转向外部的企业。如果不能获得巨大的利益，那么纵向一体化就不太可能成为诱人的竞争战略选择。

二、横向一体化战略

横向一体化也叫水平一体化，是指将生产相似产品的企业置于同一所有权控制之下，兼并或与同行业的竞争者进行联合，以实现扩大规模、降低成本、提高企业实力和竞争优势。

当今战略管理的一个最显著的趋势便是将横向一体化作为促进公司发展的战略。竞争者之间的合并、收购和接管提高了规模经济和资源与能力的流动。横向一体化战略一般是企业面对比较激烈竞争的情况下进行的一种战略选择。采用横向一体化战略的好处是：能够吞并或减少竞争对手；能够形成更大的竞争力量去和竞争对手抗衡；能够取得规模经济效益；能够取得被吞并企业的市场、技术及管理等方面的经验。一个很好的例子是，中国的冰箱市场竞争非常激烈。但是，当科龙、美菱等几家企业被横向整合在一起后，科龙等企业共同形成了一个每台冰箱 150 元的成本壁垒，中国的低端冰箱市场反而竞争趋缓了。

企业一般在下列情况下采用横向一体化战略：

（1）希望在某一地区或市场中减少竞争，获得某种程度的垄断，以提高进入障碍。

（2）企业在一个成长着的行业中竞争。当竞争者是因为整个行业销售量下降而经营不善时，不适于用横向一体化战略对其进行兼并。

（3）需要扩大规模经济效益来获得竞争优势。

（4）企业具有成功管理更大的组织所需要的资本和人力资源，而竞争者则由于缺乏管理经验或特定资源停滞不前。

（5）企业需要从购买对象身上得到某种特别的资源。

但是，横向一体化战略也会带来一些问题，其中最主要的是管理问题和政府法规限制。收购一家企业往往涉及母子公司管理上的协调问题。由于母子公司的历史背景、人员组成、业务风格、企业文化、管理体制等方面存在着较大的差异，因此，母子公司的各方面协调工作非常困难。另外，横向一体化战略可能会使合并后的企业在行业中处于垄断地位，过度的垄断可能会招致政府干预。如在美国，政府制定了反托拉斯法，其目的就是为了制止一些企业的垄断行为。

第四节　多元化战略

多元化战略是企业最高层为企业制定多项业务的组合，是为公司涉足不同产业环境中的各业务制订的发展规划，包括进入何种领域，如何进入等。当企业拥有额外的资源、能力及核心竞争力并能在多处投入时，就应该实施多元化战略。同时，采用该种战略的企业的经理层应具备独特的管理能力，能同时管理多项业务，并且能增强企业战略竞争能力。

一、多元化类型

多元化公司各项事业的关联程度不同，造成多元化类型不同，表4-1列出了随着多元化层次的不同产生的五种类型的业务关系。除了单一事业型和主导事业型公司，充分多元化的企业被分为相关多元化和不相关多元化两类。

表4-1　多元化的类型

多元化程度	多元化类型	各项事业的关联程度
低层次多元化	单一事业型	超过95%的收入来自某一项业务
	主导事业型	70%~95%的收入来自某一项业务
中高层次多元化	相关约束型	不到70%的收入来自主导业务，所有业务共享产品、技术、分销渠道
	相关型（相关和不相关的混合型）	不到70%的收入来自主导业务，事业部之间联系是有限的
极高层次多元化	不相关型	不到70%的收入来自主导业务，事业部之间通常无联系

（一）低层次多元化

低层次多元化经营的企业是将精力集中在某一项主导业务上。当一家公司收入超过95%的部分都来自某一个主导业务时，该公司就应该划入单一事业型。主导事业型就是一家公司的收入中70%～95%来自某一项业务。如好时食品公司（Hershey Foods Corp）是美国最大的巧克力及非巧克力糖果生产商，就是一家主导型公司。尽管该公司产品丰富，但公司绝大部分收入来自于糖果产品的销售。

（二）中高层次多元化

中高层次多元化可分为相关型、相关约束型及不相关多元化。当一家公司超过30%的收入不是来自其主导事业且它的事业互相之间有着某种联系时，该公司的多元化战略就是相关型的。当这种联系直接且频繁时，就是相关约束型。相关多元化公司各业务在资源和资金上共享较少，而知识及核心竞争力的相互传递却较多。相关约束型公司各项业务共享很多资源和行动。不相关多元化公司属于高度多元化，公司各项业务之间没有太多的联系，如通用电气公司。

为了顺应全世界的专业化潮流，一些公司在多元化上改变了立场。汉生公司曾经被视为全世界采用高度多元化最成功的公司，在21世纪90年代，该公司决定降低其多元化层次以强化主营业务，汉生公司出售或剥离了属下许多事业部。西屋电气公司是一家历史超过百年的老公司，实行相关多元化战略已多年。自从该公司收购了哥伦比亚广播公司后，多元化进程大大减缓，而当它与Viacom公司合并后，它又进一步多元化了。

二、相关多元化战略

相关多元化战略是企业为了追求战略竞争优势，增强或扩展已有的资源、能力及核心竞争力而有意识采用的一种战略。实行这种战略的企业增加新的但与原有业务相关的产品与服务，这些业务在技术、市场、经验、特长等方面相互关联。例如，我国的海尔、长虹等知名的家电企业都实行相关多元化的战略，它们经营电视机、冰箱、空调、洗衣机等多种家电产品，广义地说，前面讲的纵向一体化也是相关多元化的一种形式。

（一）相关多元化的优势

相关多元化的战略匹配关系给企业带来优势。战略匹配存在于价值链非常相似以致能为公司各方面带来机会的不同经营业务之间。它主要从两个方面给相关多元化的企业带来优势：一是产生范围经济；二是增加市场力量。

以相关多元化作为公司层战略的企业总是尽力利用不同业务之间的范围经济。当两种或更多的经营业务在集中管理下运作比作为独立的业务运作花费更少时，就存在范围的经济性。对于在多个行业或产品市场上经营的公司来说，范围经济性来源很广，包括分享技术，对共同的供应商形成更强的讨价还价的力量，联合生产零件和配件，分享共同的销售力量，使用同样的销售机构和同样的批发商或零售商，售后服务的联合，共同使用一个知名商标，将竞争性的有价值的技术秘诀或生产能力从一种业务转移到另一种业务，合并相似的价值链活动以获得更低的成本。范围经济性越大，基于更低成本基础上创立竞争优势的潜力越大。如索尼公司作为领先的消费电器公司，采用了技术相关、营销相关的多元化战略进入了电子游戏行业；强生公司的产品包括婴儿产品、医疗用药物、手术和医院用产品、皮肤护理产品、隐形眼镜等；另外还有宝洁公司、吉列公司等，都是具有相关性业务组合的例子。

相关多元化经营也可以获得"市场力量"。市场力量是指企业对市场的控制力或影响力。当一个企业在多个相互关联的领域内经营时，它通常比在单一领域内经营的企业更有市场力量。如一个同时生产电视机、冰箱、洗衣机、空调、微波炉等多种家电产品的企业，往往比只生产冰箱的企业更有市场力量。纵向一体化同样也可能获得市场力量，因为它可以通过内部交易达到控制市场的目的。

战略匹配关系存在于各业务价值链的任何地方，如生产、销售、营销及R&G活动中。主要体现在以下几个方面：

（1）技术匹配。当在不同的业务经营间存在分享共同的技术、探求与某种特殊技术相关的最大的经营机遇，或者具有可以将技术秘诀从一种业务转移到另一种业务的潜力时，就存在着技术匹配。

（2）市场匹配。当不同业务经营的价值链活动高度交叠，以致它们的产品有着相同的顾客，通过共同的中间商和零售商，或者以相似的方式进行营销和促销时，这些业务间就存在着与市场相关的战略匹配。

（3）运作匹配。当不同业务之间在获得原材料、R&G活动、生产过程或实施行政支持功能方面存在合并活动或转移技术和生产能力的机会时，就存在着运作匹配。

（4）管理匹配。当不同业务单元在公司、行政管理或运作问题的类型方面具有可比性，因此可将在一种业务经营中的管理方法转移到另一业务中时，就存在着管理匹配。

（二）相关多元化战略适用条件

（1）可以将技术、生产能力从一种业务转向另一种业务；

（2）可以将不同业务的相关活动合并在一起；

（3）在新的业务中可以借用公司品牌的信誉；

（4）以能够创建有价值的竞争能力的协作方式实施相关的价值链活动。

（三）相关多元化战略实现方式

（1）进入能够共享销售队伍、广告、品牌和销售机构的经营领域；

（2）探求密切相关的技术和专有技能；

（3）将技术秘诀和专有技能，从一种经营业务转移到另一种经营业务；

（4）将组织的品牌名称和在顾客中建立起的信誉转移到一种新的产品和服务上；

（5）购并非常有助于增强公司目前经营地位的新业务。

三、不相关多元化战略

不相关多元化就是公司进入与原有行业不相关的新业务，公司经营的各行业之间没有联系。美国通用电气公司是高度多元化的范例，从灯泡到信用卡、医药到有线电视，跨越多种行业。

（一）不相关多元化战略的优势

尽管相关多元化会带来战略匹配利益，很多企业却选择了不相关的多元化战略，多元化地进入有着丰厚利润或美好前景的任何行业。不相关多元化主要是出于寻求有吸引力的财务经济性的考虑。

（1）经营风险在一系列不同的行业得到分散，因为公司的投资可以分散在具有完全不同的技术、竞争力量、市场特征和消费群体的业务中。

（2）通过投资任何有最佳利润前景的产业可以使公司的财力资源发挥最大的作用。

（3）公司的获利能力更加稳定。理想的状况是公司某些业务的周期性下降与多元化进入的业务的周期性上升相平衡。

（4）增加股东财富。如当公司的经理们能非常聪明地发现并购得具有利润上升潜力的且价值被低估的公司时，股东财富就能增加。

（二）不相关多元化战略的适用性

（1）企业所在行业逐渐失去吸引力，企业销售额和利润下降。

（2）企业没有能力进入相邻产业。

（3）企业具有进入新产业所需的资金和人才。

（4）企业有机会收购一个有良好投资机会的企业。

（三）不相关多元化战略实现方式

企业很少在内部组建新的子公司以进入新的产业，一般是通过购并形式实现多元化。任何可以购并的具有有利财务条件和令人满意的利润前景的公司都可以作为进入产业领域的选择。挑选被收购公司要考虑以下因素：其业务是否可以达到公司获利能力和投资回报率的目标；是否需要注入资金以更新固定资产和提供流动资金；是否处于有着巨大增长潜力的产业；是否可能出现业务统一困难或者违反政府有关产品安全环境的规定；这一产业对萧条、通货膨胀、高利率或政府政策的变动的敏感程度，等等。

如果只考虑快速获得财务收益，有三种公司是最好的选择，一是资产被低估的公司。以低于全部市值的价格将其收购，并以高于买价的价格将其资产和业务再次出售，从而为公司带来实际的资本利润。二是财务困难的公司。借助母公司的财力和管理方法整合公司，然后作为长期投资或将其出售。三是增长前景很好但缺少投资资本的公司。

（四）不相关多元化的弱点

（1）管理难度很大。多元化公司涉及的领域越多，多元化程度越高，公司越难以对每个子公司进行监察和尽早发现问题，越难以评价每个经营行业的吸引力和竞争环境的真正技能，判断各业务计划和行动的质量也更加困难。因此多元化公司要求管理者必须具备很高的洞察力和反应能力：能判断购并的效果；选拔管理人员的能力；能辨别业务经理何时提出的战略计划是合理的；当一个业务单元的经营出现失误时知道如何处理。总之，多元化公司经营的难度在于要充分考虑到在不同产业中完全不同的经营特点和竞争环境，以作出科学合理的决策。

（2）不存在战略匹配利益。相关多元化对于增加股东价值代表了一种战略方法，因为它是基于探求不同业务价值链间的联系，以降低成本、转移技能和专门技术以及获得其他战略匹配利益，其目标是将公司的各种业务间的战略匹配关系转变为业务子公司靠自己无法获得的额外的竞争优势，公司通过相关多元化得到的竞争优势是营建更大的股东价值的驱动力。

不相关多元化主要是创建股东价值的一种财务方法，因为它是基于灵活地调度公司的财务资源和管理技能，以把握财务上具有吸引力的经营机会。由于没有战略匹配关系带来的竞争优势潜力，不相关的多种业务的组合业绩并不比各业务独立经营业绩总和多，并且如果公司的管理者任意干预业务单元的运作或因公司政策失误使之无法经营，会产生更坏的结果。不相关多元化要想增加股东价值，公司战略家们必须在创建和管理多元化的业务组合方面具有高超技能，这表现在以下方面：

（1）在多元化进入能连续产生优良的投资回报的新业务方面做得很好；有将可利用的财力资源调度到营建高效运作的业务组合上的能力；能准确地决策增加何种新业务，提高哪种业务水平。

（2）在将以前购并的公司处于顶峰时卖掉并获得溢价方面足够聪敏，这需要能分辨一项业务子公司何时正处于面临下降的行业和不利的竞争条件，并且可能出现长期获利能力下降。

（3）明智和积极进取地将公司财务资源从盈利机会暗淡的业务中转出，投入到正在快速增长和获得高投资回报的业务中去。

（4）在监察业务子公司和对之进行管理方面做得非常好，通过给业务层的经理们提供熟练解决问题的技巧、创造性的建议和决策指导，以至于各业务比采用其他方式运作得更好。

如果公司的总经理们制定和执行的不相关多元化战略能产生足够的以上成果，使得公司在为股东创造更多的红利和股票增值方面超过其他公司，那么股东价值才能真正得到提高。

四、多元化战略的动机

企业实施多元化战略是为了增强企业的战略竞争优势，从而使企业的整体价值得到提升。不管是相关型还是不相关型多元化战略，只要能够让企业所有事业部增加收入和降低成本，就体现了多元化战略的价值。多元化能够获得比竞争对手更强的市场影响力，削弱竞争对手的市场影响力；通过业务组合降低管理者的风险等。表4-2列出了多元化经营的主要原因。其中提高企业价值的动机我们已经在多元化的优势中讲了，在这里主要讲述其余的多元化经营的动机。

表4-2 多元化经营的主要原因

原因的性质	原因的目的	方法	适用于
提高企业价值的动机	范围经济性	共享资源、品牌，合并价值链活动	相关多元化
		移植核心竞争力	

（续上表）

原因的性质	原因的目的	方法	适用于
提高企业价值的动机	获得市场力量	通过多点竞争阻击竞争者	相关多元化
		纵向一体化	
	获得财务经济性	有价值的内部资本分配	不相关多元化
		在各项业务之间降低风险	
		业务重组	
非提高企业价值的动机	规避税法		
	规避反垄断法		
	为企业低效益寻找新生长点		
	降低企业风险		
管理者的消极动机	降低管理者的风险		
	提高管理者的报酬		

（一）政府法规的影响

政府法规也是企业多元化经营的外部推动因素。其中，反垄断法和税法的影响最为明显。我们以美国的情况为例作出说明。

20世纪60年代到70年代，美国政府为了鼓励竞争，防止企业通过纵向和横向一体化获得过大的市场力量，对企业的相关多元化并购进行严格的控制。结果，在此期间发生的并购案所涉及的大都是非相关业务并购。进入80年代，面对日本等新兴工业化国家的竞争压力和经济全球化的浪潮，美国政府放宽了对同行业竞争者并购的监管，投资银行家也为此推波助澜。结果，恶意接管膨胀。在60年代和70年代是高度不相关多元化经营的企业，到80年代又纷纷通过重组实行"集中化经营"。

出于少纳税的考虑，是企业多元化的一个推动因素。税法对多元化经营的影响不仅包括个人税的影响，也包括公司税的影响。一些公司拥有大量的超过利润再投资后的现金，应该以红利的形式分给股东。然而在60年代到70年代，红利税要比个人所得税高得多。于是，股东更愿意公司留有这些资金用于购买和新建业务前景好的公司。如果经过一段时期后股票升值了，股东可以从这些资金中收到比红利更好的回报。一般说来，并购增加了公司固定资产折旧的抵扣，增加了的折旧，降低了应纳税收入。

（二）为企业寻找新的利润生长点

当企业效益好时，企业倾向集中化经营；当经营状况不好，且仍有资源条件时，就会向多元化发展，改变经营方向，以寻找新的发展机会，而多元化并不一定改善企业效益，或许使效益更低；当经营状况又不理想时，公司就会减缓多元化的进行，或者缩小经营领域，收缩战线。图4-2说明了多元化与效益的一般关系。

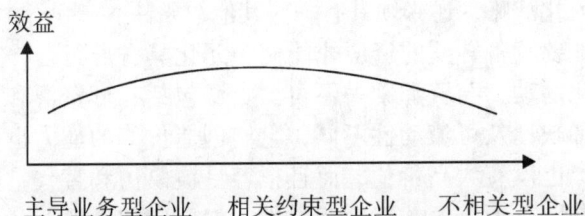

效益

主导业务型企业　　相关约束型企业　　不相关型企业

图4-2　多元化与效益的关系

某些企业加速多元化的进程，是因为其主业所在行业的产品需求趋向于停滞或下滑。如以生产"万宝路"而著名的菲利普·莫里斯公司，从20世纪60年代起就意识到香烟市场将会逐步萎缩，因此有意识地将从香烟上获得的利润进行转移，兼并了一系列食品行业的公司。

某些企业的产品有较强的季节性或周期性波动，为了排除这种影响，也会促使企业多元化。如玩具生产商为工业制造塑料模具，军火生产商进入民用行业。

（三）分散经营风险

多元化经营的一个重要理由常被说成是分散风险，即通过减少企业利润的波动来达到分散风险的目的，一些企业相信将它们所有的鸡蛋都放在一个筐里是不明智的，因此多元化地进入不相关的领域。但是，在实践中这种效果却很难出现。没有几种富有吸引力的业务在经营上有相反的上下波动周期，绝大多数的经营都相似地受经济波动的影响，没有足够具说服力的证据表明高度多元化经营公司的合并利润在萧条时期或经济困难阶段比多元化程度低的公司的利润更加稳定或更少受到衰退的影响。

（四）管理者的多元化动机

多元化可以降低管理风险，因而可以降低高层管理者的失业风险和减薪风险。多元化可以让公司的管理者享受到只有他们可以得到而股东们却享受不到的好处。多元化使公司规模扩大，公司规模越大，高级经理的薪资福利就越高。因此，在一定条件下，企业经营者会引导公司经营向多元化发展。

为了防止过度多元化的倾向，公司的监管机构应对公司的市场状况及高级经理人的薪资进行监控，防止管理者为了自身利益而实施多元化。

五、多元化经营的条件

有多元化经营的动机只是多元化经营的一个条件，除此之外，企业要能成功地实施多元化战略，还必须具有一些其他的条件。

第一，企业要具备必要的资源才能使多元化具有可行性，才能顺利实施多元化。多元化的动力与资源缺一不可。资源包括有形资源和无形资源。由于各项资源的稀缺性及可流动性不同，它们创造价值的能力也不相同。有的资源既不稀缺，也没有太高价值，而且很容易被模仿和替代，这类资源容易被竞争对手复制。有形资源一般缺乏柔性，如厂房和设备，多余的生产能力只能用于生产一些非常相似的产品，而且还要在生产技术上高度一致。另外，作为重要的有形资源，销售队伍是顺利实施多元化的保证，这种力量容易转移到其他新行业中。有形资源的运用有利于形成生产、营销、采购及技术之间的资源相互关系。

无形资源比有形资源更具灵活性，有形资源的共享可以促进多元化，而无形资源的共享更有利。资源的灵活性越强，就越容易用于不相关型多元化；灵活性差，则用于相关型多元化。总之，对资源的共享越少，多元化的价值越小。因此，灵活性资源可以使多元化走向更高层次。

第二，资本市场和管理者市场是多元化经营的条件，特别是当企业通过并购进行多元化时，需要资本市场的支持。管理者市场也非常重要，能否获得合适的管理者常常是多元化经营的前提条件。

第三，企业应建立一套多元化投资决策管理体系和程式，使多元化经营决策科学化。

第四，多元化战略的实施至关重要。

综上所述，多元化的程度是由市场和企业自身所具备的战略性特点（如资源）所决定的，并建立在企业各种资源的优化组合的基础上，需要管理者用正确的动机去推动。动机越强烈，资源的灵活性越好，多元化的程度就越高。为了不使企业盲目地、过度地多元化，需要有科学的内部决策和监控体制。正确的战略决策，加上高效的战略实施，才能获得理想的企业经营业绩。如图 4 - 3 所示。

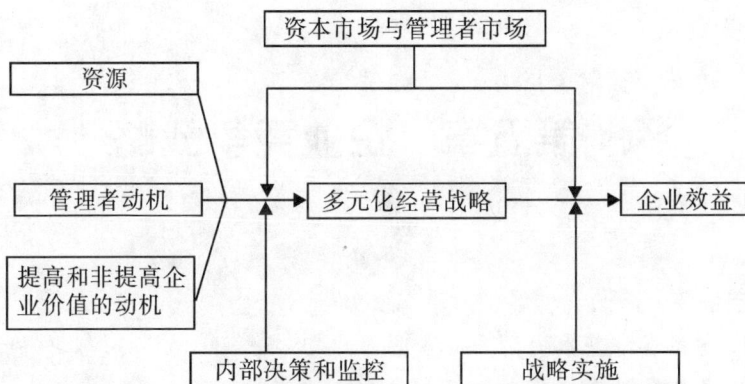

图 4 - 3　多元化经营与企业效益关系的总结性模型

思考题

1. 试述密集型发展战略的类型和适用条件。
2. 试述稳定战略的类型、适用条件，它可能有什么缺点？
3. 结合所学理论，分析一个采用紧缩战略的案例。
4. 企业为什么会采取纵向一体化战略？这种战略可能会出现什么问题？
5. 为什么许多企业开始采取解束战略？
6. 比较相关多元化与不相关多元化的动机有什么不同？
7. 多元化是企业成功的必由之路吗？
8. 并购容易发生什么问题？如何进行有效的并购？

网络练习

利用互联网了解联想集团公司的发展历史，分析其各个发展阶段公司战略的特点。

第五章 企业竞争战略

学习目标

1. 熟悉各种基本的竞争战略
2. "战略钟"
3. 四种行业环境的形成及其特征
4. 行业环境对企业战略的影响
5. 各种行业环境中企业的不同战略选择
6. 同一行业中不同竞争地位的公司制定竞争战略的基本思想

开篇案例

住宿行业的重点集中战略

Motel 6 和里茨—卡尔顿在住宿行业中参与竞争的市场定位恰好相反，它们都获得了成功。Motel 6 满足的是那些很注重价格的旅行者的要求，他们想要的是到一个干净的没有附加服务的地方来过夜。Motel 6 采取了以下措施：①选择相对便宜的地点来建筑住宿房间，通常是在州与州的交界和高速公路地段，避免支付高额的黄金地段费用；②只建设一些基本的设施，没有饭馆和酒吧，也极少有游泳池；③依靠标准的建筑设计，只需要一些并不昂贵的材料和低成本建筑技术；④房间设施和布置也很简单。这样一来，既降低了建筑成本，又降低了运作成本。由于没有饭馆、酒吧和各种顾客服务，所以在 Motel 6 一间住房的运作只需要前厅人员、房间清扫人员、房架及地面维修人员就可以了。为了在那些要求简单过夜的旅行者中推进 Motel 6 概念，Motel 6 连锁利用了独特的易于辨认的收音机广告，其中这些广告是由全国联合的收音机广播名人 Tom Bodett 来制作的，它们描述了 Motel 6 干净的房间，没有附加项目的设施，友好的氛围，以及较低费用。相反，里茨—卡尔顿的对象却是那些愿意支付且支付得起高级住宿和一流个人服务的旅行者和度假者。里茨—卡尔顿的特色是：①黄金地段——从很多房间都能够看到如画的视野风景；②定制式的建筑设计；③幽雅的饭店，食物精美、名厨主理；④雅致的休息间和酒吧；⑤游泳池、健身设施以及其他休闲设施；⑥高级的房间住宿条件；⑦适时适地的顾客服务和娱乐休闲机会；⑧大规模受过很好训练的专业工作班子，他们为使每一个顾客的逗留都非常惬意而竭尽全力。

讨论题：
1. Motel 6 和里茨—卡尔顿各采取了什么竞争战略？
2. 为什么 Motel 6 和里茨—卡尔顿都能获得成功？
资料来源：根据互联网资料和参考资料改写。

第一节　企业基本竞争战略

为在某一特定竞争领域形成并利用某种竞争优势，企业通常在五种基本的战略中进行选择：成本领先战略、差异化战略、集中成本领先战略、集中差异化战略、最优成本供应商战略。如图 5-1 所示。

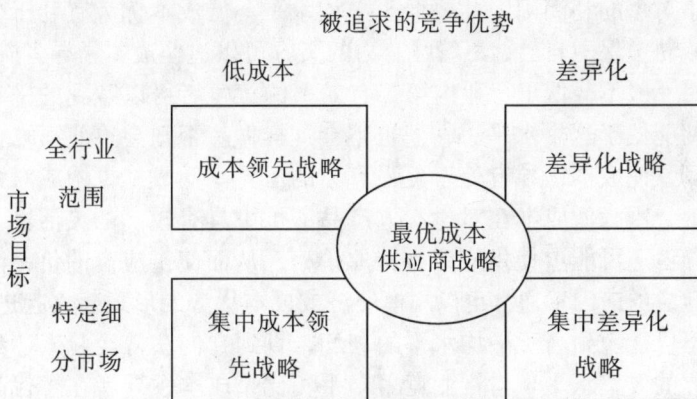

图 5-1　五种基本竞争战略

在选择战略时，企业应评价两种竞争优势：比竞争对手更低的成本，或差异化，即有能力采取一种较高的价格以超过为产生差异化所付出的额外成本；比竞争对手更低的成本来自于公司能够以不同于竞争对手的方式开展活动，差异化则表明一种能开展不同于竞争对手的活动能力。竞争优势往往存在于一定的领域内，这个领域是多维的，包括所提供的产品和所服务的顾客群，以及公司开展竞争的地理市场的范围。通过执行成本领先或差异化战略，企业的竞争优势可以与竞争对手在多个顾客群的竞争中获得。与此不同，通

过执行集中化战略，企业所寻求的则是在一个相对集中的领域或细分市场上的成本领先或差异化优势。最优成本供应商战略是成本领先与差异化整合的战略。

这五种战略中每种战略的有效性取决于企业外部环境中存在的机遇和威胁，以及企业基于自身独特的资源、能力和核心竞争力的可能性。

一、成本领先战略

（一）成本领先战略的含义和优势

成本领先战略是通过设计一整套行动，以最低的成本生产并提供为顾客所接受的产品和服务。成本领先战略的有效执行能使公司在激烈的市场竞争中赚取超过平均水平的利润。低成本优势可以有效地防御竞争对手的进攻，因为一旦占据成本领导者的有利位置，竞争对手就很难在价格上与其竞争。于是，竞争对手一般通过一些差异化的途径来与成本领导者竞争。如果竞争对手从价格上进行挑战，低成本的公司仍然可以赚取至少处于平均水平的利润，而竞争对手的利润则因此要低于平均水平。低成本优势有利于公司在强大的买方威胁中保卫自己，尽管强有力的买方可以迫使成本领导者降低价格，但这个价格一般不会低于行业内第二有效率的竞争者可以赚到的平均利润的水平。即使能低于这个水平，它们也不会这样做。否则会迫使第二位竞争者退出该市场，使成本领导者处于更强有力的位置。低成本也构成对强大供方威胁的防卫，因为低成本在对付卖方产品涨价中具有较高的灵活性。强有力的成本领导者还可能迫使供应商维持原价格，从而使供应商的价格降低。导致低成本地位的诸因素通常也以规模经济或成本优势的形式建立起进入壁垒。新进入者不可能赚到高于平均水平的利润，直到它们获得经验来达到和成本领导者同样的效率水平。与行业竞争对手相比，成本领导者在替代品方面也占有比较有利的地位。为了留住客户，可以降低产品和服务的价格。而再低一点的价格和顾客愿意接受的质量大大增加了顾客选择其产品而非替代品的可能性。这样，低成本可以在全部五类竞争作用力的威胁中保护公司。

有许多著名公司采取了低成本战略，如沃尔玛、福特公司、通用电气公司、西南航空公司的某些业务、丰田汽车公司。

（二）实现成本领先战略的途径

在本书的第三章中，我们讨论了获得成本竞争力的战略选择，在此就不多加讲述了。要获得成本优势，公司价值链上的累积成本必须低于竞争对手的累积成本。达到这个目的有两条途径：

（1）更好地管理企业价值链上各种活动的成本因素，比竞争对手更加有效地管理企业价值链上各种活动的成本因素。企业通过管理价值链上的每一环节的活动，可以节约许多资源和能力，降低成本。图5-2列出了一些主要的做法。

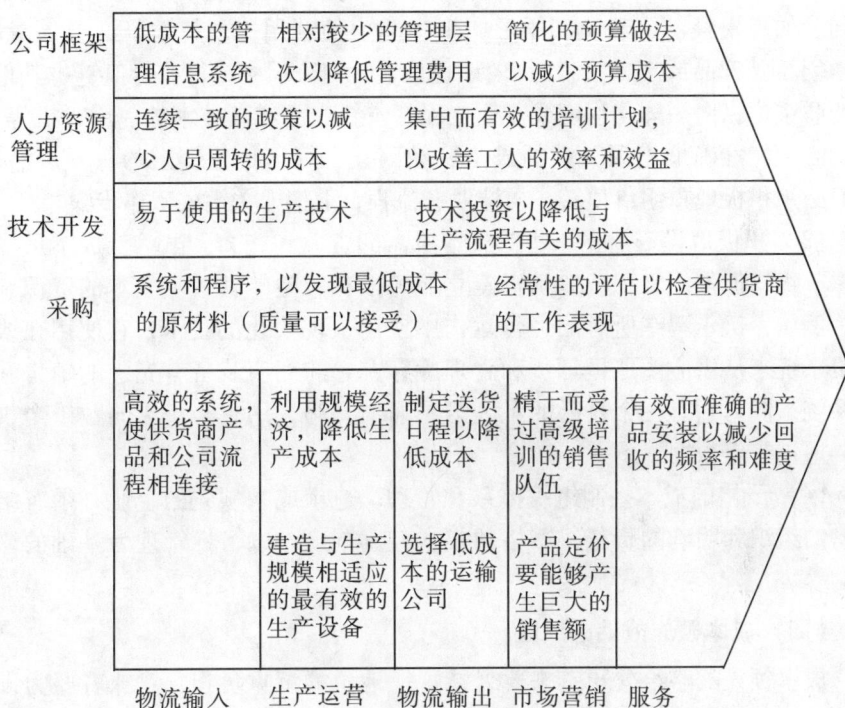

公司框架	低成本的管理信息系统	相对较少的管理层次以降低管理费用	简化的预算做法以减少预算成本		
人力资源管理	连续一致的政策以减少人员周转的成本	集中而有效的培训计划，以改善工人的效率和效益			
技术开发	易于使用的生产技术	技术投资以降低与生产流程有关的成本			
采购	系统和程序，以发现最低成本的原材料（质量可以接受）	经常性的评估以检查供货商的工作表现			
	高效的系统，使供货商产品和公司流程相连接	利用规模经济，降低生产成本 建造与生产规模相适应的最有效的生产设备	制定送货日程以降低成本 选择低成本的运输公司	精干而受过高级培训的销售队伍 产品定价要能够产生巨大的销售额	有效而准确的产品安装以减少回收的频率和难度
	物流输入	生产运营	物流输出	市场营销	服务

图5-2　与成本领先战略相关联的增值活动

（2）改造公司的价值链，省略或跨越一些高成本的价值链活动。

采用成本领先战略时，公司要持续地把成本降低到竞争对手的水平，同时还要重视顾客认为重要的差异化的方面。如果片面追求低成本而忽视了产品的独特性，那么企业的产品与竞争对手的产品相比差距较大，在很大程度上会失去对顾客的吸引力。

（三）成功获得低成本领导地位的关键因素

如果管理者的战略意图是追求低成本，那么下面几点是成功的关键因素：

（1）建立注重成本的企业文化。成功的低成本厂商是通过不厌其烦地寻求整个价值链上的成本节约来获得成本优势的，所以必须建立注重成本的企业文化，节约每一分钱的观念深入人心，并成为一种自觉的行动。员工广泛地参与成本控制，不断地将自己的成本同某项活动的最优秀成本展开标杆学习，深入地审查运作费用和预算要求，制订各种不断改善成本的方案，经理人员的额外福利也不多，各种设施充足但不浪费。

（2）准确地把握成本驱动因素。每个行业中的关键成本驱动因素都不尽相同，如规模经济，经验和学习，生产能力的利用率，关键资源投入成本，技术创新（产品或工艺），工厂的地理位置，与公司中或行业价值链中其他活动的联系，纵向一体化程度或专业化程度，新产品或新技术的使用时机等等。它们必须能准确地把握关键的成本驱动因素，管理价值链上的每一项活动。它们必须积极地重组价值链，再造业务流程，取消非关键的工作步骤。

（3）积极地投资建立那些低成本所需的资源和能力。虽然低成本厂商在提倡节约，但他们又积极地投资建立那些很有希望能够减少成本的资源和能力。例如，沃尔玛在所有的经营运作中使用最现代化的技术，它使用在线计算机系统来从供应商那里订货和管理库存，它的商店装备有先进的销售和检查系统，同时它有一个自己的私人卫星通信网络，用它来每天向数千个供应商传递销售点数据。

（4）严格的成本控制组织体系和管理。追求成本领先的企业必须有结构严密的组织和明确的责任，严格的成本控制制度，以目标管理为基础的激励机制等。

（四）成本领先战略的风险

成本领先战略给公司带来要保持这一地位的沉重负担，意味着要为设备现代化投资，坚决放弃陈旧的资产，避免产品系列扩展以及对技术上的进步保持敏感。成本领先战略的风险包括：

（1）成本领导者的生产设备可能因竞争对手的技术创新而过时。这些创新可能使竞争对手能以比原成本领导者更低的成本进行生产。

（2）过于强调削减成本可能会导致公司忽视顾客需求或对有关问题的担心。因为一味强调不断地削减成本，采取成本领先战略的企业经常难以洞察顾客需求的重大变化以及竞争对手在本来无差异的产品上所做的差异化努力。

（3）仿效成为成本领先战略的风险。竞争对手利用其核心竞争力有时会知道如何成功地仿效成本领导者的战略。当仿效出现时，成本领导者必须能够找到方法，使其产品或服务能为顾客创造更多的价值。一般可以通过两种途径：以更低的价格销售现有产品或保持价格不变但同时增添顾客认为重要的某种产品特性。即使是成本领导者，在把价格降到更低水平时，也一定要深思熟虑。如果企业把产品价格定在一个不切实际的低水平上，此时顾客对于他们想象的合理的价格的预期就很难扭转了。

（五）成本领先战略的适用性

（1）市场中有很多对价格敏感的客户。

（2）实现产品差别化的途径很少，使购买者对价格的差异特别敏感。

（3）购买者不太在意品牌间的差别。

（4）卖方竞争厂商之间的价格竞争非常激烈。

（5）存在大量讨价还价的购买者。

二、差异化战略

（一）差异化战略的含义及优势

差异化战略是通过设计一整套行动，生产并提供一种顾客认为很重要的与众不同的产品或服务，并不断地使产品或服务升级以具有顾客认为有价值的差异化特征。差异化战略的重点不是成本，而是不断地投资和开发顾客认为重要的产品或服务的差异化特征。实施差异化战略的企业可以在很多方面使自己的产品不同于竞争对手。而且企业的产品或服务与竞争对手之间的相似性越少，企业受竞争对手行动的影响也就越小。

成功地采用差异化战略可以使企业在激烈的市场竞争中获得超过平均水平的利润。差异化战略利用客户对品牌的忠诚度以及由此产生对价格的敏感性下降使公司得以避免来自竞争对手的挑战。它也可以使利润增加而不必追求低成本。差异化产品或服务的独特性能降低顾客对价格提高的敏感性。如欧莱雅就是把独特的材料和品牌形象组合起来，通过多种产品来传递一种不同文化的吸引力。一些消费者愿意为欧莱雅产品支付额外价格，关键在于其他产品无法在性价比上与它相提并论。产品差异化赚得的高额利润可以在一定意义上使其免受供应商的影响。而且因为买方对提价相对不敏感，企业可以通过提高其特有产品的价格而把供应商的额外成本转嫁给最终消费者。另外，顾客忠诚度和克服差异化产品独特性的要求成为主要的进入壁垒，也有效地抵御了替代产品的威胁。否则，缺少品牌忠诚度会使顾客转向与其现有产品功能相同但有某些差异化特征或更有吸引力的产品上。

（二）实现差异化战略的途径和条件

（1）实施差异化战略必须把创造价值所需的各种活动有机连接起来。一般采用的使产品差异化或服务差异化的主要活动及辅助活动，如图 5-3 所示。

公司框架	高度发达的管理信息系统,以更好地理解顾客的购买偏好			在公司范围内强调生产高品质产品的重要性	
人力资源管理	制定有利于激发员工创造性和生产力的薪金制度		广泛采用主观而非客观的绩效评估	良好的员工培训	
技术开发	基础研发能力强		投资于能使公司生产出高差异化产品的技术		
采购	系统和程序,以发现最优的原材料			购买质量最优的替换部件	
	妥善处理买进的原材料以使损害最小,从而提高最终产品的质量	不断生产具有吸引力的产品	准确及时的订单处理程序	广泛授权顾客凭信用购买	全面的买方培训以确保高质量的产品安装
		对顾客差异化的生产规格反应迅速	迅速守时的送货	与买方和供应商建立广泛的个人关系	替换部件储备齐全
	物流输入	运营	物流输出	营销	服务

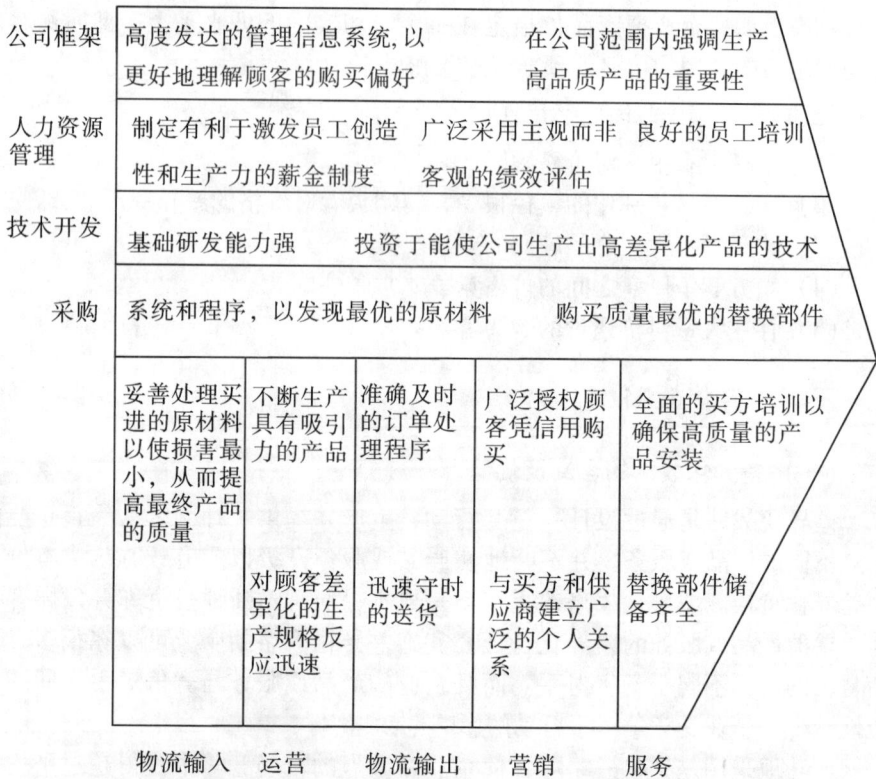

图 5-3 与差异化战略相关联的增值活动

（2）实现差异化战略可以通过各种方式。与众不同的产品特征、及时的客户服务、迅速的产品创新、技术上的领先、在顾客心中的声誉和地位、不同的口味、工程设计和性能等都可以成为差异化的途径。事实上，企业可做的能为顾客创造价值的一切都可以作为差异化的基础。挑战在于识别能为顾客创造价值的特征。

通过这些方式实现差异化取决于许多因素。一是公司要弄清楚顾客是谁，他们的需求是什么，认为有价值的是什么。不同的顾客有不同的需求和价值观，如果采用差异化，应以什么为基础。二是管理人员要足够接近市场，从而能对顾客的口味和价值观十分敏感，并且具有适时反应的能力。另外要在动态的基础上通过差异化来获得竞争优势。因为，在许多市场中顾客的价值判断是不断变化的。因此，差异化的基础也需要改变，而且即使能确认顾客的价值观相对稳定，但随着时间延长，竞争者也会逐渐模仿。所以，采用差异化战略的企业不得不断地更新其差异化的标准，保持战略的不断变化。

因此，企业成功地实施差异化战略，通常需要特殊类型的管理技能和组织结构。例如，需要具有从总体上提高某项经营业务的质量、树立产品形象、保持先进技术和建立完善分销渠道的能力。为实施这一战略，企业需要具有很强的研究开发与市场营销能力的管理人员。同时，在组织结构上，成功的差异化战略需要有良好的结构以协调个人职能领域，以及有能够确保激励员工创造性的企业文化、管理体制和激励制度。

同时，执行差异化战略并不意味着企业可以忽视成本，追求差异化往往以很高的成本为代价，大量的研发、产品设计、高质量的原材料及周到的顾客服务都需要支付成本。如果忽视了成本控制，差异化获得的高利润就会被成本劣势所抵消。因此企业必须在不影响差异化的前提下尽可能地降低成本，尽量保持与竞争对手的成本等价或近似。

（三）　差异化战略的风险

执行差异化战略有时会与扩大市场份额相矛盾。差异化战略具有一定程度的排他性，与提高市场份额两者不可兼得。因为差异化战略不可避免地以高成本为代价，有些客户不一定愿意或根本没有能力支付高价格，公司将不得不损失一部分市场份额。具体有以下几种：

（1）顾客可能认为差异者与成本领导者的价格之差过于悬殊，此时企业所提供的差异化特征就可能不再是顾客所需要的了。在这种情况下，企业就很难经得住竞争对手的挑战。

（2）企业差异化的方式已不能为顾客创造价值，顾客不愿为此多付钱。如果顾客认为竞争对手能提供同样的产品或服务，有时还以更低的价格提供，则差异化战略就失去了价值。

（3）不断学习可能降低顾客对一家公司差异化特征的价值的评价。如IBM的产品在上市之初，顾客愿意为IBM品牌支付额外的价格。然而随着顾客对这些标准化性能的熟悉，随着大量"克隆"产品涌入市场，IBM的品牌忠诚度开始下降。

（4）赝品成为执行差异化战略企业的风险。赝品就是那些以极低的价格向顾客传递差异化特征的产品。

（四）　差异化战略的适用性

（1）有很多途径可创造公司的产品与竞争对手的产品之间的差异，而且购买者认为这些差异有价值。

（2）对产品的需求和使用多种多样。

（3）采用类似差异化战略的竞争对手很少。

（4）技术创新很快，竞争主要集中在不断推出新的产品。

三、集中化战略

（一）集中化战略的含义和优势

集中化战略是通过设计一整套行动来生产并提供产品或服务，以满足某一特定竞争性细分市场的需求。其中包括某一特定的购买群体，某一特定的产品细分市场，或某一特定的地理市场。与采用成本领先战略和差异化战略的企业不同，执行集中化战略的企业寻求通过利用其核心竞争力以满足某一特定行业细分市场的需求。所以集中化战略的精髓在于比竞争对手更好地服务于目标细分市场的购买者，成为小市场中的巨人。如网景公司（用来浏览万维网的专业软件生产厂商）、劳斯莱斯（为高级购买者提供产品）。

企业可以采用两种集中化战略：以低成本为基础的集中成本领先战略和以差异化为基础的集中差异化战略。集中成本领先战略是从某些细分市场上的成本行为的差异中获取利润，企业要做到服务于某一细分市场的成本比竞争对手低，能否采用此战略取决于是否存在这样一个购买者细分市场，满足它的要求所付出的代价要比满足整体市场其他部分的要求所付出的代价小。集中差异化战略是从特定细分市场中客户的特殊需求中获得利润，能否采用此战略取决于是否存在这样一个购买者细分市场，它想要得到或需要特殊的产品属性。

两种集中化战略能使公司成功应对五种竞争力量，其方式分别与成本领先战略和差异化战略相仿。它们唯一的区别在于竞争范围从整个行业变成了一个狭窄的行业细分市场。

（二）实现集中化战略的途径

集中化战略的基础在于一家企业可以比业内的其他竞争对手更好、更有效率地服务于某一特定细分市场，且服务于小市场的成本比竞争对手的成本低，或者能够更好地满足用户的需求。此战略的成功需要企业去发现非常独特并且专业化的需求，以至于业内一般竞争对手根本未去服务的细分市场，或者找到业内竞争者做得很差的细分市场。

采用集中化战略的公司必须能够以一种优于竞争对手的方式完成一系列主要及辅助活动，以获取战略竞争力。执行集中成本领先战略和集中差异化战略所必须完成的活动分别与图5-2和图5-3所示基本相同。

（三）集中化战略的风险

采用任何一种集中化战略，企业都面临着与在整个行业范围内采用成本领先战略或差异化战略的公司同样的一般性风险。同时还有以下风险：

（1）竞争对手可能会集中在一个更加狭窄的细分市场上而使本来的集中不再集中。如在细分市场的基础上，开发出在性能、功能、规格等方面能满足具体客户要求的产品。

（2）在整个行业内竞争的企业可能会认为由执行集中化战略的公司所服务的细分市场很有吸引力，值得展开竞争，并实施竞争战略，使原来执行集中战略的企业失去了优势。如七喜公司原将其产品定位于柠檬——宜母子饮料，使其成功地成为所在的柠檬汽水细分市场中的领先者。但当七喜进入可乐市场后，可口可乐公司推出了同样的产品，进入七喜公司的细分市场，最后导致七喜失去了细分市场。

（3）由于技术进步、替代品的出现、价值观念更新、消费偏好变化等多方面原因，细分市场与总体市场之间在产品或服务的需求上差别变小，细分市场中的顾客需求可能会与一般顾客需求趋同。此时，集中化战略的优势就会被削弱或清除。

（4）由于狭小的目标市场难以支撑必要的市场规模，所以集中战略可能带来高成本的风险，从而又会导致在较宽范围经营的竞争对手与采取集中战略的企业之间在成本差别上日益扩大，抵消了企业在细分市场上的成本优势或差异化优势，使企业集中战略失败。

（四）集中化战略的适用性

实际上，绝大多数小企业都是从集中化战略起步的，只是并不一定都意识到了这一战略的意义，并采取更具战略导向的行动。例如，"娃哈哈"集团就是从特定的儿童保健品市场开始起步的，当年它开发出一种健胃的幼儿保健品，满足那些富裕家庭的挑食儿童的需要。许多人还记得那句广告词："喝了娃哈哈，吃饭就是香。"在这个细分市场成功后，它逐渐走向发展壮大。

企业实施集中化战略的关键是选好战略目标小市场。一般的原则是，企业要尽可能选择那些竞争对手最薄弱的目标和最不易受替代产品冲击的目标小市场。在选择之前，企业必须确认：

（1）目标小市场足够大，可以盈利。

（2）小市场具有很好的成长潜力。

（3）小市场不是行业主要竞争厂商成功的关键，也没有竞争对手试图采取集中化战略。

（4）公司有相应的资源和能力，能够比竞争对手更好地满足目标市场。

（5）公司能凭借其建立的顾客商誉和服务来防御行业中的挑战者。

四、成本领先与差异化整合战略

（一）成本领先与差异化整合战略优势

这个战略的目的是为顾客所支付的价格提供更多的价值。与单纯依赖某一主导战略的企业相比，能够成功地执行成本领先与差异化战略整合的企业处于一种更加有利的地位。它的基本思想是：满足或者超过购买者在质量、服务、特色、性能属性上的期望，低于他们在价格上的期望，从而最后为购买者创造超值的价值。其目的是低成本地提供优秀的、卓越的产品，然后利用成本优势来制定比可比属性品牌的价格还低的价格。

这种竞争战略也被称为最优成本供应商战略，公司追求的是竭尽全力成为一家成本不断降低，同时产品质量越来越高的厂商。在质量、服务、特色、性能上紧跟最好的竞争对手，在成本上打败他们，这就是最优成本供应商优势的源泉。

实施最优成本供应商战略的企业一般能够迅速适应环境的变化，更快地接受新技能与新科技，并且更有效地在企业各部门及产品线范围内充分利用其核心竞争力。成功执行融合性战略的企业之所以获得超过平均水平的利润，关键原因在于这种战略具有两方面优势：成本领先意味着低成本，与此同时，差异化可把价格定得更高。这样，融合性战略使公司向顾客提供两种形式的价值来获得竞争优势。

（二）成本领先与差异化整合战略的竞争风险

融合性战略具有获取超额利润的巨大潜力，但这种潜力也伴随着巨大的风险。因为从前面的论述中看到，成本领先和差异化需要企业在文化、管理、组织等方面的特殊支持，这使得既追求成本领先又追求差异化优势的企业会被困在中间，所以，波特认为"夹在中间"战略是注定要失败的。如果企业无法在其选定的竞争范围内确立自己的领导地位，或者成为成本领导者，或者成为差异者，那它就有可能被困在中间，使企业无法成功应对五种竞争力量，也就无法获得超额利润。

但是许多人指出，确实有企业成功地实施了成本领先与差异化整合战略，如丰田汽车公司被人们广泛认为是低成本生产商，但丰田在推出它的 Lexus 系列新车型准备参与豪华车的竞争时，它实施的就是经典的最优成本供应商战略。丰田的经理们认为，用丰田以低成本制造高质量车的优势来制造超级豪华车，能够使它以比其他豪华车制造商更低的成本提供高技术性能特色和高质量，然后制定比奔驰和宝马更低的价格，来抢走价格敏感型顾客。最终这一战略大获成功。

从上面的例子可以看出，实施成本领先与差异化整合战略的关键是先要奠定以某一种竞争优势（低成本或差异化）为基础，然后在适当的时机，建立另一种竞争优势。而在以下三种情况时，企业能同时取得成本领先地位和差异化的形象：

（1）当竞争企业都夹在中间时。

（2）当成本受市场占有率或产业间相互关系的强烈影响时。

（3）企业首创一项重大革新时。

（三）成功实施融合战略的条件

为了顺利、成功地实施成本领先与差异化整合战略，企业必须在战略上保持灵活机动。提高战略灵活性有以下途径：

1. 灵活生产系统（FMS）

灵活生产系统是一种计算机控制程序，可在人力干预最小的情况下生产出数量适中而灵活的多样化产品，消除传统生产工艺所固有的低成本与品种多样化之间的冲突。

2. 企业范围的信息网络（ERP）

为增进公司战略灵活性和及时性，要建立一种把生产厂商与供货商、分销商、顾客连在一起的新型信息网络。企业资源计划软件系统可以使财务及运营数据在不同部门之间迅速流动。

3. 全面质量管理系统（TQM）

使用 TQM 系统的重要目标是提高企业产品质量及整个组织的生产力水平。增强的质量使顾客的注意力集中在产品性能的改善以及特征的效用和可靠性上。使企业获得差异化，并最终提高产品售价，增加市场份额。同时可以降低整个生产及服务成本，实现差异化与成本领先战略的结合。

五、竞争战略的选择：战略钟

波特的基本竞争战略为企业提高竞争优势提供了战略思想和方法。但当企业针对具体市场环境和企业条件进行战略选择时，面对的是复杂、多层次的问题与状况，不能简单地归结为哪一种基本竞争战略。克利夫·鲍曼（Cliff Bowman）提出了"战略钟"的思想体系，将波特的理论与实际问题进行了综合，如图 5 - 4 所示。

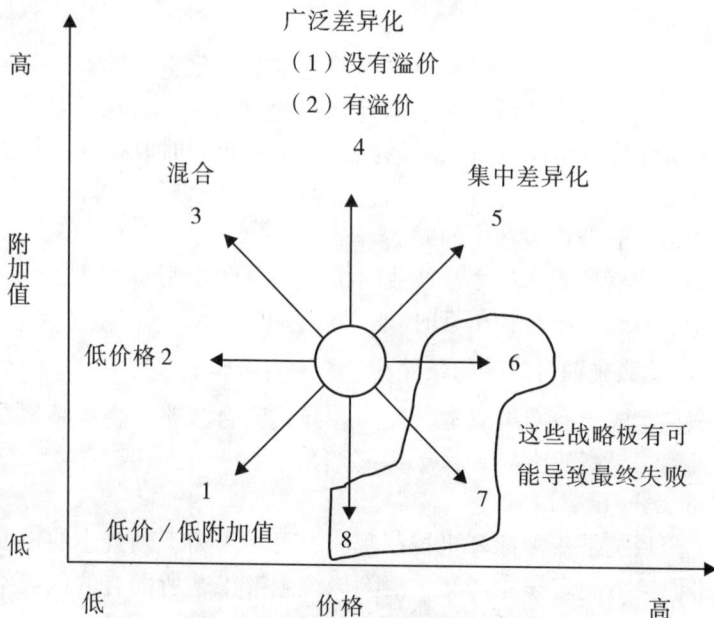

图 5-4 战略钟：竞争战略的选择

（一）基于价格的战略（路径 1、2）

它分为两个层次，路径 1 是低价/低附加值战略，此种战略针对的是对价格较敏感的细分市场，对于收入水平较低的消费者，他们买不起或不愿意买质量更好的商品，而愿意购买产品或服务质量很低且价格也很低的产品，在许多行业中都存在这样的消费群体。因此，似乎最没有竞争力的战略却很有生命力，一些企业特别是小企业或小商品批发商经营得很成功。

路径 2 是企业在寻找竞争优势时采用的一种低价格战略，在降低价格的同时努力保持产品或服务的质量不变，但竞争者易对其进行模仿，因此获得竞争优势的唯一办法就是保持比其他竞争者更低的价格，即价格低到使竞争者不能承受的程度。

（二）差异化战略（路径 4、5）

它分为两种战略，路径 4 是广泛差异化战略，即以相同的或略高于竞争者的价格向顾客提供他们认可的附加值，其目的是通过更好的产品和服务来获得更多的市场份额，销售更多的产品。路径 5 是集中差异化战略，企业在特定的细分市场内以特别高的价格为顾客提供特别高的使用价值，并以此在行业内竞争，此战略体现了企业真正的竞争力。

采取此战略要注意两个重要的问题：一是必须在跨市场的广泛差异化和集中差异化两种战略之间作出选择；二是弄清楚公司在哪个细分市场内，通过满足顾客哪些需求进行竞争是很重要的，并且要将其转化为行动。做到这一点很困难，特别是在不同的细分市场内满足不同的需求时，而且集中战略可能与利益相关者的期望相矛盾。同时，由于市场情况可能会发生变化，因此必须对集中战略的优势大小进行监控。如细分市场的差别可能会消失，使组织面临更多的竞争者；或者市场可能会因为竞争者更细的差异化而被进一步细分。

（三）混合战略（路径3）

在某些情况下，企业可以在为顾客提供可感知的附加值的同时保持低价格。许多日本公司在打开美国市场时采用过这种做法。混合战略的优势体现为，如果销售量能远远超过竞争者，会带来规范经济效益，成本降低，收益仍然可观；可以将混合战略作为进入已存在竞争者的市场的战略，在世界范围内寻找有利的地区，以更好的产品打入，价格也会定得很低。其目的是为了获得市场份额，转移竞争者的注意力，为将来进一步占领市场打好基础。但是实施此战略时，很重要的是要保证以下两点：总成本很低以维持一定的收入；当进入市场时，应考虑一个分步实施的步骤。

（四）失败的战略（路径6、7、8）

一般情况下，此三种战略可能导致企业的失败。路径6提高价格，但不为顾客提供可感知的附加值。除非组织处于垄断地位，否则不可能维持此战略。路径7是路径6更危险的延伸，此战略是降低其产品或服务的使用价值，同时却在提高相应的价格。

路径8是保持价格的同时降低价值，也非常危险。在20世纪70年代，Cadbury Schweppes保持它的巧克力棒的价格，而同时降低它在质量、包装、广告等方面的价值，并相信它的市场占有率足以保护它的地位，但结果是市场占有率低的竞争者大大地增加了市场份额。

战略钟是一个基于市场的一般战略选择模型，综合了波特的竞争战略理论。它的核心基础问题是：对用户而言，产品和服务的价值是什么？显然，企业的成本水平很重要，但应将其作为制定一般战略的方法，而不是作为这种战略的基础。

第二节　不同行业环境中的竞争战略

基本竞争战略使企业建立了自己的竞争优势，有力量抗击五种竞争力，在行业中处于有利地位。但不同行业在其特点、竞争状况等方面的差异使企业在竞争战略制定、选择时要依据具体的行业环境。同一竞争战略在不同行业环境中实施效果是不同的。

一、零散型行业的竞争战略

零散型行业是一种重要的结构环境，在这种行业中，竞争企业很多，行业集中度很低，没有任何企业占有显著的市场份额，也没有任何一个企业能对整个行业的发展具有重大的影响，即不存在具有左右整个行业活动的市场领袖。一般情况下，零散型企业由很多中小型企业构成，存在于许多领域，如服务业、零售业、农产品、汽车修理、饭店、计算机软件开发、服装制造和服装零售等，其范围很广，在技术尖端性方面差别也很大，包括从高技术的太阳能加热设备到酒零售业。

（一）造成行业零散的原因

分析行业零散的原因是企业制定竞争战略的基础。造成行业零散的原因很多，但在许多行业中，主要是源于行业本身的基本经济特性。

1. 总的进入壁垒低或存在退出障碍

低的进入壁垒使大量的中小企业涌入，使其成为几乎是所有零散型行业形成的前提；同时，如果行业存在退出障碍，则收入持平的企业倾向于在行业中维持。除经济性的退出障碍外，还存在管理性退出障碍，因为有些竞争者的目标可能不是利润导向的，某些行业的独特吸引力使一些竞争者进入，即使无利可图。

2. 多种市场需求使产品高度差异化

在某些行业中，顾客的需求是零散的，每一个顾客希望产品有不同的式样，不愿意接受更标准化的产品，愿意也能够为此付出。这种需求的多样性在大众日常消费行业中表现得非常明显，如餐饮、理发、女性时装等行业。另外，市场需求区域或地区的差异也产生需求零散。因此，需求零散导致产品高度差异化，顾客对某一特定产品式样的需求很小，这种数量不足以支持某种程度的生产、营销以使大企业发挥优势。

3. 不存在规模经济

大部分零散行业在其运营活动的每个主要环节如制造、市场、研究与开发等都不存在规模经济。有些行业即使存在规模经济，也由于各种原因难以达到经济规模而不能实现。如在水泥、化工行业，高运输成本限制了高效率企业的规模及生产地点，决定了其市场及服务范围，抵消了规模经济性。由于库存成本过高或市场销售不稳定使企业产量波动而不能实现规模经济，此时大规模企业的灵活性不如小规模、低专业化的企业。另外，高度的产品差异化及快速的产品变化也可产生规模不经济。

4. 除行业经济的特性外，导致行业零散的因素还有非经济原因

一是现有企业缺乏资源或技能。有时企业具有克服零散的潜力，如可以发展规模经济，但缺乏资金或专业技能等战略资源，无法建立大规模设备体系及发展分销机构、服务网络、设备等可能促进行业集中的手段。二是现有企业眼光短浅或自我满足。即使企业具有促进行业集中的资源条件，也可能仍然留恋支持零散结构的传统行业实践，或感觉不到行业变化的机会。三是未被其他外部企业注意。尽管行业内存在集中的对象和条件，但外部企业并没有发现向行业注入资源展示新的前景以促进集中的机会。

（二）零散行业的战略选择

1. 克服零散，集中零散行业

零散行业的特点就是进入成本低，行业内竞争者弱小，因此克服零散集中行业将会有较高的回报。实现其可能性源于零散行业本身也是一个内部互相联系的系统。战胜一个造成零散的经济因素，会引起整个行业结构改变。克服零散的基本思想是：清除造成零散行业结构的基本经济因素。一般方法有以下几种：

（1）创造规模经济。通过技术创新引起投资增加与集中及机械化和自动化，成为行业集中的基础。营销创新也可以克服零散，如电视网。

（2）产品标准化与多样化结合。需求多样化是零散行业的特点，使企业难以实现标准化，进而克服零散。可以采用群组技术实现两者协调统一。

（3）特许经营或连锁经营。某些行业零散的原因主要是由于生产规模的不经济性或零散的顾客口味，对于此行业集中零散的战略思想是使这些方面与其他方面分离，采取特许经营或连锁经营。如快餐业，其特点是要保持严密的本地控制和良好的服务，通过特许经营向业主出售各个独立地点来克服零散，实现规模经济。如麦当劳、必胜客。

（4）尽早发现行业趋势。有些行业在产生、发展、成熟过程中自然形成

集中,因此,如果零散原因是由于行业处于开发期和成长期,则随着行业的演变会产生集中。

2. 适应环境,建立竞争优势

在一些情况下,造成行业零散的基本经济因素是不可克服的,此时,企业要通过提高在行业中的战略地位取得竞争优势。其基本思想是在零散行业环境中寻求实现成本领先、差异化、集中化等基本竞争战略的方法,每一种方法都更好地使企业的战略姿态与零散行业中特殊的竞争性质相匹配,或者使在这种行业中一般存在的激烈竞争力量中性化。

(1) 严格管理。零散行业的特点是需要严密协调,本地化管理倾向,重个人服务,近距离控制等,因此可以采用严密管理下的零散化作为重要的竞争策略。以保持个别经营的小规模并尽可能地自治取代在一个或少数几个地点增加经营规模。

(2) 增加附加价值。许多零散行业的产品或服务是一般性的商品,其本身实现差异化的难度较大,在这种情况下,有效的战略是给商品增加附加价值,如对销售提供更多服务,从事产品的最终构造(包裤角边、鸡鱼加工等),或在产品售出之前对零部件进行分装或装配,及对主要零部件的配送。这样,在基本产品或服务中不能实现的差异化在这些战略中得以实现。另外,也可以通过前向一体化整合营销,更好地控制销售条件提高产品差异化,增加附加价值。

(3) 产品专门化。当造成行业零散的原因之一是产品系列中存在多项不同产品时,产品类型或产品细分就是一种有效的实现高于平均水平的战略。它可以使企业通过使其产品达到足够大的规模来增加与供应商的砍价能力;还可以因企业具有专门技能而提高细分市场上产品差异化程度。这种目标集聚战略使企业在产品领域信息更灵,并可使企业具有的引导顾客的能力得到提高。但这种战略的代价可能会对企业的发展前景形成某种限制。

(4) 顾客类型专门化。企业专注于行业中一部分特定顾客也可以获得潜在收益。可能这些顾客因为购买量小或规模小而造成讨价还价能力低或对价格不敏感,或需要企业随基本产品和服务而提供附加价值。像产品专门化一样,顾客专门化可能限制企业发展前景,但企业可能会获得更高的利润率。

(5) 地理区域专门化。有些行业在行业范围内达不到显著的市场份额或不能实现全国性的规模经济,但在某一地区范围内可能得到重要的经济性。其方法是集中设备、市场营销注意力和销售活动,如选择更有效率的广告,使用唯一的经销商等获得经济性。如在食品行业,区域覆盖战略绩效非常好,尽管存在一些大型全国性企业,但食品行业仍具有零散行业的特点。

（6）低成本、低价格战略。许多零散行业存在激烈竞争和低利润，以低间接费用、低技能的雇员、严格成本控制以及对细节的注重保持一种简单朴实的竞争姿态是最简单最有力的战略，能使企业在价格竞争中处于有利地位，并能获得高于平均水平的利润。

3. 避免潜在战略陷阱

零散行业独特的环境造成了一些特殊的战略陷阱。在分析选择战略时要注意避免某些常见的陷阱。

（1）避免寻求支配地位。零散行业的基本结构决定了寻求支配性市场份额是无效的，除非可以从根本上出现变化。形成行业零散的基本经济原因一般会使企业在增加市场份额的同时面对低效率、失去产品差异性，以及供应商和顾客的各种想法。当企业企图在零散行业中对所有人在所有方面占优势会导致竞争力量的脆弱性达到最大值。波特以美国 Prelude 公司的例子说明了此种支配战略的失败。该公司曾宣布其目标是成为龙虾业的通用汽车公司。它建立了一支昂贵的具有先进技术装备的庞大的龙虾船队，建立了内部维修和船坞设施，实现了包括运输车队和餐馆在内的纵向整合。龙虾捕捞行业的经济性决定了它的船队与其他捕捞者相比并没有明显的优势，而高额管理费用和固定成本引起了小捕捞者的价格竞争，小捕捞者对于相当低的收益就感到满意，并不寻求较高的投资收益率。

（2）保持严格的战略约束力。在零散行业中进行有效竞争，保持极其有效的战略约束力是必需的。其竞争结构要求市场集中或专注于某些严格的战略原则，执行这些原则要求有充分的勇气舍弃某些业务，也要求组织内部的资源配置具有相对的稳定性。一项无约束力的或机会主义的战略可能在短期内发生作用，但从长期发展来看，会降低竞争力。

（3）避免过分集中化。许多零散行业的竞争本质在于人员服务、当地联系、近距离控制、对波动及式样变化的反应能力等。在许多情况下，集权化组织结构与生产效率背道而驰，因为它延缓反应时间，降低地区水平的激励，造成多种个人服务必需的熟练人员流失。同时，零散行业的经济结构经常造成集中的生产或市场营销组织不存在规模经济甚至是不经济的。因此这些领域的集中削弱了企业的竞争力。

（4）了解竞争者的目标和管理费用。零散行业的特殊环境决定了其中会出现许多小型企业和私营企业；它们的经营与管理方式是经常在家工作，使用家庭劳动力，管理费用很低；其目标也很低或与股份制公司不同。因而对价格变动或其他行业事件的反应与一般企业极不相同。

（5）避免对新产品过度反应。在零散行业中，巨大的竞争者数量几乎总

是使买方具有强大的力量，使一种新产品成为激烈竞争的救星。但是由于零散行业需求的多样性与缺乏规模经济，企业对新产品做出的大量投资在该产品的成熟期并不容易收回或很难获得较高收益。这样就存在着对新产品过度反应的危险，使成本和管理费用可能上升，使企业在零散行业的价格竞争中处于不利地位。

4. 零散行业竞争战略的制定

在制定零散行业竞争战略时，可以遵循以下逻辑思路：

（1）行业结构和竞争者地位如何？即分析行业状况和竞争者，识别行业中竞争力量的源泉、行业结构及重要竞争者的地位。

（2）行业为何零散？即分析造成行业零散的原因，找出这些因素并建立其与行业经济的联系。

（3）零散是否可以被克服？如何克服？即分析是否能克服造成行业零散的原因；是否能通过改变战略或创新实现；资源注入或新的前景是否全是必需的；是否一些零散的原因将被行业的趋势直接或间接改变。

（4）克服零散是否有收益？如果可以克服行业零散，企业必须评价是否所预示的行业未来结构会产生有吸引力的收益。

（5）企业怎样定位去实现？企业必须预测一旦集中形成后行业的新结构均势，并必须重新进行结构分析。最后分析选择企业为利用行业集中化而可以采用的最后方法。

二、新兴行业的竞争战略

新兴行业是新形成的或重新形成的行业，其形成的原因是技术创新、相对成本关系的变化、新的消费需求的出现，或其他经济和社会变化将某个新产品或服务提高到一种潜在可行的商业机会的水平。如由技术创新而产生了计算机、电信、家用电器等行业；由于新的需求促使搬家公司、快递公司、礼仪公司等行业的产生。社会、技术、文化的进步使新兴行业会在任何时候不断被创造出来。

从战略制定的观点来看，新兴行业的基本特征是没有游戏规则，新兴行业的竞争问题是全部规则都必须建立，使企业可以遵循并在这些原则下发展繁荣。缺乏规则既是风险又是机会的来源。

（一）新兴行业结构特征

（1）技术的不确定性。新兴行业中通常存在着很高程度的技术不确定性。因为企业的生产技术还不成熟，有待于继续创新和完善；企业的生产和经营也没有形成一整套的方法和规程，什么产品结构是最好的，何种生产技术将是最有效的等都不能确定。

（2）战略不确定性。与技术不确定性相联系，由于更广泛的原因，新兴行业存在战略不确定性。因为行业内的企业对于竞争对手、顾客特点和处于新兴阶段的行业条件等只有少量的信息，没有企业知道所有的竞争者是谁，也没有企业能够经常得到可靠的行业销售量和市场份额的信息。所以在产品市场定位、市场营销和服务等方面不同的企业经常采用不同的战略方法，没有被行业认可的正确的战略。

（3）成本的迅速变化。新兴行业存在着高初始成本，但陡峭的学习曲线会使最初的高成本以极高的比例下降。小批量和新产品常在新兴行业中共同形成相对于行业能够获得的潜在收益的较高成本。然而随着生产过程和工厂设计的改进、工作熟练程度的提高、销售额的增长导致的规模与累积产量的大幅度增加，企业生产效率会大幅度提高。按照某些常见的情况，当处于新兴阶段行业的技术在开始时比最终情况劳动密集程度更大时，这些因素的作用就更加明显。如果学习收获能与行业增长时不断增加的获得规模经济的机会相结合，则成本下降会更快。

（4）萌芽企业和另立门户。行业新兴阶段伴随着极大比例的新成立企业，因为此阶段没有成型的游戏规则和规模经济的障碍。萌芽企业是相对于已立足企业中新成立的企业。另外，还存在许多另立门户企业，即从那些已立足企业中出去的雇员创立的新企业。另立门户的现象源于许多因素：一是在迅速发展和充满机会的环境中，与已立足企业工资相比，权益投资的收益更具有吸引力；二是由于新兴阶段技术和战略的流动性，使已立足企业的雇员具有良好的条件去获得新的更好的想法，并能充分利用其对行业的接近。这些想法在原有企业可能由于转换成本过大而无法实现，如可能会与不愿意采用他们想法的上级发生冲突，或可能会对企业过去已投资的资金造成损失。

（5）首次购买者。新兴行业产品或服务的购买者基本都是首次购买者，还有许多顾客持等待观望态度，期待新一代产品的出现。这时市场营销的任务是给予顾客有关新产品或服务功能和基本性质的信息，使之相信新产品能实现所要求的功能并购买。

（二）早期进入障碍

与行业发展后的进入障碍相比，新兴行业的进入障碍有很大不同。常见的早期障碍有：①专有技术；②获得分销渠道；③得到适当成本和质量的原材料和其他投入；④经验造成的成本优势由于技术和竞争不确定性使其更为显著；⑤风险使资金的有效机会成本增加，因此增加了有效资本壁垒。

早期壁垒很少源于需要掌握巨大资源，一般不是规模经济、资本或品牌效应，更多的是源于承担风险的能力、技术上的创造性及作出前瞻性决策以储备投入物资与分销渠道的能力等。因此率先进入新行业的一般不是已立足企业，因为它们可能要为资金付出更多的机会成本，并经常对在行业发展早期阶段必然存在的技术和产品风险缺乏准备。

（三）新兴行业发展障碍

新兴行业在其发展过程中，会不同程度地面临着限制或问题。这些障碍产生于行业的新兴、发展对经济实体以外的其他因素的依赖，以及其发展过程中需要引导购买者购买其产品作为替换而引起的外在性。

（1）原材料、零部件短缺。一个新兴行业的发展要求出现新供应商或现存的供应商增加产出或修改原材料和零部件以满足行业需要。在这一过程中就会出现原材料和零部件短缺。另外，在行业发展早期阶段，由于行业发展的需要和不能适应的供给，重要原材料价格会大幅度上涨。一方面是由于供给和需求之间的经济作用，另一方面是由于供应商认识到产品对于行业的价值的结果。但当供应商扩展时，原材料的价格会迅速下降。

（2）产品、技术标准等缺乏。由于新兴行业中仍存在产品和技术高水平的不确定性，产品和技术没有统一标准，加剧了原材料和互补产品的问题，并可能阻碍成本下降。同时新兴行业经常面临由于缺乏基础设施而引起的问题，如分销渠道、服务设施、专业技巧等问题。

（3）顾客困惑。新兴行业经常遇到顾客困惑问题，原因在于存在众多产品方案、技术种类及竞争者互相冲突或相反的宣传。这些现象是技术不确定的象征及缺乏技术标准和行业的参与企业间总的技术协议。这种混乱可能增加顾客的购买风险并限制行业销售额。同时，由于存在许多新建企业、缺乏标准、技术不确定等，新兴行业的产品质量经常不稳定，即使是少数现象，也会给全行业的形象和信誉造成不利影响。这些因素又会影响新行业在金融业的形象和可信任度，进而影响企业取得低成本融资的能力及取得信用的能力。

（4）被替代产品的反应。在面临新产品替代威胁时，老产品生产企业会采取各种有效的方法降低替代产品的威胁。其最佳战略可能是增加投资降低成本，迫使新兴行业中与学习和规模相关的价格下降目标还要向下移动，这给新兴行业的发展增加了难度。

由于新兴行业的发展存在许多障碍，进入新兴行业经营的企业失败率较高。但同时新兴行业的结构环境也为企业发展带来了机遇。

（四）新兴行业中企业面临的关键问题

在新兴行业中取得竞争的胜利要求具有大胆的企业家精神、开拓精神和愿意承担风险，对购买者的需求要有一种直觉，以及一种机会主义式的战略制定方式。新兴行业中的公司面临两个关键问题：一是在公司的销售腾飞之前怎样为业务的初始运作筹集资金；二是要获取并确保市场领导地位，企业应该瞄准哪些细分市场和竞争优势。

以低成本或者差异化为基础的竞争战略通常是可行的，集中战略应该在企业的财务资源有限以及行业中可以追求的技术层面比较多的时候考虑。由于一个新兴的行业没有既定的游戏规则，行业中参与者也运用各种各样的战略，所以如果企业有强大的财务资源和强大的战略，它就可以制定行业规则，并成为行业的领导者。

（五）新兴行业的战略选择

新兴行业的发展存在着较大的风险和不确定性，行业结构和竞争规则不确定，这些特点也决定了此阶段企业战略自由度最大，战略选择的影响也就最大。因此这一阶段制定战略主要是处理好风险和不确定性。

1. 塑造行业结构

新兴行业中主导地位的战略问题是考虑企业是否有能力促进行业结构趋于稳定而且成型。通过战略选择，企业可以在生产方针、市场营销方法和价格策略等方面建立游戏规则。在行业的基础经济性和资源的限制范围内，企业应以某种方式建立有利于自身发展的行业法则，以获得长远的行业竞争地位。

2. 注意行业发展的外在性

在新兴行业的发展阶段，企业在争取自身的市场地位时，常常会损害行业发展。行业形象、可信性、行业吸引力、顾客困惑、与其他行业的关系及与政府、金融业的关系等都与企业发展状况有关，而行业内企业的发展也依赖于与其他企业的协调及行业的发展。因此一个重要的战略问题是在对行业的倡导和追求自身狭窄利益的努力之间做出平衡。在行业发展过程中，有两种可能：一是当一个行业开始实现重要突破时，在行业前途和企业前途之间的平衡会向企业方向转化，当行业成熟时可能被淘汰；二是一个企业最初可能要采用它最终并不想遵循的战略，或加入到从长期看来必须放弃的细分市场中。这些对行业发展有利，而一旦行业发展成熟，企业就获得选择最佳战略的自由。

3. 注意行业机会与障碍的转变

新兴行业的迅速发展可能会使原有的障碍和机会发生变化。如当行业在规模上有所发展，企业也证明了自身价值时，供应商和销售渠道在方向上可能会发生变化。供应商可能会希望满足企业某些方面的需要，如产品规格、服务和交货期等；销售渠道可能变得更乐于作为企业的伙伴投资于广告或其他促销活动。尽早发现这些变化会给企业提供战略机会。另外新兴行业早期的进入障碍也可能发生变化，当行业在规模上发展、在技术上成熟时，企业不会永远依靠专有技术或独特产品种类等进入障碍保卫自身行业地位，可能会出现其他障碍。同时行业的发展会吸引更有规模、资金和市场营销实力的企业进入，甚至购买者和供给者也可能以纵向一体化的方式进入。

4. 选择适当的进入时机和领域

何时进入新兴行业是一个战略选择。早期进入面临的是高风险、低障碍，并可获得很高的收益。

（1）早期进入新兴行业的环境与优势。一般说来，具有以下特征时，企业进入新兴行业较为适宜：企业的形象和声望对顾客至关重要，企业可因作为先驱者而发展和提高声望；行业中学习曲线很重要，经验很难模仿，并且不会因持续的技术更新换代而过时，早期进入可以较早开始在这一行业中的学习过程；顾客忠诚非常重要，那些首先对顾客销售的企业将获益；通过早期对原材料供应，分销渠道等的承诺可带来绝对成本利益。

（2）早期进入的风险。早期行业竞争和细分市场建立的基础与行业发展晚期的重要基础不同，早期进入的企业建立了竞争基础后，可能面临高转换成本；开辟市场代价昂贵，包括顾客教育、法规批准、技术开拓等，而企业却不可能独自享有开辟市场的利益；行业发展后，早期建立的小企业将被更有实力的企业取代，因此早期与小企业竞争会付出高的代价；技术变化将使早期投资过时，并使晚期进入的企业因拥有最新产品和工艺而获益。

新兴行业领域选择是一个重要的战略问题。新兴行业具有许多共同特征，如发展迅速，行业内现有企业多数盈利，最终行业规模注定会很大等，这些吸引着企业进入新兴行业。但不同领域的市场发展趋势、发展速度、竞争对手与状况存在差别，因此行业整体盈利水平就存在差异。总的思考是如果一个新兴行业的最终结构是与高于平均水平回报相一致的，并且如果企业能够在行业中建立长期防御性地位，则它将很有吸引力。因此进入新兴行业的决策要进行行业分析。

三、成熟行业的竞争战略

行业从高速发展期逐渐进入稳定发展阶段，进入成熟期。在这一时期，行业竞争环境会发生根本性变化，企业要适应行业发展，作出战略性转变。

（一）成熟行业竞争环境

（1）市场竞争更激烈。当企业原有市场饱和时，企业无法以保持其市场份额来保持增长速度，此时竞争转向行业内部，去争夺其他企业的市场份额。竞争的加剧要求企业对自身市场占有率、市场地位等目标作根本性的重新定位，并重新分析评价竞争对手的反应及行动。不仅竞争者可能变得更具攻击性，而且非理性竞争也可能发生。广告、服务、促销、价格战等在成熟行业中是常见的。

（2）竞争趋向成本和服务。产品在质量、性能等各方面已稳定，技术日益成熟，客户在知识和经验方面也日益丰富，已经购买或多次购买过，客户的注意力从决定是否购买产品转向在不同品牌之间进行选择。这种市场需求的变化使竞争趋向成本导向和服务导向，企业要重新评价其竞争战略的适应性。

（3）行业利润下降。成熟行业需求稳定，增长缓慢，企业面临战略转变的不确定性，这些意味着行业利润在短期内将下降。市场份额小的企业受影响最大。利润下降使现金流量减少，股票价格下跌，融资困难。

（4）生产能力过剩。当新兴行业逐渐走向成熟时，增长速度减慢，生产能力需求增长降低，企业在设备、人员等生产能力方面的发展目标应与行业状况相适应。但许多企业在行业转变阶段生产能力投入过度，加剧了成熟行业在价格、广告服务等方面的竞争。

（二）竞争战略分析

成熟行业在基本结构的各主要方面较新兴阶段都发生了变化，新兴阶段行业的高速发展为多种战略的有效实施提供了条件，而到了成熟期，战略选择上的问题就显露出来。此时，企业要重新进行战略分析与选择。

1. 提高财务意识水平，改进成本分析

为提高在成熟行业中的市场竞争地位，企业必须使产品组合合理化及正确制定产品价格，成本分析变得日益重要。在新兴阶段可以选择众多的产品系列和型号，有利于企业快速发展。但在成熟期，竞争转向成本和市场份额，因此企业要削减产品种类，将注意力集中于技术、成本和形象等方面有利的产品，因此在产品成本计算方面的改进有利于产品组合合理化。另外定价方

法也要有所变化。

2. 满足现有顾客需求增长

在成熟行业获得新客户意味着与竞争对手争夺市场份额，代价昂贵，因此增加现有顾客购买比寻求新顾客更有利，可以通过提供外围设备和服务、产品升级、扩展产品系列等方法来扩大现有顾客的需求范围。这种战略可能使企业进入相关行业，而且代价低。

3. 低价购买资产

由于成熟行业发展减缓而使行业内企业发展速度降低。为保持企业的发展，企业可以购买不景气企业的资产或购买破产清偿资产以改善资产和盈利状况，并且此战略可以在技术创新较少的情况下实现低成本。

此外，成熟行业的生产流程创新和产品设计同样重要，有利于降低成本，提高生产效率。同时在成熟期要注重客户的选择，重视和留住有利的客户。

4. 避免战略陷阱

（1）转变意识。企业在发展过程中不断树立自我形象及意识，如"我们居于质量领导地位"等，这种思想意识影响战略的制定。当行业成熟时，市场环境、竞争状况发生变化，原有企业对行业、竞争对手、客户、供应商等方面的分析判断可能不再正确，企业要重新认识评价包括自身在内的行业环境。

（2）合理投入，避免现金陷阱。在成熟、增长缓慢的行业内为创造市场地位投入现金是冒风险的。行业成熟不利于长期提高或保持利润，使流入现金不能补偿现金流出而回收现金投资。因此成熟行业现金投入成功的机会很小。另外，在成熟行业应注重获利能力而不是总收入。

（3）注重长远利益。行业向成熟阶段转化时发展缓慢，企业面临较大的利润压力，这是一个行业发展过程中的必然阶段。有些企业为保持已有的获利能力放弃市场份额或减少市场营销、研发活动和其他方面的投入，影响了企业长期的竞争能力和市场地位。

（4）树立正确的质量观念。追求高质量是企业的目标之一，但在成熟行业顾客可能会在熟悉的市场中选择有质量差异但价格更低的产品，企业应注意这种需求的变化，适应市场在价格、营销方面竞争方式的改变，不是盲目地追求高质量，而是积极参与竞争，以合适的产品质量、低成本获得竞争地位。

（5）正确对待过剩生产能力。行业发展初期过量的投入造成成熟期生产能力过剩。此时企业面临的压力是如何发挥其作用，不能使之闲置。而过剩生产能力的使用可能使企业再加大投入，因此最佳的战略措施是削减过剩生产能力或将其出售。

四、衰退行业的竞争战略

在产品生命周期中，衰退阶段的特征是：市场销售量降低、产品种类减少、研发和广告费用降低及竞争者减少。产品和市场衰退使行业衰退，衰退行业是指在持续的一段时间内产品的销量绝对下降的行业。这种衰退可能是缓慢的，也可能是迅速的。针对衰退行业一般的战略思想是：不要在增长缓慢或负增长的、不利的市场投资，而应从中抽取现金。实际上此阶段行业环境使企业的战略选择较复杂，不同行业、不同企业有不同的竞争战略。

（一）衰退行业环境

1. 需求状况

（1）市场需求量的变化具有不确定性。企业无法确定其发展趋势，而且不同企业对需求的变化认识也不相同。企业在行业中的位置和它的退出壁垒影响其对行业需求下降可能性的认识。有些企业预计市场需求将回升或平稳而继续坚持，在销售量下降的情况下努力保持现有地位。如果大部分企业都确信市场需求肯定会继续下降，企业从行业撤出的速度将加快。

（2）市场剩余需求的购买力结构。当需求下降时，剩余需求购买力的性质对于决定剩余竞争者的盈利起着重要的作用。一般情况下，如果剩余需求来自对价格不敏感的客户和一些砍价能力不强的客户，则为剩余竞争者提高获利能力提供了条件。另外，最终竞争的盈利性也将依赖于剩余需求对替代产品和有实力的供应商的敏感程度，也依赖于移动壁垒，因为它使服务于剩余细分市场的企业免于受到那些从失去的市场中寻找出路的企业的攻击。

2. 退出壁垒

任何衰退行业都存在退出壁垒，它直接影响着企业的战略选择。退出壁垒使企业在衰退行业里继续竞争，即使只能从投资中获得低于正常标准的收益。

3. 竞争的不稳定性

衰退行业的需求状况使竞争更加激烈，集中体现为价格战。其决定因素有许多方面，如固定成本很高；企业被行业退出壁垒束缚；企业意识到在行业中保留位置的重要性；剩余企业的实力较为平均，少数企业不可能轻易取胜；企业对相对竞争力没有把握；企业成为供应商的次要客户；分销商力量加强，等等。

（二）衰退行业的战略选择

1. 衰退行业的战略

（1）领导战略，即在市场份额方面争取领导地位。其目标是从衰退行业中获利，这种行业结构特点是使剩余企业有潜力获取超出平均水平的利润，而且可以实现在竞争者中占有领导地位。

（2）局部领导战略，即创造或捍卫在某一特定细分市场中的优势地位。这种细分市场不但将保持稳定需求或缓慢下降，而且拥有结构特色，能带来高收益。

（3）收割战略，即实施有控制的撤出投资，从优势中获利。采用收割战略，企业会力图优化业务现金流，取消或大幅度削减新的投资，减少设备投资，在后续销售中从业务拥有的任何残留优势上谋取利益，以提高价格或从过去的商誉中获利。收割战略的前提是过去存在企业能赖以生存的真正优势，同时衰退阶段的行业环境不至于恶化为战争，如果不具备任何优势，提高价格、降低质量、减少广告将使销售下降。从管理角度来看，此战略是最有利的。

（4）撤资战略，即在衰退行业中尽早清算投资。前提是企业只有在衰退早期出售业务才能使净投资的回收最大化，而不是实施收割战略后再采用其他战略。因为出售越早，需求是否随后下降的不确定性越大，资产的其他市场未饱和的可能性也就越大。

2. 战略选择

衰退行业企业选择战略的关键问题是将企业的相对地位与留在行业中的价值相匹配。如表 5-1 所示。

表 5-1　企业在衰退行业中的战略选择

企业相对竞争地位　＼　留在行业中的价值	在剩余需求上有对竞争对手的相对优势	在剩余需求上没有对竞争对手的相对优势
行业结构有利于衰退	领导或局部领导战略	收割或迅速撤资战略
行业结构不利于衰退	局部领导或收割战略	迅速撤资战略

（1）当行业具有低不确定性和低退出壁垒时，拥有优势的企业可以寻求领导地位或捍卫局部领导地位，这取决于在绝大部分剩余市场上竞争或是选择一两个特定细分市场哪一个在结构上更有价值。而不具有优势的企业则应该采用收割或迅速撤资战略。

（2）当行业具有高不确定性时，企业面临高退出壁垒和竞争环境的不稳定性，此时如果企业有很强的优势地位，可以选择收缩战略保护局部市场，或运用收割战略从优势中获利。如果企业不具有相对优势，最好尽快退出。

3. 避免陷阱

（1）确认衰退。企业应客观分析行业发展的趋势，认识到行业环境的不确定性及行业的衰退，使企业能针对衰退行业的特点采用合适的战略。

（2）避免消耗战。不要与具有高退出壁垒的竞争对手竞争，这种竞争对手被迫对变化做出反应，而且没有足够的投资它们无法取得应有的地位。

（3）合理地采用收割战略。只有当行业结构对衰退阶段极为有利时，具有明显优势的企业才可以采用收割战略。

第三节 同一行业不同竞争地位的竞争战略

除了零散行业，一般一个行业内都会存在行业领导企业、中游企业和弱小企业，其规模、经营状况、竞争优势及市场竞争力决定了其在行业中的竞争地位。显然不同竞争地位的企业应依据自身特点选择竞争战略。

一、行业领导者的竞争战略

行业领导者已取得市场地位与竞争优势，但仍然面临众多竞争对手（特别是资源能力强的企业）的挑战。因此行业领导者要依据环境状况进一步采取合适的竞争战略，防止竞争对手的攻击，否则虽然在行业中取得了竞争地位，如果不继续采取一系列进攻性和防御性战略措施来加大市场份额，巩固已有地位，公司的市场地位就会被侵蚀和削弱。

（一）进攻战略

行业领导者进攻战略的目的是保持公司的竞争优势，加强竞争地位。因此其进攻战略的实质是无情地追求不断的改进和革新。率先推出新产品、更好的性能特色、质量的提高、改善顾客服务以及降低成本的方式不仅可以帮助一家行业领导者避免自满，而且可以使竞争对手的产品和生产工艺过时，始终处于被动的防守位置。同时还包括扩大整个行业需求的战略措施，如为公司的新产品发现新的用途，吸引产品的新用户，促进用户更加频繁地使用产品；在竞争对手的核心地区新建大型的生产工厂，扩大产品线等。保持竞争优势的最佳战略选择是低成本或差异化战略。积极追求成本降低或者不断采取新的措施开发有特色的产品，使自己的产品同竞争对手的品牌相区别，从而成为竞争对手判断的标准，或者开发出独特的竞争能力，如更好的技术诀窍，迅速对变化的顾客需求做出反应的灵敏性。

如果一个行业领导者在市场份额所占据的统治地位还不足以给公司带来政府采取反托拉斯行动的威胁，则行业领导者所采取的进攻战略就意味着竭尽全力做到公司的成长率比整个行业的增长率要快，并且从竞争对手手中夺取市场份额。如果行业领导者的增长率低于行业平均水平，则它就会把自己的地位让给竞争对手。

（二）防御战略

行业领导者采用防御战略的目的在于牢牢保持现有的市场份额，加强现有的市场地位，保护公司所拥有的一切竞争优势。在一个行业中，竞争对手既可以是行业的新进入者，也可以是寻求改善现有地位的既有公司。防御性战略的目的是降低被攻击的风险，减弱任何已有竞争性行动所产生的影响，提高新公司进入难度，捍卫公司最有价值的资源和能力不被模仿。

1. 采取一系列战略措施保护竞争地位

（1）提高广告费用，提高顾客服务质量，增加研究与开发费用，从而尽量提高挑战者和新进入者的赌注。

（2）扩大产品生产线，推出更多的产品型号或者模型与挑战者已有或将要有的特色相匹配，或者弥补竞争对手可能忽略的市场点。

（3）增加个性化的服务以及其他能够提高顾客忠诚度的项目，并且使产品和服务的价格合理，提供顾客满意的质量，以及给用户提供免费或低成本的培训，使顾客转向竞争对手的产品难度增大，成本增加。

（4）投入足够的资本保持成本优势和技术进步。超前于市场需求建立新的供应能力，阻碍比较小的竞争厂商增加生产能力。

（5）同最好的供应商、分销商和特约经销商签订独占性合同，增加竞争对手获取同等质量零部件的难度；提高提供给特约经销商和分销商的融资服务，避免和那些同样服务于竞争对手的供应商打交道。

（6）在管理程序方面对竞争对手的产品或者惯例提出挑战。

（7）提高公司资源资产和能力的灵活性，使公司适应新的发展态势的敏捷性比竞争对手相应的敏捷性要强。

2. 采取一些措施阻止竞争对手采取进攻行为

（1）公开宣告公司的管理层将维持公司现有的市场份额。

（2）公开宣告公司计划兴建足够的生产能力来满足而且可能会超过行业容量的预计增长。

（3）提前发布有关新产品、技术突破以及计划推出的重要新品牌或模型的有关信息。其中，公司计划推出重要的新品牌或模型的目的在于，希望挑战者会将它们的行动推迟到它们看到这些被宣告的行动是否真的发生为止。

（4）公开宣告公司将执行能够与竞争对手的条件或价格相匹配的政策。

（5）保持一定的"战争储备"性现金和可转换债券。

（6）偶尔对弱小的竞争对手所采取的行动予以强烈的反击，从而提高公司坚强的防卫者形象。

采取防御战略的条件是，公司已经获得了行业的统治地位，同时也不希望冒政府采取反托拉斯行动的风险。另外，行业的成长前景很小，或者进一步扩大市场份额无利可图，不值得追求。

要保证防御战略的成功，公司必须尽可能在任何情况下取得与行业一致的增长率，避免市场份额的下滑，而且要求在业务中投入足够的资金以保护行业领导者的竞争能力。

二、一般公司的竞争战略

一般公司是指在一个行业中竞争力位于领导者之后居于中游的企业，其市场份额比行业领导者小，也称二流公司。其中一些公司是未来的市场挑战者，努力实施进攻性的战略夺取市场份额以建立强大的市场地位。其余的公司则满足于现有的状况，愿意保持现有的市场地位。我们根据两种行业特征分析竞争战略。

（一）具有规模经济的行业的竞争战略

如果一个行业具有规模经济，规模大就能降低单位成本，给占有大市场份额的企业带来竞争优势。处于此行业中的企业则有两个战略选择：模仿进攻性行动获得销售额和市场份额（可以建立达到大型竞争企业所享有的规模经济所必需的产量）；从业务中撤退。大多数公司选择前者，具体采取以下战略措施：

（1）实施低成本战略。采取联合行动，降低成本同时降低价格。整合价

值链；更好地管理成本驱动因素，提高经营运作效率；同竞争对手合并或并购等。但是低成本战略的成功条件是行业的领导者作为低成本生产商的地位还不够强大。

（2）实施以下列因素为基础的差异化战略：质量、技术卓越性、更好的顾客服务、最优成本、革新。

在此类行业中，如果规模经济是成功的关键因素，则市场份额低的公司提高竞争地位存在一些障碍。一是在制造、分销或促销活动中获得经济性的可能性比较小；二是很难获得顾客的认知；三是不能大规模地提供大众媒体广告；四是在资金要求方面有困难。在这种情况下，公司可以通过以下措施建立竞争地位：①将力量集中在能产生竞争优势的细分市场上；②发展可能被顾客高度重视的专有技能；③率先推出新产品或更好的产品，建立产品领导者的形象；④使公司比变化慢的领导者更灵活，更具创新性、适应性。

（二）行业不具有规模经济的竞争战略

如果行业规模经济很小，则二流企业在战略选择上有更大的灵活性。

（1）空缺市场点战略。其实质是将公司的精力集中到行业领导者忽略的顾客或者产品领域。一个最理想的空缺市场点应该有足够的规模和范围为公司赢得利润，有一定的成长潜力，很适应公司自己的资源和能力，同时又不足以激起行业领导者的兴趣。

（2）专业战略。专业公司一般将竞争行动集中在一个细分市场上，某个产品、某项特定的终端使用、需求特殊的购买者，其目的在于通过产品的独特性、特殊目的产品方面所拥有的专业技能或者专业化的顾客服务而建立竞争优势。

（3）卓越产品战略。此战略的基础是卓越的产品质量或者独特的属性。公司选择的消费群体是对质量敏感和以性能为导向的购买者。精湛的技艺、卓越的质量、频繁的产品革新、同顾客签订紧密的合同以吸引他们参与公司开发更好的产品，是此战略实施成功的关键。

（4）跟随者战略。此战略的策略是特意不去模仿领导者的战略行动，也不积极从领导者手中争夺顾客，而是采用不至于激起报复行动的策略，常常采用聚焦和差异化战略而不入领导者主流。公司往往只是做出被动反应而不去模仿和进行挑战。它们更喜欢防御而不是进攻。公司有意识地将其能力集中于特定顾客群的特定产品用途上，集中于研究与开发上，集中于利润而不是市场份额上，以及集中于谨慎而有效的管理，从而保持已有的竞争地位。

（5）购并战略。与更小的公司并购组建一个有更大竞争强势和市场份额的公司，实现低成本快速成长，巩固和加强公司的地位。

（6）利用竞争对手弱点的战略。①在竞争者市场份额很弱或竞争力量少的区域集中自己的竞争力量；②特别关注对手不能提供更好的服务的消费群体；③努力争取其产品质量、特色或产品性能滞后的竞争对手的顾客，转向自己的品牌；④以强大攻势进攻其广告及品牌认知度很弱的竞争对手。

（7）特异形象战略。制定战略措施使公司形象突出于竞争对手。如创造价格最低的声誉，设计独特的产品属性，在新产品推出方面成为领导者，设计独特的创造性广告等。

（三）挑战对象的选择

要取得竞争战略的成功，必须选择合适的进攻目标。企业可以选择下列挑战对象：

（1）弱化的市场领导者。其特点是：消费者不满意，产品线不如其他竞争者，竞争战略缺乏以成本领导地位或者差异化为基础的强势，对自己曾经首创的现已老化的技术不愿放弃，落后的设备，过度多元化，盈利水平一般或下降。挑战行业领导者的结果有三种：一是如果公司能改造其价值链或革新获得低成本或差异化的竞争优势，则有希望夺取市场领导者的地位，成为新的行业领导者；二是可能只从行业领导者手中获得一部分市场销量，成为强大的行业亚军；三是投入了大量的资源，最终一无所获。

（2）同等地位的竞争者。如果挑战者在资源和竞争能力方面具有比其他二流公司较强的优势，则可将其作为进攻的目标。

（3）经营困难的公司。挑战步履艰难的竞争对手，使它们进一步丧失财物力量和竞争地位，加速衰退。

（4）小型公司。这些公司资源、技能有限，挑战公司能够夺取其最大最好的客户。

三、弱小公司的竞争战略

竞争地位薄弱或经营困难的小公司根据不同状况有四种战略选择：进攻性的转变战略、防御战略、购并战略、收尾战略。防御战略是竭尽全力保持现有水平的销售额、市场份额、盈利水平及竞争地位。购并战略实质是放弃战略，其方式是把公司卖给其他公司。四种战略中转变战略与收尾战略相对较复杂，选择时需要考虑分析各方面因素。

（一）转变战略

如果公司有一定的资源条件，当公司业务陷入危机时，可以采取转变战略，尽可能快地遏止和逆转公司的竞争和财务劣势。首先，分析造成危机的根源。公司经营不良的主要原因有：债务过重，对市场发展估计过于乐观，忽略了通过降价来提高市场份额而导致对利润的影响，由于不能充分利用生产能力而导致固定费用过高，投入大量资金用于研究与开发以提高竞争地位和盈利能力却无成果，对公司进入新市场的努力估计过于乐观，频繁变动战略等。转变战略可以采取以下方式实现：

（1）改变战略。如果由于战略失误引起公司衰退，则需重新分析制定战略。根据行业环境，公司的资源强势和弱势，竞争能力及危机的严重程度，具体可采取以下策略：一是转向一个新的竞争途径，重新建立公司的市场地位；二是彻底检查企业内部活动、资源能力、职能战略，以便更好地支持原来的业务战略；三是与同行业公司合并，制定新战略；四是实施收缩战略，关闭工厂，减少人员，减少产品和顾客，更加紧密地与公司资源能力相匹配。

（2）提高销售收入。当公司面临以下状况时必须采取措施提高收入：一是在业务活动中，削减费用同时又确保盈利的余地很小或没有余地；二是恢复盈利水平的关键是提高对现有生产能力的利用，提高收入的手段有削价、加大促销力度、扩大销售队伍、增强顾客服务、加快产品更新等，如果因为产品差异化而使顾客对价格不是特别敏感，则提高短期收入的最快途径是提高价格而不是降价。

（3）削减成本。主要措施包括削减管理费用，清除非关键和低附加值的活动，对现有的设备实现现代化以提高生产效率，推迟非关键性资本支出，进行债务重组，减少利息成本和延长偿付期等。此战略适合以下状况：不景气公司的价值链和成本结构有着足够的灵活性，允许进行大的手术；公司可以确定并矫正经营运作的缺陷；公司的成本明显过高，成本节约空间很大；公司相对比较接近平衡点。

（4）变卖资产。如果现金流很关键，可以变卖公司一部分资产或缩小规模，遏止现金的流失以支持和加强其他业务活动。

（二）收尾战略

收尾战略是一个渐渐退出所在行业的战略，它处于维持现有状况和尽快退出该行业之间的一种状态。它以牺牲市场地位获取更大的近期现金流或利润，其根本财务目标是收回尽可能大的现金流以便用于开拓其他业务。

（1）收尾战略的实施。经营预算削减到最低程度；在原来业务中的再投资降低到最低程度；采取一定的措施尽量延长现有设备的寿命；慢慢提高价格，渐渐降低促销费用；不明显地降低产品质量，减少非关键性的服务，等等，使原来业务逐渐萎缩。

（2）收尾战略的适用条件。行业长期前景没有吸引力；搞活原来业务的成本和代价很大，或者获得很薄的利润；维持或保护公司的市场份额所付出的代价上升；竞争上的松懈不会导致销售很快和直接下降；公司可将回收的资源投入到回报更高的机会中去；对于多元化公司，原来的业务不是其整体业务组合线的关键或核心部分；对于多元化公司，原来的业务并没有给公司的业务组合做出独特的贡献。

思考题

1. 举出实例，说明成本领先战略、差异化战略和集中化战略的实施途径、适用条件及各自的风险。

2. 论述企业能否同时追求成本领先和差异化两种竞争战略。

3. 基本竞争战略与"战略钟"有什么联系？

4. 试述零散行业战略选择的基点与途径。

5. 结合你熟悉的一个高科技产业，说明新兴行业的结构特征，并指出战略选择时要做好哪些工作。

6. 成熟行业的结构特征如何？企业可以采取哪些战略行动？应注意哪些问题？

7. 可供衰退行业中企业选择的战略有哪些？你认为应如何选择？

8. 分析你熟悉的一个行业，找出领导公司、一般公司和弱小公司，评价它们正在实施的战略。

网络练习

利用互联网了解阿里巴巴公司的发展历史，分析其各个发展阶段竞争战略的特点。

第六章　国际化战略

学习目标

1. 企业国际化经营战略的背景
2. 国际经营环境的复杂性及分析方法
3. 企业国际化经营的动因
4. 企业国际化经营战略的类型
5. 直接出口的渠道及优缺点
6. 间接出口的渠道及优缺点
7. 合资的原因、形式
8. 企业进入国际市场的方式：贸易出口进入、合同进入和直接投资进入

开篇案例

联想挑战世界

"人类失去联想，世界将会怎样。"联想作为国内电脑企业的排头兵，1997年共销售电脑43.586万台，根据IDC最新市场报告，联想以10.9%的市场占有率在中国PC市场保持领先地位。

1997年12月3日，慧聪商情公布了"97十万观众评电脑"的评测结果，在消费者最喜爱的台式电脑评比中，联想第一。在消费者最喜爱的家用电脑评比中也是联想第一。

回顾1997年国内PC产业，人们发现，这一年来国有品牌PC队伍在迅速壮大，国有品牌整体层次有所提高，这对中国计算机产业的未来发展有十分重要的影响。

回顾1996年，当联想电脑首次在中国台式机市场抢占榜首的时候，人们还存有"优势能保持多久"的疑虑。现在这种疑虑变成了首肯，变成了希望。

目前，中国市场已越来越为世界看好，海外企业纷纷抢滩登陆，竞争日趋白热化。面对这凌厉的攻势，一些中国企业丢下原有旗帜与进攻者合作；一些中国企业经过一场厮杀后偃旗息鼓。历数市场上的中国品牌，已经所剩无几。然而，却另有一些中国企业挺起自己的脊梁，扬长避短，创造了堪与

西方企业一搏的中国新名牌。联想就是其中之一。

计算机行业，这一中国起步最晚的行业，却承受了最大的压力。无论IBM、康柏、柏德还是DEC，每一闯进中国市场的著名品牌后面均是世界一流的技术水平，富可敌国的经济实力和早已被全世界所熟悉的品牌优势，中国计算机企业怎样立足呢？

"对于联想能够参与这种高水平的战斗感到荣幸，但同时也感受到了巨大的压力。"联想人这样说道。

面对一个个形同巨人的跨国企业，联想凭什么来竞争？答案就是寻找优势、扬长避短，实现优势互补。

本土优势，是中国企业最大的优势。无论外国企业具有怎样的雄厚实力，但在中国都有一个难以化解的劣势，它们都是越境作战。

作为全球大板卡供应商之一的联想集团更重要的优势是对于中国国情的了解。如果把这种潜在的优势转化为市场优势，将在竞争中发挥巨大的作用。无论如何，联想是中国企业，在本土上总会得到各种形式的支持，而中国的许多事情确实也只能由中国企业来做。

这样，联想确定的策略就是做大公司不愿做或外国企业不能做，而小公司做不了的生意。很明显的两个例子就是，已经做成了板卡和正在做的系统集成。

板卡的利润在计算机系统中要大大低于CPU等部件，是许多西方大企业不愿生产的。因此板卡的产地多在东南亚。联想看准了机会，凭借技术优势，短短几年间已成为全球五大板卡供应商之一，占世界市场10%的份额。

系统集成是外国企业不能做的。联想已着手于国家税务、金融、公安等五个领域的系统集成工作。而这方面的利润预期要高出板卡许多。

迎接世界的挑战并不意味着封闭自己。完全依靠自己的力量，一点也不借助外力就过于狭隘了。在当今世界经济彼此渗透的情况下，不可能是由一个企业生产从CPU到机箱，从显示器到打印机的全套设备，即使是计算机行业的巨人们，这也是不可能的。借助外力是必要的，狭隘的观念只能导致失败。

联想集团从很早就在构建"你中有我，我中有你"的融会性经营格局。外国的资金能用的一定要用，外国的其他设备能用的也一定要用。

联想也代理销售外国产品，通过代理，学习国外的先进技术、先进经验，建立自己的营销渠道，而代理所获得的利润大部分又投入到联想品牌的发展中。实实在在地说，联想的民族工业大旗并不只是生产联想品牌产品的部门所扛起的，被许多人所不屑的外国公司代理部门为树立联想这一民族工业品

牌做出了巨大贡献。

几年前,计算机行业的信息从美国到香港要半年的时间,而从香港到北京又要花费三个月,所以,中国的计算机水平同世界总有着相当的差距,只靠自己闭门造车,是不可能与世界同步的。今日联想的研究开发机构已由北京到香港,一直延伸到世界计算机产业的心脏——美国硅谷。

融会性经营格局更主要地体现在市场上,像外国企业进入中国市场一样,联想也要走向世界。只是消极地在本土应战,而不作打出去的打算,最终势必连本土也无法保住。联想必须走向世界。

走向世界,谈何容易,需要克服各种各样的困难,战胜形形色色的敌人,而战胜敌人首先要战胜自己。

走向世界,竞争异常残酷,但也只有经历过这种风雨,才能锻炼出敏锐的洞察能力,判断市场前途,把握市场机会。1991 年 Intel 与 AMD 的一场厮杀,在世界计算机行业掀起狂波,一时间导致无数计算机公司倒闭,当时家底还并不是很丰厚的联想在混乱中亏空高达 1 700 万港币。但待到风平浪静后,联想所收获的并不仅仅是空出的市场份额,更是经验与教训,培养出在国际市场中灵敏的嗅觉。

走向世界,才体会到外国企业怎样竞争。不断调整自己,克服在中国旧体制下养成的种种毛病,以适应国际市场,这是联想感触最深的,也是花了最大力气而仍需继续努力的。在国际市场上,当企业生产已具有相当的水准时,也同时具有了相当的机会,能不能把握机会,占领市场,要看你是不是已经做好了准备,已战胜了自己。

在众多的中国品牌相继销声匿迹之时,联想却在不断壮大,不得不归功于其独特的战略思想:先国际化再产业化。

让我们看看联想的发展。

1989 年,联想生产的 QDI 品牌 286 微机主机板在德国世界计算机博览会上一亮相,一举得到了 20 多个国家的几千套订单。

1990 年,联想产品被美国同行称为"VGA"王。

1994 年,联想集团的板卡销量占世界的 10%。

1996 年,联想台式机在中国的销量首次超过了 IBM 和康柏,结束了美国人在中国电脑市场中的独霸时代。

当看到联想营业额中的 70% 左右来自海外时,面对来自海外的挑战而坐立不安的中国企业是否应该审视一下自己的经营与管理思想,从精神上、思想上,你是否已做好了迎接挑战的准备?你是否已经开始了跨出国门的构思或行动?

讨论题：

1. 联想"先国际化再产业化"的战略思想的生成原因有哪些？请具体说明。

2. 联想国际化经营战略的推进体现在哪些方面？采用了哪几种国际市场进入的模式？

3. 请就联想国际化经营战略的继续发展，提出具体建议并阐明理由。

资料来源：根据互联网资料和参考资料改写。

第一节　国际化经营的战略分析

一、国际化经营的目的

国际化经营是指在本国市场以外的市场销售公司的产品。实施国际化战略的主要原因是国际市场存在新的潜在的机会，在此基础上，公司以各种方式进入国际市场，争取全球竞争地位，取得竞争优势。

（1）扩大市场规模。在国外市场销售公司产品和服务，开辟新的市场，能提高收益，特别是那些处在有限增长的本国市场的公司，进入国际市场有更大的吸引力。

（2）充分发挥生产能力和尽快收回投资。对于大规模投资，包括工厂、设备和研发，为得到应有的投资回报，需要巨大的市场规模，因此大多数企业实行经营国际化，如科研密集型的飞机制造业。技术发展速度的加快，使新产品寿命周期缩短，另外，由于不同国家专利保护法各不相同，新产品被仿制的可能性增加，为此也必须尽快收回投资。

（3）规模效应和学习效应。企业国际市场扩张后，会使企业规模进一步扩大，有可能取得优化的规模效应，如汽车工业。国际市场也为企业转移核心竞争力提供了机会，它为跨越国界的资源和知识共享创造了条件。此外，不同的市场和不同的实践为跨国公司提供了很多学习机会，包括发达国家的企业也能从新兴市场的运行中学到新的东西。

（4）提高成本竞争力。在劳动力、原材料或技术费用比较低的国家建立生产工厂可以降低成本。如制衣、制表、电子产品等产业的企业将其部分工厂转移到国外，明显加强了成本优势。

（5）充分利用公司的能力和资源优势，在本国市场建立竞争地位的同时，

在国际市场上取得竞争优势，确立竞争地位。

（6）分散商业风险。公司通过在不同的国外市场上经营建立了广泛的市场基础，从而与完全依靠本国市场相比，分散了风险。

二、国际化战略考虑的因素

实施国际化战略要分析国内外市场的需求特点、发展趋势、销售渠道及竞争状况等，除此之外，还有三个独特的重要因素。

（一）国家之间的成本变动

工资率、劳动生产率、通货膨胀率、能源成本、税率及政府管理条例等方面往往会导致国家之间在制造成本方面的巨大差异。有些国家劳动力及土地等投入成本低，政府管理条例宽松，有独特的自然资源，因此具有制造成本优势，成为主要的生产基地，因而在全球市场就具有了竞争优势。国际竞争中另外一个影响制造成本的因素是制造份额，如在美国市场上日本品牌录像机销售份额不到40%，但是所有的制造都是由日本完成的，即所有零部件全部从日本制造商那里外购。因此，要成为低成本制造商，制造份额比市场份额更重要，必须拥有最大的制造份额才能获得低成本领导地位。

（二）外汇汇率的变动

外汇汇率的变动使区域性成本优势变得复杂。可能使一个国家的低成本优势完全抵消，也可能使原来成本很高的地方变成一个很有竞争力的地方。例如，美元坚挺会使美国公司积极向国外发展；相反，如美元贬值，外国市场的成本优势就会下降，甚至可能会促使外国的公司到美国设立生产工厂。

（三）各国贸易政策

政府制定各种政策和措施会影响到国际贸易以及在其国内市场上进行经营和运作的外国公司。政府可能设置进口关税和额度，对那些外国公司在国内生产的产品设置一些要求，对进口商品进行管制。另外，外国公司可能面临一系列有关技术标准、产品证书、投资项目的批准等事宜。有些国家还会给本国公司以补贴和低息贷款来帮助本国公司与外国公司展开竞争。

三、国家竞争优势的分析模型

企业在进行国际化经营时，需要分析自己的竞争优势。根据这样的需要，波特教授在1990年研究了10个国家100个行业成功和失败的原因，出版了《国家竞争优势》一书，提出了国家或地区的公司在全球范围内取得优势所需要的四个要素，即要素禀赋，需求状况，相关行业和支持行业，公司的战略、结构和竞争，如图6-1所示。

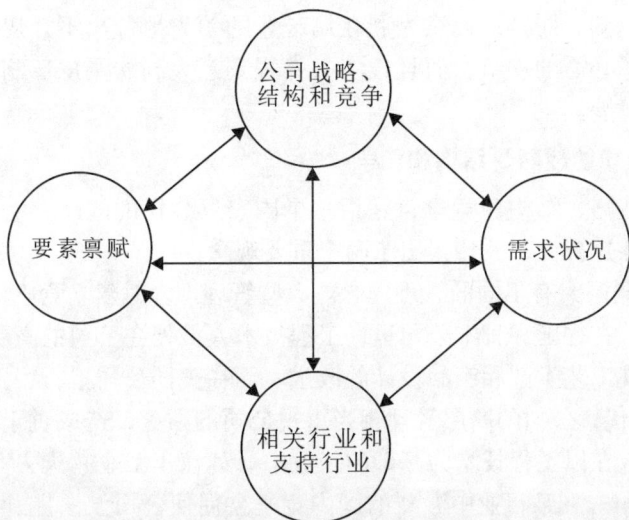

图6-1　国家竞争优势决定因素

（一）　要素禀赋

要素禀赋是指一个国家在生产要素所处的地位，包含基础要素（自然资源、地理位置、气候和人口等）以及高级要素（数字通信、掌握熟练的高技术的劳动力、科研设施和技术诀窍等）。基础要素和高级要素都能为一个国家提供竞争优势。例如，日本缺乏矿产等自然资源，但政府在高级要素上进行了大量投资，创造出高技术的新的资源，弥补了基础要素的不足，使得它在许多制造业领域里获得了竞争优势。

（二）　需求状况

需求状况是指国内市场对该行业的产品或服务的需求特点。如果一个国家的消费者精明而挑剔，则能对该国内的企业造成压力，促使产品质量的提升和创新，从而使得该国内的企业获得竞争优势。如日本公司制造了一个小型静音空调的细分市场，就是因为日本家庭的屋子通常较小且互相靠得很近。因此，需求状况也是构成竞争优势的一个来源。

（三）　相关行业和支持行业

相关行业和支持行业是指国内是否有具备国际竞争能力的供应者行业以

及相关的行业。以本国为基础的具有国际竞争能力的供应者行业可以以各种形式为下游产业创造竞争优势。例如，20世纪80年代中期以前，美国在半导体工业的领先地位为美国在个人计算机以及其他技术先进的电子产品的成功发展提供了基础。同样地，意大利在制鞋业的领先地位离不开皮革处理业为制鞋业提供了必需的皮革，而且很多人专程到意大利购买皮革制品也支持了分销渠道的发展。

（四）公司的战略、结构和竞争

公司的战略、结构和竞争，是指一个国家里公司的战略、组织结构以及竞争情况。在这方面，波特指出了两个重要观念：

（1）不同国家有不同的管理理念。有些管理理念对建立竞争优势有帮助，有些则没有。在德国和日本公司里，工程技术人员处在公司的高层领导位置，因而相当重视工艺生产和产品设计的改进。而在美国公司里，特别是在20世纪70、80年代，公司的高层管理相当重视公司的财务，造成过于强调短期收益，进而导致在以工程技术为基础的产业中（如汽车工业）失去竞争力。

（2）竞争。在某行业中激烈的国内竞争会促使公司设法提升自身的生产效率，也因此能增强公司的竞争力。

这四个决定因素构成了一个分析国家竞争优势的模型框架（见图6-1），各因素彼此之间互相影响，并决定了某个行业在国家中的国际竞争地位。在国家竞争力的分析中，企业还要注意政府的政策与偶发的重大事件会对这个模型产生影响。

第二节　企业进入国际市场的方式

企业的目标市场选定之后，就必须确定进入该国市场的最佳方式。可供选择的方式有多种，主要分为贸易出口进入、合同进入和直接投资进入三大类。

一、贸易出口进入方式

贸易出口分为间接出口、直接出口和补偿贸易等三类。企业类型不同、规模不同、实力不同，往往选择不同的出口方式，并且随着企业的发展，实现由间接出口向直接出口方式的转变。

（一）间接出口

间接出口是指企业通过设在本国的各种外贸机构或国外企业设在本国的分支机构出口自己的产品和服务。间接出口的特点是经营国际化与企业国际化相分离。也就是说，企业的产品走出了国界，但企业生产经营活动却几乎完全是在国内进行的，并不参与自己出口产品的国际营销活动。

在间接出口时，企业能够选择的销售渠道一般有以下几种：

（1）通过国外公司、机构驻本国的采购处、分公司、分支机构销售，将企业的商品出口到它们的国家或其他国家。

（2）通过大型贸易公司出口。与通过某一特定跨国公司分部出口自己的产品相比，大型贸易公司覆盖面很广，企业可以渗透更大的市场。不足的是，大型贸易公司可能会同时经营几家互相竞争的产品，不能对企业提供很好的服务，提供的目标市场的信息既不完全也不直观，难以保证企业产品的大量营销。同时，企业的谈判地位也较弱。

（3）通过出口管理公司出口。出口管理公司是一种专门为生产企业从事出口贸易的企业，它与专业性国际贸易公司的区别主要在于其业务是以代理的形式进行。它们通常以生产厂家的名义，代表生产厂家向目标国家的中间商和用户推销产品。与通过大型贸易公司的形式相比，企业采用这种方式，可以对价格和营销方式有一定程度的控制权。对于人手和资金都不足的中小企业来说，通过出口管理公司出口，等于企业设立了一个"出口业务处"。如果选择得当，企业可以利用出口管理公司现成的销售渠道，更快地渗透到国外市场。但是，出口管理公司的经营越是成功，则越有可能被企业的直接出口所取代。因为随着出口数量的上升，利用中间商的经济效率相对下降，企业就会在其产品成功地打入国外市场后，开始考虑自行出口。

（4）利用已具有外贸自主经营权的出口企业已经建立的国外渠道和经营能力出口，即"搭便车"出口。一个企业承担全部海外营销活动，称为"车头"企业；另一个则称为"拖车"企业。对"车头"企业来说，拉"拖车"可以填补其产品缺口，丰富其可供产品种类和花色品种，方便海外客户，增强自身整体竞争能力，或交叉弥补"淡旺季"的渠道不足的现象。对于依靠"车头"企业出口的"拖车"企业来说，搭便车的方式提供了现成的出口渠道，而且"车头"企业与"拖车"企业的产品之间往往具有互补性，对双方扩大销售、降低流通费用都有好处。但是，"拖车"企业也要注意不要因此而忽略了建设自身的出口能力，结果影响了企业的长期发展。

间接出口有两个好处。首先，这种方法所需的投资较少，可以使企业在

不增加固定投资的前提下开展国际业务；其次，它所承担的风险较小，企业充分利用其他企业的专有知识、经验和资源，能够少犯错误。

但是，间接出口方式也有一些缺点。一是出口利润的一部分为中间商获得，降低了企业的出口效益；二是中间商往往对企业的生产情况和商品生产工艺、技术特征了解不深刻，这给营销活动带来困难；三是企业不能迅速准确地掌握国际市场信息，不能获取国际经营经验，很难树立企业在国际市场上的形象和信誉。所以，它通常是企业在进入国际市场初期所常用的方法。

（二）直接出口

直接出口，是指企业不通过中间机构，把生产的产品直接卖给国外的客户或最终客户。直接出口的形式有以下几种：

（1）国内出口部。由一名销售经理和几名工作人员一起经营产品的对外销售并根据需要寻求在市场工作中的援助。随着出口业务发展的需要，这个机构逐步发展成企业所属的自营出口部门，专门从事国际营销活动，并有可能发展为一个独立的利润中心。

（2）公司驻外办事处。这种机构直接负责本公司产品的销售，并收集市场信息，提供维修服务。海外办事处一般都设在市场潜力较大，并有希望向更高经营阶段过渡的国家和地区。

（3）国外销售子公司。它与驻外办事处在职能上相似，两者的区别在于，国外销售子公司在法律上和税收方面具有相对独立性，企业能更深入地介入国际化经营活动。

（4）直接卖给最终客户。这种方式适合于大型设备或专有技术的出口，如大型成套电力设备、高技术产品等。

（5）外国的经销商或代理商。外国的经销商购买产品，并拥有这些产品；外国的代理商则代表公司销售商品。它们可以被授予在那个国家代表制造厂商的独家经（代）销权，或一般经（代）销权。

直接出口与间接出口相比，使企业进一步掌握了主动权和对市场的控制权。企业能够直接掌握国际市场的需求状况、发展动态，对市场变化能做出迅速的反应；另外，直接销售产品可以加强品牌的市场渗透，提高企业在国际市场的知名度和信誉，潜在的收益也会大些。

这种方式要求企业有自己的国际营销体系，有专门管理部门，投资较大，企业需要承担较间接出口更大的风险。

总的来讲，企业选择出口进入方式进入国际市场风险较小。但当出口数量较大，同时出口采用的主要竞争方式是价格竞争时，会引起进口国的配额控制约束或反倾销抵制。

（三）补偿贸易

补偿贸易是一种与信贷相结合的贸易形式。买方以信贷的方式，从卖方进口设备和技术，然后用产品或劳务予以偿还。通过这种贸易方式，买方可以利用外资和技术发展本国经济；卖方则可以突破进口国外汇支付能力的限制，扩大商品和技术出口。补偿贸易主要有以下几种形式：

（1）产品返销，即买方用从卖方进口的设备或技术制造出来的产品来抵付进口贷款。这是最典型的补偿贸易，进口方都愿意用直接产品偿付全部设备或技术价款。

（2）互购方式，即设备技术出口一方，必须在一定时期内向对方购买一定数量的其他产品来补偿其出口货款。

（3）部分补偿，即买方对进口的技术和设备，部分用产品补偿，部分用货币偿还。补偿的产品可以是直接产品，也可以是间接产品；偿还的货币可以是现汇，也可以用贷款在后期偿还。

（4）第三国补偿贸易，即在国际补偿贸易活动中，进出口双方不直接发生联系，由国际中间代理商从中周旋。增加一个环节，能够使谈判双方减少冲突或僵持局面，更便于讨价还价，各抒己见。贷款的渠道和偿还的方式灵活多样，虽然要多付佣金，但是能够尽快地促使双方达成协议，还可以进一步扩大补偿范围。

我国企业在进行对外贸易时，往往需要引进外国的技术、设备，进行企业技术改造和扩大生产规模，如果能采用补偿贸易的形式，在引进国外先进设备和技术的同时，还能带动本企业产品出口，则是一举两得的事情。当然，我国企业也可用这种方法扩大自己产品和技术的出口。

二、合同进入方式

合同进入方式是一个国际化经营的企业与目标市场的企业之间在转让技术、工艺等方面订立的长期的、自始至终的、非投资性的合作合同。该方式与贸易出口进入方式的主要区别是：企业主要输出的是技术、工艺、品牌和管理等，它可能会开辟产品出口的机会。合同进入方式主要有以下几种：

1. 许可证贸易

许可证贸易指授权人（许证方）与受权人（受证方）签订合同，提供专有技术或工业产权，并收取相应的费用和报酬。授权的内容有专利使用权、专有技术的使用权、商标使用权等。许可的方式有独占许可、排他许可、普通许可、可转售许可等。这种方式一般适合中小企业，大企业也可用于市场测试或占领次要市场。

许证方不用冒太大的风险就能打入国外市场；受证方不必完全从零开始，就能获得成熟的生产技术、生产名牌的产品或使用名牌的商标。嘉宝公司的婴儿食品打入日本市场靠的就是许可证协议；可口可乐公司的国际营销就是在世界各地以许可证协议形式设立装瓶厂，由可口可乐公司供应生产可口可乐所需的糖浆。

许可证贸易与直接对外投资相比经营风险小，许多新兴国际公司或资金不足、缺乏经验的公司通过此种方式进入国际市场和实现国际市场的扩张。另外能有效地保护专利和商标，带动产品的出口，提高许证方在当地国家市场的知名度。许可证方式也存在一些潜在的不利因素，主要是对被许可方控制程度低，不如自己设厂。如果受证方经营得很成功，许证方就会丧失唾手可得的利润，一旦合同期满或中止，它就会发现新添了一个自己"培养"的竞争对手。为了避免这些危险的后果，许证方应该与受证方建立一个互利的合作关系，其关键是许证方要不断地进行革新和严格地保密，使受证方产生对许证方技术的依赖。

2. 特许经营

特许经营是由特许授予人准许被授予人使用它的企业商号、注册商标、经营管理制度与推销方法等从事企业经营活动的经营方式。这是商业和服务业中跨国公司经常采用的一种方式，如麦当劳。在这种方式中，总店都是在顾客中享有较高声誉的企业。营销总店对营销分店以有效协助并进行监督与控制，营销分店给总店支付一定的费用。特许经营和许可证贸易有类似之处，但在动因、提供的服务和有效期限等方面是不同的。在特许经营中，除了转让企业商号、注册商标和技术外，特许授予人还要在组织、市场及管理等方面帮助被授予人，以使专营能持续下去。

3. 合作生产

企业与国外制造商签订合同，由对方生产产品，本企业主要负责产品销售，一般是将产品销往制造商所在国家的市场或其他地区。为了使制造商生产的产品达到规定标准，企业一般要向其转让技术和提供技术帮助。合作生产的优势在于：需要较少的资金和管理资源的投入，可以很快地进入目标市场，避开有关政策的限制，企业可以对销售过程和售后服务实行控制；如果具有成本优势，则可以提高企业产品的竞争能力。合作生产的缺点在于：对生产过程的控制力很小，改善产品所取得的利益完全归制造商。

4. 管理合同

管理合同是指向国外企业提供管理经验、情报信息、专门技术知识的合同，即企业输出管理经验与劳务，其范围只局限于企业的日常运营。通过管理合同进入国际市场风险最小，但如果提供经营管理经验和知识的企业，能在其他方面更有效地利用这种经营能力，或者单独经营可以取得更多的利润，则缔结这种合同就不是最佳选择。

5. 建筑或交钥匙工程合同

这种合同形式把标准的建筑工程合同向前推进了一步，它要求承建人在将国外项目交给其业主之前，应使其达到能够运行的程度。甚至在建筑工程全部完工后，为了帮助业主进行项目的准备，承建人有责任提供诸如管理和操作培训一类的服务。这种安排有时被称为"交钥匙附加承包"。

三、直接投资进入方式

直接投资进入方式是指企业通过在国外投资设立子公司的方式进入目标市场。直接投资是国际化经营的高级形式，但风险较大，灵活性差，管理难度大。根据企业拥有子公司股权的多少可分为四种：①全资子公司，即拥有子公司的全部股份；②控股子公司，即拥有子公司控制性的股权，这种股权可以是绝对控股（拥有51%以上的股份），也可以是相对控股（持股比例不到50%，但可对子公司的经营决策发生实质性的影响）；③对等拥有，即企业与另一企业各拥有子公司50%的股份；④参股子公司，即对子公司持股比例较低，且对其经营活动不能有控制性影响。后三种都可以称为合资经营。

（一）全资子公司（独资经营）

母公司拥有子公司全部股权和经营管理权、全部利润获取权。它是直接投资方式中母公司控制程度最大的一种形式。这种独资经营可以摆脱合资经营在利益、目标等方面的冲突，使子公司战略与母公司总体战略融为一体，有利于建立与实施公司文化。缺点主要是投资大、风险大，及存在与当地国家政府、企业的合作协调等问题。

（二）合资经营

合资经营可以减少国际化扩张的投入，可以利用合资方国家的各种资源，如生产、管理、市场营销能力及融资渠道、信誉公共关系网络等。存在的问题是由于多方合资，在定价、利润分配、生产、销售等许多方面会产生冲突。

合资企业的建立可能是出于经济上或政治上的需要。当地的企业可能缺少资金、物质资源或管理力量，不能单独经营一个企业；或者外国政府要求

建立合资企业作为进入该国市场的交换条件。

如果国际化经营的公司能投资组建控股子公司，则能用与管理全资子公司相近的方式来管理控股子公司，能最大限度地利用合资经营的优点，而减少它的负面影响。但是，如果企业的实力不够强，或外国政府及企业对股权的要求比较强硬，则只能接受参股经营的方式。

四、国际化进程

许多公司都明显偏好某一种进入国际市场的方式。有的公司可能选择出口，因为这样风险较小。有的公司可能倾向于许可证贸易，因为这是盈利的简便方法。有的公司则可能喜欢在国外建立全资子公司，因为它想要完全控制投资，而不必满足合作伙伴的需要。但是，大多数聪明的企业都是同时采用几种不同的方式进入国际市场的。

约翰逊及其助手对瑞典公司的国际化进程进行了研究。他们认为国际化是由于一系列发展的决策在公司内部人员中引起的态度的转变，这将使人们对未来贸易有所了解，并能增强信心。他们认为公司要通过四个阶段才能取得国际化进程：①没有规律的出口活动；②出口通过独立的代理商；③建立一个或若干个分销子公司；④在国外投资建厂。

第一个任务是如何使公司从第一阶段发展到第二阶段。这就要研究何种类型的公司已经开始经营出口，以及它们是怎样作出第一项出口决定的，这样才能解决问题。大多数公司通过与独立代理商合作，办理第一批出口业务，通常是向心理距离较近的国家出口，即进入市场的心理障碍小。如果初战告捷，公司就会雇用更多的代理商向其他国家扩展。过一段时间后，公司会成立出口部处理其与代理商的关系。然后，公司发现某些出口市场很大，最好由本公司的销售人员直接经营这些市场，它们就在这些国家成立分销子公司以代替代理商。这样就增加了它们的义务和风险，但也增加了利润潜量。它们为了管理这些分销子公司，又成立国际营销部以取代出口部。如果某些市场继续稳定发展，或者东道国坚持在当地生产，公司就采取下一个步骤，在当地建厂生产。这意味着投入的资金和利润潜量均有所增加。到此，这个公司作为多国公司的经营发展顺利，应重新考虑如何用最佳方法组织和管理其全球业务。

五、选择进入国际市场方式应考虑的因素

（1）公司自身条件。一是资源条件及目前经营状况与目标，如市场占有

率、销售量、市场开发能力等；二是公司的产品特性及所需的技术和设备。

（2）公司国际化战略的目标及国际市场环境与条件。如决定采取独资形式在某个国家建立公司，但未被许可；准备经由国际贸易公司出口，但该公司却不熟悉目标市场。因此公司要根据国际市场的特点和公司的战略目标选择拓展方式。

（3）国际化经营的控制程度及盈利目标。采取间接出口方式的公司对产品销售、服务等没有控制能力，国外直接投资对独资经营有高度的控制力量，因此公司首先要确定准备达到何种控制程度，再选择进入方式。另外，每种进入方式的盈利水平不同，公司要考虑其盈利能力与公司的利润目标。

（4）投资与人才需求。各种方式所需投资差别很大，对人才需求也不相同。直接进入国际市场需要大量投资，需要具有国际经营能力和经验的人才，这两方面是公司开拓国际市场的重要因素。

另外，还包括国际市场竞争对手的状况，目标国家市场的政治、经济、法律、政策环境，以及汇率变动可能给公司带来的风险等。

第三节　国际化战略

企业根据对国家竞争优势的判断，以及所要采取的市场进入模型，可以选择国际化经营战略。国际化经营有三种类型（见图 6 - 2）。在成本压力与市场压力这两个条件的约束下，企业可以根据发展的需要选择自己的国际化战略。

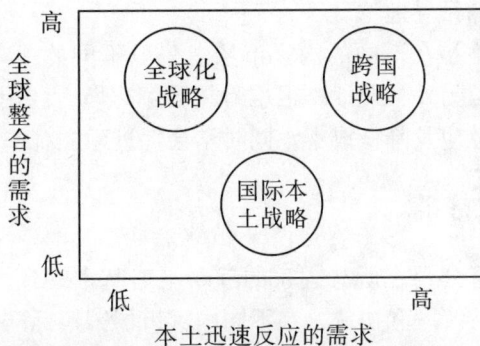

图 6 -2　国际化战略的选择

一、国际本土战略

国际本土战略是以国家界限划分市场，注重每个国家内的竞争，一个国家市场上的竞争同另一个国家市场上的竞争相互独立，以每个国家作为一个战略业务单元来制定战略。

（一）国际本土战略的特征

国际本土战略的依据是多国竞争。不同国家的消费者需求特点各不相同，国家之间的竞争是相互独立的，公司在一个国家的声誉、顾客群和竞争地位对它在另一个国家的竞争能力、效果不会产生太大的影响甚至不会产生影响。因此，公司在某一个国家的强大力量以及这种力量所产生的某种竞争优势只限于这个国家，而不会转移到公司其他的经营地区。多国竞争特色非常明显的行业有啤酒、人寿保险、服装、某些食物等。多国战略是采取特定的战略方式适应不同国家的文化环境、经济环境、政治环境和竞争环境，注重本地顾客的需求，一般以扩大本地市场份额为目标。为准确地反映市场需求特性，最好地适应顾客的需求和相对于竞争对手寻找自己的定位，公司可能在有些国家寻求广泛的市场目标，在另一些国家狭窄地聚焦于特定的市场点，国家之间的变动越大，公司的整体国际战略就越有可能成为单个国家战略的集合。多国战略最适应那些国际本土型竞争占统治地位的行业。

（二）国际本土战略的优势与不足

国际本土战略可以将公司的战略策略与各个国家的环境相匹配。其目标是追求对当地国家的环境做出更好的反应，而不是追求建立清晰的胜任能力和竞争卓越能力，从而建立相对其他国际竞争厂商和当地国家公司的竞争优势，取得国家性的领导地位。

国际本土战略是在不同的国家市场上采取不同的战略，因而增加了整个公司的不确定性。另外，此战略很难跨越国家边境，利用和转移公司的资源，不利于实现规模效应及降低成本，同时不会促进建立统一的竞争优势。

二、全球化战略

全球化战略指公司在所有国家的战略策略基本一致。在全球范围内对公司的战略行动进行统一和协调，在不同国家市场销售标准化产品。

（一）全球化战略的特征

全球化战略依据的是全球竞争环境。在全球竞争环境下，跨越国家市场的价格及竞争环境有着很强的联系，形成了真正的国际市场；一个全球性的竞争公司在一个国家的竞争地位既影响它在其他国家的竞争地位，也受到它在其他国家竞争地位的影响。竞争对手的竞争会发生在不同的国家，在某些国家市场中的竞争尤为明显，如市场销量很大，在这些国家拥有竞争力的地位对于公司在行业之中建立强大的全球地位具有重要的战略意义。

在全球竞争环境下，公司的整体优势来自于公司全球的经营和运作，公司在本土所拥有的竞争优势同公司来自于其他国家的竞争优势有着紧密的联系。一个全球公司的市场强势同它以国家为基础的竞争优势组合成正比。全球竞争存在于以下行业：汽车、电视、复印机、手表等。因此，全球化战略是由总公司制定和协调全球范围内的战略，目标是取得全球性的领导地位。

（二）全球化战略的类型

全球化战略可分为以下几种类型：

（1）全球低成本战略。企业竭尽全力成为全球绝大多数或所有具有战略重要性的市场上购买者的低成本供应商，其战略行动必须在全球范围内进行协调，以获得相对所有竞争对手的低成本地位。

（2）全球差异化战略。企业以对自身的产品在一些相同的属性上进行差异化，创造一个全球一致的形象和全球一致的主题，其战略行动必须在全球范围内进行，以获得全球一致的差异化。

（3）全球重点集中战略。企业在每一个有着重要战略意义的国家市场上为相同的清晰小市场点提供服务，其战略行动必须在全球范围内进行协调，以在全球范围内获得一致的低成本或差异化竞争策略。

（4）全球最优成本战略。因为柔性的制造方法、联系公司内外先进的信息网络和全面的质量管理系统，综合性战略也越来越流行。

（三）全球化战略的优势与不足

全球化战略加强了各个国家之间的统一协调性，能够集中建立资源强势以获取相对竞争对手的持久的以低成本或差别化为基础的优势。全球化战略注重规模效应，有利于利用在公司层次上发展的或其他国家在其他市场上发展的创新。相应地，全球化战略降低了风险。实施全球化战略可以从两个方面为公司赢得竞争优势，一是能够充分利用全球性公司在国家之间分配活动的能力：研究、零部件、装配、分销中心、市场营销、顾客服务中心及其他活动，其方式是能够降低成本或者提高产品的差别化程度。二是能够充分利用全球性公司以下的能力：加深或拓宽公司的战略强势和能力，以一种只在国内经营的公司所办不到的方式协调公司的分散的活动。因此一旦国家之间

的差异小到可以容纳于一个全球竞争战略的框架下，就应该优先采用全球化战略。

另外，全球化战略对各个国家市场反应迟钝，由于在本地市场中缺乏辨别机遇的能力或者产品需要本地化，公司可能忽略当地市场的机遇。而且全球化战略需要跨越国界协调战略和业务决策，管理难度很大。因此，有效实施全球化战略需要资源共享及强调跨国合作。

在表6-1中，对国际本土战略和全球化战略进行了比较。

表6-1　国际本土战略和全球化战略之间的差异

	国际本土战略	全球化战略
战略地区	选择几个目标国家和贸易地区	绝大多数国家都是产品的关键市场，至少是北美、欧共体以及太平洋沿岸国家
业务战略	制定特殊的战略以适应每个国家的具体形势，国家之间的协调很少或者几乎没有	在全球范围内推行相同的基本战略；国家之间的调整和变动虽然很必要，但很小
产品线战略	进行调整以适应当地的需求	在全球范围内的属性、模型、款式的种类几乎一样
生产战略	生产工厂分散于很多的国家	生产工厂的布置是以竞争优势为基础的（在低成本的国家；紧靠主要的市场；利用少数世界级工厂以获取最大化的规模经济）
原材料和零配件供应源	优先采用当地国家的供应	位于全球任何地方的有吸引力的供应
市场营销	针对每个国家的惯例和文化进行调整	更多的全球调整；在必要的情况下针对各国的形势进行较小的调整
公司组织	组建子公司管理在每个国家的经营运作；每个子公司都部分自主地运作以适应当地的环境	所有重大决策由总公司进行严密协调；公司运用全球的组织结构来统一在每个国家的经营和运作

（四）全球化战略优势的来源与障碍

1. 全球化战略竞争优势的主要来源

（1）比较优势。比较优势是进行全球竞争的决定性因素。当一个国家在制造某一产品中拥有显著的要素成本或要素质量优势时，这些国家将成为产品的产地，向世界上其他地区出口。

（2）产品的规模经济。如果存在超出主要国家性市场规模的产品规模经济效应，企业能够通过集聚的生产和全球性竞争来潜在地实现成本优势。如现代化钢厂有一个有效经济规模，它几乎是世界总需求量的40%。

（3）购买的规模经济。在长期生产中如果由于砍价实力或供应商低成本而有机会实现购买规模经济，并超出了在单一国家性市场中实现竞争所需的规模，全球性企业将具有潜在的成本优势。当购买量与原材料或元件产业规模相比相对适中时，最有可能出现这种优势。

（4）全球化经验。在专有经验能带来大幅度成本下降的工艺技术中，在许多国家性市场中出售相似的产品类型能带来收益。由于企业能潜在地从分享各工厂的进步中获得经验，即使生产不是集聚化而是在各国市场上发生的，从全球性竞争中也能获取成本优势。

（5）专有产品技术。如果公司具有将已有技术应用于多个国家性市场的能力，则会给公司带来全球性经济效应。特别是当从事研究的规模经济远大于单独的国家性市场销售规模时，如计算机、航空工具等产业全球规模的企业技术优势非常大。同时，有些先进技术成本高昂必须用全球销售补偿。技术的全球化使企业有机会参与世界性的技术开发，提高了企业的技术竞争力。

2. 实现全球竞争优势的障碍

在企业实施全球化战略过程中存在各种障碍。有些障碍是经济上的，会给企业全球性竞争带来直接成本；有些障碍增加了管理的复杂性；有些障碍是制度或政府限制；有些障碍是经营者的洞察力和资源限制。

（1）经济障碍。运输和储存成本，会抵消集中生产的经济性。有些产业（如危险性化工产品）即使规模大于单一国家性市场的工厂能降低成本，但由于运输成本高昂必须把工厂建在国家市场，实质上竞争还是在多个国家中进行。各国家市场不同的产品需求阻碍了全球化战略的实现，由于其在产品成本、质量、性能、式样、规格等方面的差异，公司必须生产不同类型的产品，必然影响规模经济的实现，如果不同类型的产品需要不同的原材料或部件，还会影响全球资源的利用。另外，还有各个国家市场已建立的分销渠道、复杂的细分市场、缺乏世界性需求等因素。

（2）管理障碍。国家之间分销渠道的性质、营销媒介和取得用户的低成本手段等差异很大，以至于全球性公司不仅不能利用其他市场上所得的营销知识，而且在当地国家市场上取得与当地竞争者同样的效率也非常困难。有些产业要求密集的本地营销、服务，与当地竞争者相比，全球性公司处于劣势，虽然可以以分散化的单位来实现这些功能，但管理非常复杂，使公司反应更迟缓。当迅速变化的技术要求频繁地进行产品和工艺设计以适应当地市场时，全球性公司的灵活性与适应性就弱于当地国家性公司。

（3）制度障碍。包括关税和其他税费，配额，政府向本地企业的优先购买，政府坚持研究开发或产品部件生产本地化，使当地企业受益的优惠政策、法律法规。不利于企业从事全球经营的法规政策等政府障碍最易于发生在影响某些政府目标的产业。

（4）经营者的洞察力和资源限制。实施全球化战略需要敏锐的洞察力，能够观察到全球市场竞争机遇，有能力分析研究国际性问题。实现全球规模经济，建立全球竞争优势需要大量投资，以及管理和技术，有可能超过企业自身的能力。

三、跨国战略

（一）跨国战略的概念

跨国战略寻求全球化的效率和本土化的反应敏捷地统一。显然，要达到这一目标并非易事，因为这一方面需要全球协调、紧密合作，另一方面需要本地化的弹性。因此，实施跨国战略需要"弹性协调"，通过一体化的网络建立共享的远见并各自尽责。在现实中，由于两方面目标的冲突，实现真正的跨国战略很困难。但如果有效地实施了跨国战略，其产出将比单纯的其他两种战略好得多。

要实现跨国战略，关键在于创建一个网络，将相关的资源和能力联系起来。母公司与子公司、子公司与子公司的关系是双向的，不仅母公司向子公司提供产品与技术，子公司也可以向母公司提供产品与技术。企业采取这种战略，能够运用经验曲线的效应，形成区位效益，能够满足当地市场的需求，以达到全球学习的效果，实现成本领先或差异化战略。

跨国战略的显著特点是业务经营的多样化和国家市场的多样性。多元化跨国公司的管理者们不仅要制定和执行大量的战略，还要根据各国市场的需求进行调整变化。此外，他们还面临着另外的挑战，即要寻找好的方法来协调公司跨行业和跨国家的战略行动，从而获得更大的持续的竞争优势。这种优势比仅仅将公司的资源和生产能力用在每一个国家市场和每一项经营业务中所建立的竞争地位要大得多。

（二）多元化跨国公司的竞争优势

现在，越来越多的跨国公司以相关多元化战略进入以全球性竞争为主的行业，这样做的目的是为了获取如下的竞争优势：

（1）多元化跨国公司可以将其在某项核心技术中的专长转移到其他可因技术秘诀和能力获利的业务中，以实现竞争优势。

（2）多元化跨国公司可以协调使用技术专长的一组经营业务，使之通过战略合作式的研究开发，获取竞争优势。

（3）多元化跨国公司如果拥有可以全球使用相同的分销商和零售商的业务，那么，它就能够以相对较少的费用进入使用相同的分销能力的新业务中，并且利用销售方面的范围经济，获取成本优势。同时，该公司还能够增强与零售商讨价还价的力量，保证某些新产品和新业务处于货架上富有吸引力的位置。

（4）多元化跨国公司可以利用在其他国家的业务所拥有的财力和组织资源，来对抗某一国的竞争对手，获得所需要的市场地位。

（三）多元化跨国公司的重组

多元化跨国公司与其他类型的公司一样，要经常进行业务重组，保持持续的盈利与发展。在多元化跨国公司中，子公司的全球性任务在很大程度上是由它的能力及它所在国内市场的特点来决定的，见图6-3。

国内市场的重要性

	低	高
子公司的能力 高	贡献者	战略领导者
子公司的能力 低	推销员	黑洞

图6-3 跨国公司子公司的任务

"战略领导者"代表的子公司占有重要的国内市场，在公司内处于领导者的地位，发挥领导者的作用；"贡献者"代表的子公司具有很高的生产能力，但其国内市场很弱，它们的产品和创新思想主要在其他国家开发和实现；"推销员"代表的子公司的国内市场地位很弱，对全公司没有什么贡献，它们的主要作用常常是将其他子公司的产品在本地营销；"黑洞"代表某些较弱的子公司在重要市场中处于不受欢迎的地位，有必要采用合资公司或收购的形式将其转变为领导者。

思考题

　　1. 运用波特的国家竞争力模式能够解决什么问题？试分析一个具体的例子。

　　2. 分析企业采取合资方式与独资方式的区别和利弊。

　　3. 分析许可证贸易和特许经营的优势和劣势。

　　4. 如何选择进入国际市场的方式？

　　5. 分析三种类型国际化战略的运用条件，以及各自的优势和劣势。

网络练习

　　上网查找中兴通讯公司的发展历程，分析其国际化经营战略运用的特点。

第七章　企业战略评价

开篇案例

通用与丰田的战略比较

对于世界大企业通用公司，屈居第二的丰田公司到底有多少应战的条件与制胜的可能？全世界汽车界都在拭目以待。然而丰田董事长却表示："用这种说法表现丰田的诸般动态，实在并不适当。未来的世界，有通用，有丰田，也有福特。我们希望大家认为，我们只是以这个世界为舞台，在彼此竞争。"

实际上，丰田充分顾虑到避免过分刺激对方，以免遭受国际上的责难。换言之，丰田目前可能避免与通用正面冲突，趁此机会保存实力，加强备战。

通用的想法也是如此，既然通用在不必与丰田直接竞争的大型车市场已经有70%的市场占有率，那么，它就能在以高附加价值赚取利润时尽量赚取。等到组织改善或技术开发，借"神农计划"开花结果以后，再正式与丰田一决胜负。因此，通用公司也认为，尽量避免与日本正面冲突才是上策。

通用的这种心态，可以从通用不顾因日元急剧升值日本车不得不三番五次涨价、失去在美国的竞争力的大好时机，反而与日本车同时涨价、赚取利润的情形看得清清楚楚。

简言之，丰田与通用如今都处在一个不想战斗，"正在备战"的状态下。那么，二者的竞争力如何呢？

（1）通用是巨无霸，丰田成长颇快。丰田与通用在财力管理方面严格、成本意识高等方面，颇见相似之处。首先，我们以1985年的业绩来研究双雄的高收益结构。通用在营业方面比上一年增加15%，高达936.7亿美元；

2001 年是 1 500 亿美元（1 美元 = 20 日币的话，约 19 兆 2 700 亿日元），破有史以来的最高纪录，并因此成功夺回自 1978 年起被艾克森石油公司所夺去的全美最高营业额公司的宝座。销售量也增加了 12.6%，达到 930 万辆，颇见复兴之势。但是净利润方面则减少了 11.7%（39.9 亿美元，约 8 000 亿日元），其部分原因是销售（回扣）、工资成本增加，欧洲事业不景气等，而收购休斯公司等投资费用的增加，也是主要因素之一。

相对地，丰田的营业额（1986 年 6 月）为 6 兆 3 000 亿日元（比前期减少 17.2%），全年销售量为 368 万辆。这样看来，丰田在营业额、净利润、销售数量等方面，都只及通用的 1/3 左右。

姑且不谈营业额、净利润的差别，通用最强的是拥有随时可使用的巨额融资。神农的 50 亿美元，收购 DES 的 25 亿美元，收购休斯的 50 亿美元等，即使投资了数笔如此庞大的金额，通用仍有 2 兆日元的融资，其深不可测的实力，令丰田无法不惊叹。

然而，丰田则在"通用庞大"的声浪中，避开众人的注意，逐渐地茁壮成长。1969 年左右通用的营业额为 8 兆 2 000 亿日元，净利润为 624 亿日元，与丰田相比，通用的营业额为其 13 倍，净利润为其 16 倍强。到 1985 年，通用的营业额及利润都为其近 3 倍。在此 16 年间，通用的成长率为 2 倍强，丰田的成长率则高达 10 倍之多。也正因为如此，丰田内部人员所感受到的来自通用的潜在威胁，似乎已经逐渐淡化。

（2）丰田融资额相差很大。通用有全美国第一、丰田有全日本第一的收益率，在融资方面，通用收购了休斯公司等大企业，仍有 2 兆日元；而丰田则有 1 兆 4 000 亿日元等令人难以想象的余力。在与第二名的差距方面，通用与福特的营业额相差了 435 亿美元，丰田则比日产高了 2 兆 5 000 亿日元。在市场占有率方面，也都各自占有国内市场的 40% 以上。

虽然如此，世界首屈一指的通用，其使用总资本（全通用集团）为 12 兆 7 900 亿日元，丰田则不及其三分之一。但丰田的自有资本比率则为第一，高达 66.2%。在营业额超过 1 兆日元的大企业中，除了丰田，没有任何一个企业拥有如此高的自资比率。在日本方面，不但高出日产的 49.1%，甚至超越以优良企业知名的松下电器的 52.8%。

自资比率是判断经营健全与否最常用的指标之一。对经营者而言，自资是与成本无关的资本（除了对资本额的红利），因此成为许多企业的经营目标之一。通用的自资比率在这五年，几乎都只有 45% 左右。除了收益率较低外，庞大的设备投资也是原因之一。在这五年的时间里，通用在设备上已经投资了 351 亿美元。相对地，丰田的设备投资自 1984 年以后也逐年增加。1985 年度的 3 200 亿日元，比起 1983 年，几乎为倍增，但其仍只为通用投资额的25% 左右。只是通用的投资额中包括了对零件工厂的投资，丰田则没有包括，因此其差距仍可以再拉近一些。另外，通用几乎已经酝酿成了其推动世界战略上的海外投资，丰田却仍在起步阶段，今后资金上的负担当然会日趋沉重。因此虽有 1 兆 4 000 亿日元的融资，但与通用相比，数额还是较小的。

（3）市场目标。目前丰田的世界战略目标是确立国内 300 万辆、输出 300 万辆、年总产 600 万辆的体制，达成"全球 10"（占全世界生产量的 10%）的目标。

1995 年丰田车的出口，因美国市场的景气，仅在美国的销售量就突破了 100 万辆，总计为 198 万辆（比上一年增加 9.9%），距目标的 200 万辆，只有一步之遥。2001 年，丰田车的实际出口量已经达到目标，但在本国内，丰田则还需要一番苦斗。

去年丰田的产量为 366 万辆，不管在日本本国或出口，都创下最高纪录。但就像丰田总经理所说的，"日本市场的 1/4 是属于轻型车，如果包括轻型车的话，丰田的市场占有率绝对不算高"。在除轻型车以外的市场，丰田的确有 42% 的市场占有率。但包括轻型汽车的市场占有率，只有 29.9%，并不算高。

因为欧美各国最大厂家的本国市场占有率都很高，通用（美国）为 52%，大众（德国）为 42%，雷诺（法国）为 53%，菲亚特（意大利）则占 85%，日本的丰田与日产，在独占方面可以说落后许多。原因是两家公司均未大量生产，且十分独特地与 11 家公司共存于一个国家内。

目前丰田公司内部有两派意见，一派是主张"加强攻势，一举提高市场占有率"的积极派，另一派则是坚持"采取耐力战"的消极派。积极派认为，因日元升值，导致企业体质羸弱的现象，正是加强攻势的大好时机。事实上，对于目前收益的大半为美国市场所消费的日本厂商而言，日元升值是一个极为沉重的打击。例如，日元每升值一点，就产生 50 亿日元的汇兑差损的丰田，三个月就有 343 亿日元的差损，即使因海外车价的上涨或输入零件的合理化，赚回 77 亿日元，实际损失仍高达 262 亿日元，因此除了丰田以外的厂商，恐怕很难避免赤字或大幅度减收。

这种情况，对于国内销售有何影响呢？过去厂商将出口所得的利益，用以援助国内销售，也就是作为对经销商的支援资金。一旦此厂商的财务紧缩，自然在支援资金上会有困难，因此经销商的情况也随之恶化。目前，因去年日元升值的影响，已经有 70% 的经销商陷入经营困境。如此一来，以丰田的丰富资金为后盾，拥有超群的高利润以及销售力量的丰田经销商，只要一致发动攻势，使市场占有率迅速超过半数，达到国内 200 万辆的销售目标，也不是不可能的。此外，消极派则站在最大企业的立场，认为不该蓄意发动攻势，使业界陷入混乱，最后遭遇社会的责难。另外，即使发动攻势，使其他公司倒闭，一旦日本式的企业救济机能（通产行政、银行系列、财界等）干涉，结果必须接收倒闭的公司。这么一来，奋战的结果是必须负担一个赤字公司，反而造成双重压力。

被迫决定采取消极派意见的丰田的总经理主张"不能采用那么激烈的方式，还是慢慢来吧"。但是，丰田的总经理却在心里合计着：丰田"全球10"的达成——现在进行中的美国（独资工厂20万辆，NUMMI 15万辆）、加拿大（5万辆）、中国台湾（2万辆）年产量可达到42万辆，因此目前最好保存实力，将战场移到美国，日后再乘此余威完成"全球12"的目标，这才是丰田真正的战略。

讨论题：

1. 分析丰田公司相对于通用公司的优势。

2. 为丰田公司选择适当的投资战略。

资料来源：根据互联网资料和参考资料改写。

第一节 影响企业战略制定和评价的基本因素

一、影响企业战略制定的基本因素

一个企业选择这个战略而不选择那个战略，在大多数情况下并不带有必然性与客观性，而是具有较多的主观性与偶然性。这是因为企业战略制定者往往受到来自多方面的影响，从而左右了战略的制定。一般认为影响企业战略的制定主要有如下一些因素。

（一）企业对外部环境的信赖性影响

任何企业都存在于它的外部环境之中，而环境受股东、竞争对手、顾客、政府、社区的影响。企业的生存对这些因素的信赖程度，影响着战略选择过程。

1. 信赖程度越高，企业选择战略的灵活性越小，除非发生危机的情况

（1）企业信赖少数几个股东的程度越高，它战略选择的灵活性就越小。

（2）企业信赖其竞争对手的程度越高，则它越不可能选择进攻性的战略

（信赖性在此指竞争中处于相对较弱的地位）。

（3）企业的成功和生存越信赖少数几个顾客，则企业对他们的期望应做出较快的反应。

（4）企业越是信赖政府和社区，则它对市场状况和股东的要求就越不具有灵敏的反应。

2. 企业经营面对的市场的易变程度，影响着战略选择

如果市场中的情况变化程度较大，则企业的战略需要具有较大的灵活性。

上面对环境的度量是基于"客观的"衡量基础之上，但事实并不能为自己说话，客观的现象需要决策者主观的理解。因此，确切地说，是决策者对外部环境信赖性的主观认识影响着战略的选择。这样，处于同一环境中的同一公司，如果由两个决策人来进行战略选择，可能会有不同的战略方案。

（二）管理者对待风险的态度

管理者对待风险的态度影响着战略选择的决策。某些企业管理者极不愿承担风险，而另一些管理者却乐于承担风险。不同的风险态度会导致不同的战略选择。

（1）如果管理者认为，风险对于成功是必不可少的，并乐于承担风险的话，则企业通常采用进攻性战略，接受或寄希望于高风险的项目，在它们被迫对环境变化做出反应之前就已经做出了反应。这类管理者会考虑较广泛的战略方案。

（2）如果管理者认为风险是实际存在的，并敢于承担某些风险的话，那么管理者就会试图在高风险战略和低风险战略之间寻求某种程度的平衡，以分散一定的风险。

（3）管理者认为若冒较高的风险将毁灭整个企业，需要减低可回避风险的话，则他就考虑很少的战略选择方案。可能采取防御性的或稳定发展的战略，拒绝承担那些高风险的项目，乐于在稳定的产业环境中经营。

总之，管理者和股东对待风险的态度，会增加或减少他们所考虑的战略方案的数目，并增加或降低采用某一特定战略方案的可能性。

（三）企业过去战略的影响

对大多数企业来说，过去的战略是战略选择过程的起点，这就导致新考虑的多数战略方案受到企业过去战略的限制。明茨博格曾对德国大众汽车公司1934—1969年和美国1950—1968年在越南的战略选择变化进行过详细的研究，他认为：

（1）现在的战略是从过去某一有影响的领导者所制定的战略演化而来的。

这个独特的、紧密一体化的战略对以后的战略选择是个主要的影响因素。

（2）此后，这个战略就变得格式化。官僚化的管理组织使战略得以贯彻和实施，即原决策者推出这个战略并向下属说明，而后低层管理人员将这个战略予以实施。明茨博格将此称为"推拉现象"。

（3）当这个战略由于条件变化而开始失效时，企业总是将新的战略嫁接到这个老战略上来。仅在以后才探索一种全新的战略。

（4）当外部环境变化更大时，企业才开始认真地考虑采取防御战略、组合战略或发展战略，而以前可能曾有人建议过这些战略，但决策者却忽略了。

明茨博格对战略选择过程的研究结论具有概括性的意义。它说明过去的战略对以后的战略选择有影响，战略选择过程更多的是一种战略演变过程。其他研究也表明，当人们要对过去选择的执行方案的不良后果负个人责任时，他们总是将最大数量的资源投入到过去选择的执行方案之中。这可以部分地说明为什么在改变过去的战略时，往往需要更换高层管理人员，因为新的管理者较少地受到过去战略的约束。

（四）企业中的权力关系

所谓权力是人们之间的一种关系，指的是某个人影响另一个人或群体去做某些事情的能力。经验表明，权力关系的存在是个关键的事实。在大多数企业中，如果一个权力很大的高层管理支持某一战略方案，它往往就成为企业所选择的战略，并且会得到一致的拥护。例如，福特汽车公司的小亨利·福特、国际商用机器公司的老华森、国际电报电话公司的哈罗德·基宁等这些有权势的总经理，都曾经大大地影响过所在企业的战略选择。从某种意义上来说，人品也与战略选择有关。主要人员喜欢什么以及尊重什么等，都与选择什么样的战略有关。总之，权力关系或企业政治对战略选择有重大影响。

（五）中层管理人员和职能人员的影响

中层管理人员和职能人员（尤其是公司计划人员）对战略选择有重大影响。鲍威尔（J. Bower）和舒沃兹（J. Schwartz）的研究指出，如果中层管理人员和公司计划人员参加战略选择过程，那么：

（1）他们选择的战略通常与总经理选择的战略有所不同。

（2）中层管理人员和职能人员的观点部分地受到他们个人的视野，以及其所在单位的目标和使命的影响。

（3）他们倾向于向高层管理人员推荐那些低风险、渐进式推进的战略选择，而非高风险和突破性的战略选择。

卡特（E. Carter）研究了一些中小型公司所做出的六项关于收买的决策，

发现：

（1）较低层管理人员倾向于上报那些可能被上司接受的方案，而扣下不易通过的方案。

（2）在对建议中的战略选择进行评价时，不同的部门都从自身利益来评价方案并出现不同的评价结果。

（3）企业外部环境的变化越大，管理人员就会使用越多的评价标准去影响战略制定过程。

（4）职能人员为战略制定过程提供的信息资料多少受以下因素影响：收集资料的难易程度，他们对提供信息资料责任的大小，收集信息资料的鼓励或奖励政策，上司决策时对信息资料提供者的态度等。

概括起来讲，中层管理人员与职能人员是通过草批战略方案以及对各方案风险的评价来影响战略制定与选择的。

二、影响战略评价的基本因素

对于企业的战略制定与选择来说，基本上是一个战略决策问题，决策反映的是决策者们的水平、能力与综合素质。而战略决策在很大程度上取决于战略评价。战略评价就是分析论证每一个可行战略方案的机遇与挑战、优点与缺点、成本与收益。但在对战略进行分析评价的过程中，人们希望进行客观、公正的评价，但由于影响战略评价工作的因素很多，要保证战略评价工作的正确性，提高评价工作的水平，还必须注意以下一些问题。

（一）战略评价者的价值观与行为偏好

战略评价工作人员的价值观念，认识事物的态度、行为方式与行为偏好会对战略评价的结果产生很大影响。例如"二战"名将美国的巴顿将军经常选择攻势战略而很少采用防御战略，原因在于他对于进攻与防御的认识、利弊、评价不同。再如一个喜欢投机的人与一个喜欢踏踏实实做事的人对同一战略的认识与评价也会大不相同。

（二）战略评价者所采取的工具与方法

在现代战略评价工作中，工作人员较多借用一些评价工具与方法，这正如医生诊断疾病一样。我们提倡采用现代化、科学性、有针对性的战略评价方法，反对采用落后、经验性、宽泛性的工具与方法。从某种意义上讲，战略评价的工具与方法很大程度上影响了战略评价结果的质量。

（三）战略评价者掌握的信息与资料

我们认为，战略评价工作者必须掌握充分、及时、准确、全面的信息资料，然后才能作出客观、公正的评价。但由于信息资料的分散性、不对称性和保密性，每一个战略评价工作者所掌握的信息资料都是打了折扣的。因而必然影响到战略评价的质量。因此在进行战略评价时，应特别注意拥有那些关键性、重要的信息资料。

（四）战略评价的时效限制

由于人们评价战略总是根据过去的信息资料和对未来的预测去进行评判，而一个具体战略的短期表现与长期效应往往并不一致，如果人们对于过去的时间关注太短或对于未来的预期过长，就会使战略评价产生偏差。因此战略评价工作者必须考虑到时间限制对评价结果的影响，避免武断或过早下结论。

总之，影响战略评价的因素很多，从而使评价结果具有风险性与不确定性，这一点人们应该认识到，从而使战略决策过程既要尊重、依据战略评价结果，又不要过于相信战略评价结果。

第二节　投资组合分析法

除了一些较小的公司外，大多数公司都有多种产品和面对多个市场面，因而每一个公司都不可能选择单一的经营战略，而必须是根据产品、市场的不同而选择一个战略组合群。当企业的各分部或分公司在不同的产业进行竞争时，企业在制定企业总体战略的基础上，还必须为每一个经营单位、产品制定自己的具体竞争战略。

一、市场增长率—占有率评价法

市场增长率—占有率评价法，又称波士顿矩阵评价法（BCG），该方法最早是由波士顿咨询公司为美国米德纸业公司进行经营咨询时提出的。它以企业生产经营的全部产品或业务的组合为分析、研究对象，通过分析企业相关经营业务之间现金流量的平衡问题，寻找企业资源的生产单位和这些资源的最佳使用单位。

（一）市场增长率—占有率的分析变量

公司内每个经营单位的战略选择主要依据如下两个因素或称变量：市场增长率和市场占有率。

1. 该单位的相对市场份额，按以下公式计算

$$产品的相对市场份额 = \frac{本企业某产品的绝对市场份额}{最大竞争对手该产品的绝对市场份额} \times 100\%$$

采用相对市场份额而不直接使用绝对市场份额，是为了便于对各种业务进行比较。相对市场份额这个因素能够比较准确地反映企业在市场上的竞争地位和实力（优势或劣势），也在一定程度上反映了其盈利能力，因为较高的相对市场份额一般会带来较多的利润和现金流量。

2. 该种业务的市场增长率，按以下公式计算

$$某产品市场增长率 = \frac{本产品当年市场销量 - 本产品上年市场销量}{本产品上年市场销量} \times 100\%$$

市场增长率这个因素反映了产品处于其寿命周期的某个阶段，及其市场潜在机会或威胁，它有双重作用：①反映市场机会和扩大市场份额的可能性大小，如增长缓慢，则难以扩大市场；②决定投资机会的大小，如增长快，则为迅速收回投资、取得投资收益提供了机会。

（二）市场增长率—占有率矩阵法的分析内容

将上述两个因素分为高低两个档次，就可绘出一个4象限的矩阵，如图7－1所示。

横坐标表示相对市场份额，常以0.5为界限划分为高低两个区域，表示公司的市场份额为本产业领先公司的一半。纵坐标表示市场增长率，常以10%为界限划分为高低两个区域。图中每个圆代表一个经营单位或产品，圆圈面积的大小表示该项业务或产品与企业全部收益的比值。

分别考察每个经营单位的这两个因素，就可把它们归入矩阵中的某个象限。

（1）明星单位。这些单位的相对市场份额高，反映企业竞争能力强，有优势；而市场增长率也高，反映市场前景美好，有进一步发展的机会。因此，应当发挥优势去抓住机会，为这些单位选择扩张型战略，使之成长壮大。这些单位需要大量投资，是企业资源的主要消耗者。当这些单位日后的市场增长率下降时，它们就将变为金牛单位。

（2）金牛单位。这些单位的相对市场份额高，反映企业竞争地位强，有优势；但市场增长率不高，表示处于成熟的、增长缓慢的市场中，不宜再增加投资去扩张。它们比较适合采取维持现状的稳定战略，尽量保持其现有的

市场份额，而将其创造的利润加以回收，用来满足明星单位和一部分问题单位的发展扩张需求。

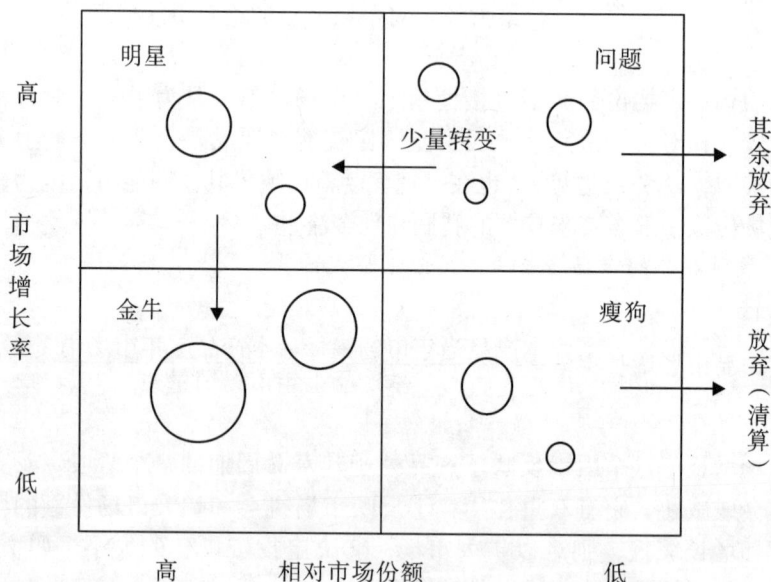

图 7-1　波士顿矩阵法

（3）问题单位。这些单位的市场增长率高，表明市场前景美好，有进一步发展的机会，但其相对市场份额低，表明它们的实力不强，利润较低，如果要加以发展就必须大量追加投资。然而企业可用于投资的资金来源是有限的，往往不能满足所有问题单位的发展。因此，对问题单位要一分为二，对于那些确有发展前途的单位应采用扩张型战略，追加投资，增强其竞争地位，使之转变成明星单位；对剩余的问题单位则采取收缩和放弃战略。

（4）瘦狗单位。这些单位的相对市场份额和市场增长率都较低，表明既没有多大实力，不能成为企业资金的来源，又无发展前途，再去追加投资已不合算。这些单位较为适宜的是逐步退出的抽资战略，也可以迅速放弃或退出。

对于多元化经营的企业来说，其下属经营单位可能分布于矩阵的各个象限。它们的经营战略组合可概括为：扩张明星单位，有选择地发展问题单位，维持金牛单位，放弃瘦狗单位和部分问题单位。金牛单位提供的利润，则用来发展明星单位和一部分问题单位。

波士顿咨询公司提出，运用它们首创的这个方法，可为企业绘制出不同时期的矩阵图（现在的、过去3~5年的、预测3~5年后的），通过它们的相互对照，管理者可以对已经出现的和可能出现的战略选择后果进行比较，从而得到更清晰的认识。

（三）波士顿矩阵的局限性

波士顿矩阵以两个具体指标的量化分析来反映企业的外部环境与内部条件，较SWOT分析有了进步，更因为其简单易行而被众多企业广为采用，但同时也因此而受到许多的批评。主要的批评意见如下：

（1）相对市场份额不过是企业总体竞争地位的一个方面，市场增长率也不过是表明市场前景的一个方面，而且仅仅按高、低两档来划分四个象限，这些都太简单化了。

（2）计算相对市场份额时只同最大的竞争对手联系起来，而忽视了那些市场份额在迅速增长的较小的竞争者。

（3）相对市场份额同盈利率之间不一定有密切的联系，低的相对市场份额也能有高盈利；反之亦然。

（4）瘦狗单位不一定就应当很快放弃。在衰退产业中，一些相对市场份额低的产品如果需求稳定并可以预测，则仍有较稳定的收益来源；如果竞争者都退出，则该产品的相对市场份额还会增长，甚至可能成为市场领先者，变成金牛。

高	明星	问题
市场增长率	1.单一经营 2.纵向一体化 3.同心多样化	1.单一经营 2.横向一体化合并 3.放弃 4.清算
	金牛	瘦狗
低	1.抽资 2.同心多样化 3.复合多样化 4.合资经营	1.紧缩 2.多样化 3.放弃 4.清算
	高　　　相对市场份额　　　低	

图7-2　发展了的波士顿矩阵法

后来，汤姆森（Arthur A. Thompson）和斯迪克兰德（A. J. Strickland）发展了波士顿矩阵。他们将处于不同象限中的经营单位可以采用的战略列入象限中，从而使战略的选择变得更为清晰。他们的战略方案如图 7 - 2 所示。

二、行业吸引力—竞争能力分析法

（一）通用矩阵

行业吸引力—竞争能力分析法是由美国通用电气公司与麦金西咨询公司共同发展起来的一种战略选择方法，它通常又称为通用矩阵或行业吸引矩阵（GE 矩阵）。该模型赞成波士顿公司的假定，同样认为企业应根据每个经营单位的具体情况分别选择所需采用的战略。但在具体方法上对波士顿矩阵做了很大的发展和改进。

第一，提出了决定和影响企业战略选择的两个新的因素或变量：

（1）该单位的实力（即竞争能力）。可以通过市场份额、单位（销售）增长率、产品线宽度、营销策略的有效性、生产能力和生产率、相对的产品质量、研究开发的优势、总体形象等因素综合判断。

（2）该单位所处行业的吸引力。可以通过行业的规模、市场增长率、竞争结构、盈利性、技术环境的影响、经济周期的影响、政治因素的影响等因素综合判断。

第二，通过各因素的加权评分，将行业吸引力和竞争能力两个变量分为高、中、低三档，绘制出一个 9 象限的矩阵。具体的度量方法是：首先，根据上述影响两个变量各因素的重要程度，分别确定各因素的权数（所有因素的权数总和为 1）；其次，根据具体情况确定各因素的等级评分，一般选用五级分法，如对于表明企业竞争能力的市场份额，可以根据其相对市场份额的大小分别给予 5 ~ 1 分；最后，通过加权汇总，分别得出行业吸引力和竞争能力的具体分值。

第三，分别考察企业各经营单位的两个因素，据此把它们列入矩阵中的某个象限。如图 7 - 3 所示，图中圆圈面积的大小与行业规模成正比，阴影部分表示某项业务的市场份额，字母为某项业务的代号。数字 1、2、……、9 表示划分的区域。

第四，根据图中的每个象限的不同特点，为象限中的经营单位选择适当的战略：

（1）扩张型战略。列入矩阵左上角的①、②、④三个象限中的单位都有很强或较强的行业吸引力和竞争能力，类似于波士顿矩阵中的明星单位，一

竞争地位

| 强 | 中 | 弱 |

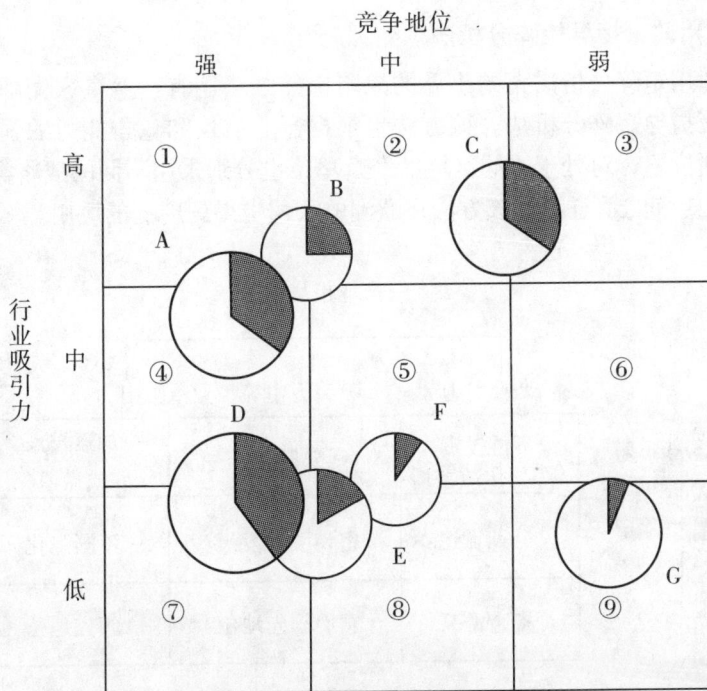

图7-3　通用矩阵图

般可采用追加投资的扩张型战略。

（2）紧缩或放弃战略。列入矩阵右下角⑥、⑧、⑨三个象限中的经营单位的行业吸引力和竞争能力都很弱或较弱，类似于波士顿矩阵中的瘦狗业务，一般可采用紧缩型战略或放弃战略。

（3）稳定或抽资战略。列入⑦象限的单位具有很低的行业吸引力和很高的竞争能力，这类业务是企业的利润提供者，类似于波士顿矩阵中的金牛单位，对于这类经营单位宜采用维持现状、抽走利润、支持其他单位的战略。

（4）选择型投资战略。列入⑤、③两个象限的单位，一个是行业吸引力和竞争能力都算中等，另一个是吸引力很强，而实力很弱，类似于波士顿矩阵中的问题单位，对于这些没有优势或没有特色的经营单位应一分为二来对待，选择其中确有发展前途的业务实施扩张型战略，其余业务采取放弃战略。

通用电气公司提出的这种方法比波士顿矩阵要细致一些，它考虑了更多的内容，而且这些内容可以在不同时期、不同产业中灵活应用，使之更适合具体情况。然而，它对两个因素的评价方法确实比较复杂烦琐，所规定的评分标准、权数以及打分等都有较为强烈的主观色彩。

（二）政策指导矩阵分析法

与通用矩阵分析法大同小异的战略选择方法还有荷兰皇家壳牌集团所创立的政策指导矩阵分析法。该方法也根据行业前景和竞争能力的强弱确定经营单位的位置，对处于不同区域的经营单位也分别采用不同的战略类型。图7-4是该矩阵的示意图。该方法在欧洲的公司中得到广泛的应用。

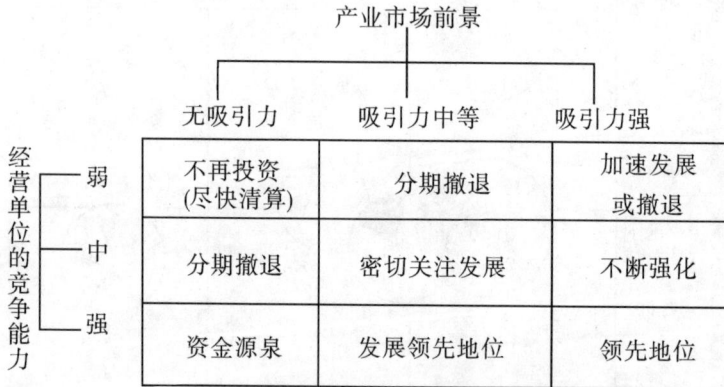

	无吸引力	吸引力中等	吸引力强
弱	不再投资(尽快清算)	分期撤退	加速发展或撤退
中	分期撤退	密切关注发展	不断强化
强	资金源泉	发展领先地位	领先地位

（产业市场前景；经营单位的竞争能力）

图7-4 荷兰皇家壳牌集团政策指导矩阵

三、产品—市场演进矩阵

产品—市场演进矩阵是由美国战略管理学者查尔斯·霍夫（Charles W. Hofer）教授首先提出的。他扩展了波士顿矩阵和通用矩阵这两种战略选择方法，将市场增长率和行业吸引力因素改换成产品—市场发展阶段，从而得出15个区域的矩阵，如图7-5所示。图中的竞争地位分为强、中、弱3档，产品—市场发展阶段实际就是产品寿命周期，在这里划分为5个阶段，从而得出15个区域。在这个模型中，各个业务单位根据他们的产品—市场发展的不同阶段及其竞争地位的不同在图中定位，圆圈的大小代表各个行业的相对规模，圈内的阴影扇形面代表每个业务单位所占的市场份额。

对图7-5进行分析，即可对各经营单位选择其适宜战略：

（1）经营单位A看起来是一颗潜在的明星。它的市场份额大，加之它处在产品—市场发展的开发阶段，具有获得一个较强的竞争地位的潜力，对它应追加投资，大力扩张。

（2）经营单位B在某种程度上有点像A。然而，对B投资的多少将取决

竞争地位

| | 强 | 中 | 弱 |

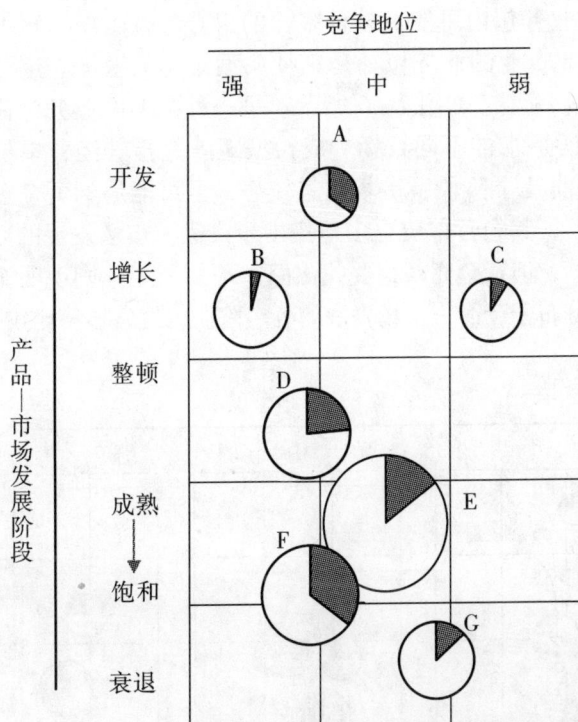

图7-5 产品—市场演进矩阵

于为什么它相对于其强大的竞争地位却具有较低的市场份额这一问题的答案。为此，经营单位 B 应当实施一种能够扩大它的市场份额的战略，以便为争取到更多的投资提供依据。

（3）经营单位 C 在一个增长中的相对较小的行业中占有一个较小的市场份额并拥有一个较弱的竞争地位。对这类单位应仔细研究，区别对待，如其竞争地位有可能迅速增强，则应追加投资，使之成为明星；否则可能要放弃，而将其资源用于经营单位 A 或 B。

（4）经营单位 D 处于扩张阶段，占有一个相对大的市场份额，并处在一个相对强的竞争地位。对 D 单位应当进行必要的投资以保持其相对强的竞争地位。从发展来看，D 应当成为一头金牛。

（5）经营单位 E 和 F 都是企业的金牛，应成为企业投资所需现金的源泉。

（6）经营单位 G 看起来是企业业务包中的一条"瘦狗"。在短期内，如果尚能维持，它应当被监控用于创造现金。然而，就长期看来，它更有可能被放弃。

企业在它的综合业务包内可能有多种多样的组合。查尔斯·霍夫和邓·斯肯德尔提出，大多数企业的业务包都是三种典型矩阵的变体。这三种矩阵是成长型、盈利型和平衡型，如图7-6所示。每一种类型的业务包代表着企业在其资源的分配中所追求的不同目标。成长型矩阵是指其经营单位都集中在产品—市场发展的前几个阶段，市场前景较好，但可能遇到资金短缺的困难。盈利型矩阵则相反，其经营单位更多地集中于产品—市场发展的后几个阶段，市场前景都不太妙，但资金充裕，要找出路。平衡型矩阵则说明企业若干经营单位比较均衡地分布于产品—市场发展的各个阶段，经营形势比较平稳。

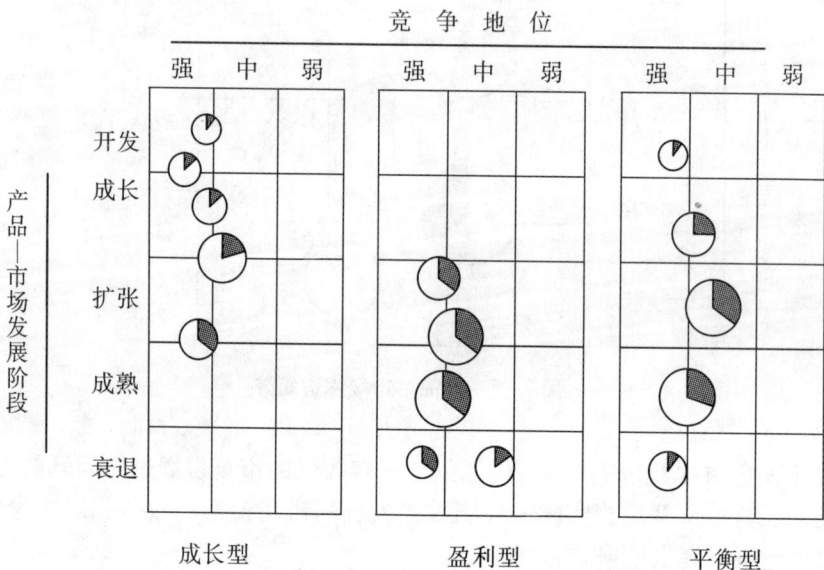

图7-6　三种典型矩阵分析图

另有两位学者希尔和琼斯运用霍夫的方法而直接将企业应采用的战略写入各个区域，供投资决策者参考，如表7-1所示。这种方法的特点是将竞争地位这一因素只划分为强、弱两档，而且使用产业寿命周期的概念。竞争地位弱的单位与竞争地位强的单位应当有不同的战略思维：当产业尚处在成长阶段时，竞争地位弱的单位就应当采取集中战略，注意寻找适合自己的细分市场，以求生存与发展；而在产业进行扩张阶段（即市场增长率开始下降）之后，就需要考虑放弃或清算了。

表 7 - 1　产品—市场演进矩阵的运用

产业寿命周期阶段	竞争地位强	竞争地位弱
开发	建立市场份额	建立市场份额
成长	发展（成长）	市场集中
扩张	增加市场份额	市场集中或抽资、清算
成熟	维持现状或抽资	抽资或清算、放弃
衰退	市场集中、抽资或削减资产	转向、清算或放弃

四、三种矩阵的选择

为了正确地运用这三种矩阵，企业应考虑以下情况：

（一）如果考虑测定其总体投资组合

企业如果考虑测定其总体投资组合，应该首先选择波士顿矩阵。因为这个矩阵简单，所需的数据也较少。

（二）如果要着重分析某项或某些经营业务

企业如果要着重分析某项或某些经营业务，应该根据企业的类型和经营业务的集中程度来决定是选择 GE 矩阵还是产品—市场演进矩阵。选择的具体因素如下：

（1）企业的类型。小型多元化经营企业一般多采用产品—市场演进矩阵，大型多元化经营企业则多运用 GE 矩阵。大部分特大型多元化经营企业会同时使用这两种矩阵。不过其应用的条件不同。一般来讲，在特大型多元化经营企业中，GE 矩阵用来阐明企业内各个战略经营单位的经营状况，而产品—市场演进矩阵则用来说明每个战略经营单位中各个产品—细分市场的经营状况。

（2）经营业务的集中程度。企业经营业务之间如果处于松散的状态，则应该运用 GE 矩阵确定企业的经营状况。如果企业大部分经营业务集中在少数几个密切相关的产品—细分市场上，则应该选用产品—市场演进矩阵。当战略经营单位的产品处于寿命周期的初期发展阶段时，更应该运用产品—市场演进矩阵。

在实际的战略管理当中，还有两类企业不适合运用上述三种矩阵来分析企业的总体战略。一类是刚刚开始多元化经营单一产品系列的企业，另一类是主要经营业务与次要经营业务密切相关的主导产品系列的企业。对于前一类企业来讲，由于原有的经营业务与新生的经营业务在规模上和重要程度上

都处于不稳定的状态，企业即使充分地考虑到产品—市场综合发展的各种条件，也很难用投资组合矩阵充分地表明这类企业中不同经营业务之间的相互关系。而对于后一类企业来讲，由于其主要的经营业务与次要的经营业务在资源配置、竞争优势和协同作用上通常是有区别的，需要分别研究。而且，这类企业还没有进行多元化经营，也就更不适合运用上述三种经营组织矩阵。

思考题

1. 影响企业战略制定与评价的基本因素有哪些？
2. 描述波士顿矩阵的主要内容。
3. 在通用矩阵中，各种业务是根据什么因素来定位的？
4. 什么是成长型、盈利型、平衡型的产品—市场演进矩阵？它们各自的特点是什么？

网络练习

上互联网分别查找华为公司和中兴通讯公司的相关资料，利用本章介绍的战略评价工具对两个公司的战略进行评价和比较。

第八章　战略实施的计划与组织

学习目标

1. 企业最基本的四种职能战略
2. 实施企业战略的四种方法
3. 不同的企业战略及其相应的职能战略
4. 战略与组织结构的相互关系
5. 各种组织结构的特点

开篇案例

德国伍德公司的组织与管理

德国伍德公司，创建于1921年，是目前世界十大化工工程公司之一。该公司原是工程师 Uhde 开办的设计所，后来被大化工公司赫斯特收买。赫斯特集团内各子公司实行专业分工，而伍德公司则是赫斯特公司的专业设计公司。伍德公司的工程设计部门有职工 2 100 人，承包炼油、合成氨、化肥、有机化工原料、合成树脂、合成纤维、氯碱、酿造食品、环境保护和核技术等方面的工程建设，是一个比较全面的化工工程公司。伍德公司的业务特点主要有三项。

一、业务范围广泛，服务机动灵活

伍德公司是一个完全企业化的工程设计公司，是一个在激烈竞争中求生存的企业。因此，它的业务活动要在最大可能的活动场所寻找机会。其工程设计业务活动的范围广泛，反映在以下几个方面：

（1）能够承担设计的工艺品种多。从无机化工产品到有机化工产品，从原料生产到产品加工，而且跨越到炼油、食品、纺织、轻工和核能等其他行业。

（2）公司规模大，部门多。

（3）公司业务面向世界。伍德公司只有20%的业务是为德国国内厂家服务，大部分业务在国外。

（4）工作范围广。为顾客提供多方面的服务，包括市场调查、可行性研究、调查专利、厂址选择、资金筹集、人力计划、基础设计、详细设计、采购设备、施工指导、培训和开车等，均可向顾客提供分项或联合服务。它的各种服务，按项目计，有70%是做到设计，25%是做到安装，5%是从头到尾的全包合同。按工作量和金额计，后两类服务占70%以上。

国外工程设计单位在竞争中所面临的情况和问题是：工程设计单位企业化后，如果服务到位，业务就会越来越多，而且可以跨行业发展；如果战略规划不合理，业务就会收缩，工程技术人员也会外流，甚至公司被淘汰。伍德公司能够在激烈的竞争中得到发展，是与其业务范围广泛、服务机动灵活分不开的。

二、企业战略三要点：时间、技术、管理

伍德公司经理雅什克博士说："经营工程设计公司有三个原则：控制时间、抓先进工艺技术、选择领导人才。"

伍德公司对工程的战略计划管理和各项工作的时间控制给予了高度的重视。公司的目标离不开追求利润，由于工程工作的特点，伍德公司每天都要组织几百个制造、装运和施工安装单位的工作，平均每天现金流通量达300万马克，如果这些工作发生径向脱节或时间耽搁，都会造成经济损失，使公司原来可望获得的利润付诸东流。因此，伍德公司把时间控制放在经营管理工作的首位，计划工程师是经理的主要助手。

伍德公司为了节约时间，提高各部门反应的灵敏性和准确性，从战略高度重视时间控制工作，其主要措施有二：一是建立大型计算机中心，不惜巨资装备计算机和配备人力为管理服务；二是设置计划和时间控制专职机构，直属经理领导。

伍德公司的组织结构也是符合战略规划要求的：以6个工艺技术部为纵向骨干，其他各专业和商务等部门为横向辅助部门。而且，有时为了获得先进的工艺技术，即使是竞争中的老对手，伍德公司也可能与之进行暂时的合作。

工程公司业务活动的多样性和复杂性，只有在符合现代组织结构原则的组织管理下，才能顺利实现企业的战略目标。伍德公司十分重视对于各部门领导的选择，其部门领导都是熟悉业务的工程技术人员。16个部门主任除1人外都是大学毕业生，其中有6人取得了博士学位。每个部门只设1个主任，没有副主任和其他同级人员，在业务活动中充分相信和发挥这些领导人员的作用。

伍德公司的管理人员不仅有资历和懂专业技术，同时也具备管理技术的学历。技术人员被提拔到领导岗位之前，先要接受管理技术的教育，取得管理知识学习合格证以后，才能晋升到领导岗位。

伍德公司由于从战略高度抓住了控制时间、先进工艺技术和管理人才这三项工作要点，使公司的基本素质和劳动生产率都达到较高的水平，形成了很强的竞争能力。

三、负责全面工程，内部配合紧密

伍德公司是以设计工作为中心，工程技术全面负责的承包商。它承担工程建设各个环节的组织工作，可为顾客提供完善的"全包服务"。其顾客除化工厂外，还有许多只有资金而毫无化工生产知识的外行，向它们提供平地起家的"交钥匙"工厂。就是说，顾客只要筹好建厂资金和装备好生产人员，不必为基本建设操心，在预定的竣工时间内就能得到一个立即能生产合格化工产品的工厂。这种服务特别受到第三世界国家的欢迎。现在，伍德公司有60%以上的业务是在发展中国家和地区。

要全面提供服务，一个"全能机构"的建立是必要的前提，即把工程建设的各个环节，包括规划、设计、采购、施工组织、计划、财务和销售等业务有机地组织在一个公司内。伍德公司适应这个战略要求而建立了合理的组织机构，主要部门及其业务有：销售部门负责对外联系、宣传广告等销售活动；商务部承担会计、税务、财务、商务报价、法律、保险和专利等事务；工艺技术分为6个业务部，分别从事化工各行业技术业务。在技术部内，项目实行项目负责人制；每个部又设4个组，即报价组、工艺组、工艺安装组、项目负责人组。中心技术部包括各个公共专业，有电气、仪表、土建、设备，此外还有采购、检验、装运、现场工作等业务。

这种全能机构把设计和采购紧密地结合在一起，各项工程实行独立经济核算。在伍德公司内，设计和采购不仅是工作上的顺序关系，而且也是反复联系的配合关系。设计部门完成设计后，向采购部门提交设备清单和技术规格表。采购部门把每台或每类设备，分别向至少4家以上的制造厂商发询价书。询价书中除设备的技术要求以外，还有商务条件，如交货日期、借款条件等。采购部门在收到各制造厂报价后，根据既要满足技术要求又要满足商务要求的标准，选出3家制造厂报价，送到技术部门作技术评价。技术部门推荐出一家制造厂，再返回采购部门。采购部门商务人员根据价格、交货日期等商务条件做出比价报告。技术部门和采购部门对制造厂家的意见一致时就进行订货。如因价格或交货日期不能满足要求而意见不一致时，即由项目经理裁决。若最后采纳的是技术部门的意见，技术部门则写一份备忘录存档，分析订货厂家的产品可能对工程带来哪些问题，以便将来发生事故时分清责任。制造厂接受订货后，车间制造部仍要返回伍德公司技术部门进行审核批准。以后在制造和检验过程中，技术部门也要和采购部门配合工作。由于设计和采购在一个公司内，各项工程容易进行独立经济核算，同时项目的花费也能得到计划控制。

这种全能的工程组织机构具有很多优点。首先是对工程全面负责，责任明确，工作效率高；其次是建设项目的技术问题从头到尾归口管理，整个工程统一组织，避免了建设中各个环节脱节；最后是人、财、物的计划统一管理，能有效地控制工程进度、质量和费用，保证工程在规定的投资内如期竣工。

一个现代化的化工生产装置，它的先进性不是仅体现在工艺流程上，而是机械、材料、控制仪表、能量综合利用、三废处理等多方面技术的综合反映。早期附属化工厂的小型专业设计队伍，很难胜任建设这类大型先进装置的需要。伍德公司组织机构和经营管理的特点，能够适应现代化化工装置工程建设的要求，因此业务发展很快。特别是目前发展中国家大力发展化学工业，不仅需要化工生产技术知识，同时也很需要这些知识的工程技术服务。这些都给伍德公司的业务发展，提供了广阔的空间。

讨论题：

1. 面对公司业务范围广、工程负责全面的情况，伍德公司设计了具有什么特点的组织结构？

2. 在实践当中，针对复杂而又多样的业务活动，怎样做到各个部门配合密切又机动灵活，使组织结构完善、工作效率高？

资料来源：根据互联网资料和参考资料改写。

第一节　制定职能战略

一个公司的总体战略要贯彻实施，必须把它分解为各种更详细、更具体、更具可操作性的职能战略和计划。企业的规模不同和所处的行业不同，其职能战略也不尽相同，最基本的职能战略是市场营销战略、研究与开发战略、财务战略与人力资源战略等。

一、市场营销战略

市场营销是指企业向市场提供产品并达成交易来满足现实和潜在需求的

一系列活动。市场营销计划分为两个层次，战略营销计划是在分析当前市场环境和机会的基础上，描绘范围较广的市场营销目标和战略，即选择目标市场；战术营销计划则描绘一个特定时期的营销战术，包括促销、商品、定价、渠道、服务等等。

（一）市场细分

1. 市场细分的概念和意义

企业面对的总体市场是庞大而复杂的整体，任何企业都无法满足整个市场的全部需要。如果根据顾客或用户需求及购买行为的差异性，就可以把具有异质性需求的整体市场划分为若干具有共同特征的细分小市场。这种把整体市场划分为细分小市场的过程称为市场细分。

市场细分是制定营销策略的关键环节，它是选择目标市场和决定适当的营销组合的基础。首先，通过市场细分，使企业认识到每个细分市场上的需求差异，这些需求被满足的程度，以及各细分市场上的竞争情况。经过分析比较，结合自身的能力，可以发现有利的市场营销机会，选定目标市场和进行产品定位。其次，经过市场细分，企业可根据选定的细分市场上的特点，有针对性地开发产品和设计营销组合策略，避免不必要的损失和浪费。美国对其成功企业的调查表明，多数成功企业都是通过市场细分来接近顾客和使顾客满意的。它们通过市场细分来有的放矢地选择市场和把握机会，找出市场上一块特殊的地方，在那里使自己的产品具有别人所没有的某些长处和优势，获得较高的营销效率。

2. 消费者市场的细分依据

企业面对的市场可以分为消费者市场和生产者市场。消费者市场是指由最终消费者组成的市场，它包括为个人消费而购买产品或劳务的个人和家庭。构成消费者需求差异的因素都可以作为市场细分的依据，通常把这些因素分为四类：

（1）地理因素。包括地理位置、地形、行政区域、气候、经济发展状况等因素。

（2）人口统计因素。包括年龄、性别、民族、宗教、国籍、职业、收入、教育程度、社会阶层、家庭规模、家庭生命周期等因素。

（3）心理因素。包括性格、气质、偏好、追求、兴趣、生活方式等因素。

（4）行为因素。包括消费者对产品的使用场合、使用要求、使用频率、追求利益、忠诚程度、购买状态、购买动机等因素。

3. 生产者市场的细分依据

生产者市场是生产消费者组成的市场，它主要指为了满足其生产和经营上的需要而购买产品和劳务的企业和团体。生产者市场细分的依据有以下几类：

（1）用户性质。如考虑行业、部门、产品用途等。

（2）用户规模。考虑用户使用产品的数量和向本企业购货数量。

（3）用户的地理位置。

（4）产品获得程度。

（5）购买行为。按用户购买习惯、利益追求、与本企业的关系不同来细分市场。

4. 市场细分的程序

在使用以上细分依据进行市场细分时，可以按三个步骤进行。

（1）调查阶段。按照选定的服务方向进行市场调查，先通过面谈了解顾客的动机、态度和行为，然后在此基础上准备正式问卷发给样本顾客，按细分依据搜集顾客的各种资料。

（2）分析阶段。运用因子分析法分析资料，剔除相关性很大的细分依据，然后用集群分析法划分出一些差异最大的细分市场。每个细分市场内部同质，而各细分市场间差异很大。

（3）细分阶段。根据分析结果，划分细分市场，给每个细分市场命名，并详细描述这些细分市场的主要特征。

在市场细分时，最常用的方法是将经分析筛选的细分依据列出，然后进行各种组合尝试，以便找出有意义的细分市场。

5. 有效细分市场的条件

一个细分市场是否有实用价值、能否满足市场现实和潜在的需求又能否对企业有利，那就要看它是否符合下面的条件：

（1）可衡量性。这是指细分市场的规模和购买力可以衡量的程度。一个细分市场内的个体要有共同的特征，这些特征既要同其他细分市场有明显区别，又要能以合理的代价取得衡量这些特征的资料。例如，对某些产品而言，一些心理因素虽然在观念上可用来做市场细分，但实际上却由于难以衡量而无法采用。

（2）实质性。这是指细分市场规模大小或获得程度。经过细分的市场，必须存在足够的需要量，必须值得进行独立的营销活动，否则就会造成过度细分的现象。

（3）易接近性和可行动性。这是指能有效地到达细分市场并为之有效服务的程度。在按一定的细分依据确定的细分市场中，必须有一些是企业可以为之制定有特色的营销策略并有能力实现的，否则这种市场细分也无意义。

（二）目标市场的选择

市场细分化的目的之一在于找出具有良好发展机会的市场组成部分，作为企业的目标市场。企业应该瞄准最佳的细分市场，因此首先要对各细分市场进行评估，评估时要考虑以下三个因素：一是细分市场的规模和发展，这个细分市场应具有相当充分的范围和潜力；二是细分市场结构的吸引力，即细分市场的竞争状况是否对企业有吸引力；三是细分市场应有助于企业完成其使命、战略目标和战略，同时企业应具有在此细分市场获胜的资源。

企业在评估细分市场后会发现，有多个值得进入的细分市场，现在问题是要选择哪几个细分市场。为此有几种模式可供企业采用。

（1）密集单一市场。企业选择一个细分市场集中营销。这种方式的优点是经营对象集中，对市场了解深入，反应快，营销组合策略针对性强，能在该细分市场建立声誉和取得较高占有率。但缺点是缺乏回旋余地，风险较大，易受竞争者的冲击。

（2）产品专门化。企业集中生产一种产品，并向各类顾客销售这种产品。这种模式的主要优点是易树立较高的市场信誉，开发和生产费用较低。但如果有新的替代品出现，则易形成较大威胁。

（3）市场专门化。企业为某一顾客群体提供多种产品和服务。这种模式的优点是营销费用低，能与顾客建立长期联系，了解顾客，易在顾客中建立声誉。其缺点是当该顾客群体的需求全面降低时，会产生较大威胁。

（4）有选择的专门化。企业选择多个细分市场作为目标市场，这些细分市场之间没有明显的联系，但是每一个细分市场都存在着良好的经营机会。这种模式对于分散风险很有利，但是增加了管理上的难度，生产、营销等方面的费用都会有所增加。

（5）完全市场覆盖。企业力图满足整体市场的各种需要。大公司可用两种方法来达到这一目标：一是采用无差异市场营销，即忽略各细分市场的差异，只提供一种产品来满足各种顾客的需求；二是为每一细分市场提供有明显差异的产品和采用明显差异的营销策略。虽然第一种方法选用专业化大规模产销使成本较低，但除了某些同质性的产品（如盐、糖等）外，企业已越来越趋向于采用第二种方法。因为差异市场营销更具有竞争性，使顾客更满意，能赢得更大的总销售额，这往往能弥补成本较高的缺点。

至于企业究竟选择哪一种模式，主要取决于企业的规模、产品特点、产品寿命周期、市场的特点等因素。

（三）产品定位

企业需要在每个细分市场内制定产品定位策略。它需要明确在该细分市场中应树立的企业产品形象，以便使顾客发现和理解企业产品与竞争者产品的差异。产品定位包括以下三个步骤：首先，公司必须确定在产品、服务、人员和形象等方面能与竞争者相区别的差异化；第二，公司必须运用若干准则去选择最重要的差异化；第三，公司必须有效地向目标市场显示它与竞争者有何不同。

（四）市场营销组合

所谓市场营销组合，就是企业为了满足目标市场的需求，有计划地综合运用企业可以控制的各种市场营销手段，以达到销售产品并取得最佳经济效益的策略组合。影响企业营销活动的因素非常复杂，营销手段又多种多样，美国营销学家麦卡西教授把众多的营销手段概括为四种基本营销手段，通常也称营销策略。

（1）产品策略（Product Strategy），指企业提供给目标市场的商品和劳务的组合，包括产品质量、性能、式样、品牌、包装、服务等，用来满足顾客的需要与欲望。

（2）价格策略（Price Strategy），指提供给顾客的产品的价格，包括产品的基本价格、折扣、付款时间、信贷条件等。

（3）分销渠道策略（Place Strategy），指企业为使其产品进入和达到目标市场所进行的种种活动，包括销售方式、储存设施、运输条件、库存控制等。

（4）促销策略（Promotion Strategy），指企业宣传、介绍其产品的种种活动，包括人员推销、广告、公共关系、营业推广等。

由于这四种营销手段的英文字头都是 P，所以简称 4Ps。要注意到 4Ps 代表了销售者的观点，即卖方用于影响买方的有用的营销工具。从买方的角度来看，每一个营销工具是用来为顾客提供利益的。罗伯特·劳特伯恩提出了与 4Ps 相应的顾客 4Cs：

产品（Product）	顾客需要与欲望（Customer needs and wants）
价格（Price）	对顾客的成本（Cost to the customer）
渠道（Place）	便利（Convenience）
促销（Promotion）	沟通（Communication）

因此，获胜的需经济方便地满足顾客需要，同时和顾客保持有效的沟通。

二、研究与开发战略

研究与开发战略，就是围绕企业战略所确定的产品和市场战略，通过科学的调查与分析而制定的产品开发和工艺开发战略，为企业产品的更新换代、生产效率的提高和生产成本的降低提供科学基础和技术保证。研究与开发战略必须回答好三个主要问题：一是开发何种技术；二是是否要在那些技术中寻求技术领先地位；三是是否进行技术转让。

（一）选择要开发的技术

一个企业正在致力谋取竞争优势的类型位于研发战略的核心。要开发的技术应当对企业的一般竞争战略贡献最大且开发成功率最高。技术战略是一个潜在的强大媒介物，有了它，企业就可以追求三个一般战略中的任何一个。表8-1告诉我们，一个企业的研究与开发项目的基本着眼点应与企业所追求的一般战略协调一致。

表 8-1　产品和工艺技术与一般竞争战略

	成本领先	差异化	成本集中	差异化集中
产品技术变革	产品开发：降低材料消耗、方便制造、简化后勤要求、减少产品成本	产品开发：提高产品质量、增加特色、降低转换成本等	产品开发：使产品仅能满足目标细分市场的需要	产品设计：使产品在满足一个具体细分市场方面比竞争者更好
工艺技术变革	改进学习曲线：减少原材料使用方法、减少劳动力投入。工艺开发：促进规模经济性	工艺开发：支持更严格的质量控制、更可靠的进度设计，加快响应订货时间及提高买方价值	工艺开发：使价值链与细分市场的需要协调，降低为细分市场服务的成本	工艺开发：使价值链与细分市场的需要协调，提高买方价值

从表8-1可看出，产品技术开发和工艺技术开发在支持一般竞争战略方面的作用都是不可忽视的。

另外要注意的是，一个企业的技术战略要超出传统意义上的产品和工艺的研究开发。技术渗透于企业的价值链、相关的成本和差异化之中，它是整

个价值链的函数。因此，全面系统地考察一个企业的技术可以揭示出成本或促进差异化的各个方面。例如，当今一些企业里的信息系统部门对技术变革的影响可能比研究与开发部门对技术变革的影响更大。其他诸如运输、材料处理、通讯和办公自动化等重要技术也颇值得重视。最后，为了确保一致性，必须注意协调所有技术领域里的发展，还须注意发展它们之间的相互依赖性。

（二）技术领先或技术追随

技术战略方面的第二个大问题是要不要追求技术领先地位。技术领先就是企业为支持其一般竞争战略而试图率先实行技术改革。所有那些不处于领先地位的企业，包括不重视技术变革的企业，均被视为技术追随者。但是，技术追随应该是一种自觉主动的战略，企业应明确选择以避免在各种创新方面成为率先行动者。波特教授通过将研究与开发战略和企业竞争战略放在一起来考察进而指出，技术领先者和技术追随者在获取成本领先优势或差异化优势方面各有特点。如表8-2所示。

表8-2　研究开发战略与竞争优势

竞争优势	技术领先者	技术追随者
成本领先	率先设计出成本最低的产品；优先获得经验曲线效应；创造出完成价值链活动的低成本方式	通过学习技术领先者的经验，降低产品成本和价值链活动的费用；通过仿造来减少研究与开发费用
差异化	率先生产出能增加买方价值的独特产品；在其他活动中创新以增加买方价值	通过学习技术领先者的经验使产品或交货系统更紧密地适应买方需要

由于在价值活动中发挥作用的技术五花八门，而它们又可以获得不同类型的竞争优势，因此，在一个产业中同时出现多个技术领先者也是可能的。企业必须以下面三个因素为基础来决定是成为一项重要技术的领先者还是追随者：

（1）技术领先的恒久性。如果技术领先得以持久，那么这种领先就是有益的。促使技术持久领先的原因主要是：①竞争者不能复制技术；②企业创新得很快，能够保持技术领先。

（2）首先行动者的优势。只要首先行动者有足够的优势，技术领先就具有战略上的合理性。首先行动者的潜在优势主要表现在以下方面：①信誉；

②有利地位的优先占据；③转换成本；④销售渠道选择；⑤专有学习曲线；⑥获取各种设施和其他稀有资源的有利途径；⑦各种标准的确定；⑧法规障碍；⑨早期利润。

（3）首先行动者的劣势。首先行动者的劣势主要源于开发成本和条件变化造成的各种风险。

（三）技术转让

技术战略中的第三个重要问题是技术转让。技术转让是一个企业与其他企业合作的一种形式。当技术是竞争优势的一个重要来源时，有关技术转让的决策就至关重要。技术转让常会损及一个企业自身的竞争地位，这常常是由两类错误引起的，一是技术转让过程中创造了竞争者；二是只图很少的转让费而丢弃了自己的竞争优势。所以，技术转让决策主要包括转让时间和转让对象的确定。

1. 技术转让时间

如果技术是竞争优势的一个来源，一个企业应当将向其他企业进行技术转让看作是一种具有风险性的行动，只有在下列情况下，从战略角度来看，技术转让才是合理的。

（1）缺乏技术利用能力。一个企业自行开发出技术后如果无能力利用，则向其他企业转让是合理的。

（2）挖掘其他市场的潜力。转让技术可以使一个企业从各类市场上获取一些其他方式所无法实现的收益。这些市场，指的是企业的技术对其有价值而又很难或不想进入的其他市场。

（3）技术迅速标准化。技术转让可以加速按照一个企业的技术进行行业标准化的进程，在许多情况下，这往往是技术转让方所希望的。

（4）行业结构欠合理。如一个行业对企业缺乏吸引力，则可以考虑从高额的转让费中获益。

（5）良好竞争者的假设。技术转让可以成为创设良好竞争者的一个推动力量，它可以在促进需求、阻止进入和分担开发成本等方面发挥重要作用。

（6）相互间转让。正如 ATT 公司和 IBM 公司所做的一样，一个企业可以通过转让自己的技术来换取另一个企业的技术转让。

2. 转让对象的选定

技术只应向非竞争者或良好竞争者转让，以使风险降到最低程度。转让方一方面必须考察其所服务的现有市场或细分市场，同时还必须考察其将来可能要进入的市场；另一方面要制定好转让条款。

三、资本与财务战略

企业经营活动的全过程离不开资本的支持，其经营活动的效果最终也要反映为以货币计量的财务状况。因此，企业的财务战略管理贯穿于企业战略活动的全过程，详尽、高效的财务战略的制定与执行是企业总体战略顺利实施的根本保证。

企业财务战略的主要任务，就是根据企业宗旨确定财务战略总体目标，根据总体战略、经营战略及其他职能战略的要求，分析企业资金需求数量，确定融资渠道和融资方法，调整企业内部财务结构，保证企业经营活动对资金的需要，提高资产管理能力，以最佳的资金利用效果来促进企业战略目标的实现。

（一）财务战略目标

与其他职能战略一样，财务战略的制定首先需要明确其基本目标。在市场经济条件下，企业财务战略目标一般有两种选择：

（1）利润最大化目标。很多企业采用利润最大化作为财务战略的目标。这种定位有利于资源的合理配置和经济效益的提高。但它存在以下一些缺点：首先，利润最大化没有考虑利润发生的时间，没有考虑资金的时间价值；其次，它没有考虑风险问题，单纯追求高利润可能会使企业不顾经营风险的大小，往往使企业的经营活动陷入被动境地；最后，这种目标定位有可能会导致短期行为，即只顾眼前利益，而不顾企业的长远发展。所以，越来越多的企业意识到利润最大化并不是财务战略的最佳目标。

（2）价值最大化目标。价值最大化是指通过企业的合理经营，采用最优的财务政策，在考虑资金的时间价值的风险报酬的基础上，不断增加企业财富，使企业的总价值达到最大。在股份有限公司中，企业的总价值可以用股票的市价总额来代表，当公司股票的市价最高时企业也就实现了价值最大化。

所以，除了传统的财务指标，目前也有一些新的绩效衡量指标。它们包括企业的收入增长、提高股东的红利、扩大利润率、提高已有投资资本的回报率、提高现金流量、获得有吸引力的经济附加值（EVA）和市场附加值（MVA）、提高公司收入的多元化程度，以及在经济萧条期间管理公司的收益等。

经济附加值（EVA）是指公司加权平均资本成本之上的利润，即

$$EVA = 营业利润 - 所得税 - 债务成本 - 权益成本提留$$

例如，假设一家美国公司的营业利润是 2 亿美元，支付 7 500 万美元的所得税，2 500 万美元的利息费用，同时，公司的股东权益为 4 亿美元，其权益成本估计为 15%（折合为 6 000 万美元），这样公司的经济附加值为：$EVA = 2 - 0.75 - 0.25 - 0.6 = 0.4$ 亿美元，即 4 000 万美元。对这 4 000 万美元的经济附加值可以这样解释：公司的管理层经营公司所带来的利润超过了 15% 的权益成本这个基准点，这是一笔他们可以从可比风险投资中所能获得的收益期望值以上的财富。经济附加值这个指标是斯图尔特（Stewart）管理咨询公司提出来的，由于它能反映公司为股东创造的价值，所以在美国的大公司中得到推广。20 世纪 80 年代中期，可口可乐、AT&T 等一批公司开始尝试将经济附加值作为绩效目标引进到公司的管理中，并将经济附加值指标最大化作为公司的目标，促使管理人员为股东创造更大价值。

市场附加值（MVA）是指公司总价值上升后，减去股东实际投入公司的总资本量所得的价值量，即公司的市场附加值等于公司现有股票价格乘以在外股份数量所得值，减去公司的所有者权益。它表明公司的管理者通过管理公司的业务，为股东的财富所增加的价值。

（二）财务战略的层次结构

一般说来，企业财务战略可以分为资本筹集战略、资金运用战略和利润分配战略三部分。

1. 资本筹集战略

资本筹集战略，也称为融资战略，即根据企业经营的实际资金需求量和特定融资环境进行综合分析，确定企业最佳融资规模、资本结构和融资方式的财务战略。融资战略方案的选择应在综合考虑融资数额、期限、利率、风险等各种因素的基础上进行，最常见的融资方式有股票融资、债券融资和银行贷款三种。它们的优缺点见表 8 - 3。

表 8 - 3 常见融资方式比较

融资方式	优点	缺点
股票融资	募集资金无须偿还；股票的发行可提高企业的银行和社会信用	融资成本高，法律限制严格；有利润分配的压力；股份的增加会导致原有股东的控制权被稀释
债券融资	较低的利息率使得融资成本低；利息支出可从收益中抵减，从而企业纳税负担低；不存在股权稀释问题	融资能力受法律限制；严格的偿债期限可能增加企业经营风险与资金周转困难

（续上表）

融资方式	优点	缺点
银行贷款	融资成本最低；利息支出同样可减轻企业纳税负担；融资规模和期限可根据经营形势灵活安排和调整	贷款到期还本付息压力大；不良银行信用会影响企业商业信用；贷款的资产抵押可能影响企业经营，甚至有破产风险

2. 资金运用战略

资金运用战略主要解决资金的使用效率问题，可以分为投资战略和资产管理战略两部分。

（1）投资战略。按照不同的标准，企业的投资可划分为不同的类型。按照投资回收期，可分为长期投资、中期投资和短期投资；按照投资方位，可分为对内投资和对外投资；按照投资方向的性质，可分为资源开发型投资、技术开发型投资和销售市场开发型投资。企业的投资战略是在对企业所处投资环境进行科学分析的基础上，制订的最佳经济资源组合和运用的方案。

对于投资方案的评价通过投资回收期法、净现法、现值指数法、内部报酬率法等来进行，这些方法都考虑货币的时间价值。

（2）资产管理战略。资产管理是财务管理的重要内容，涉及企业各种资产的计划、分配及有效运用等许多方面的问题，主要包括固定资产管理和流动资产管理两方面内容。

固定资产管理战略。固定资产管理战略的重点在于制订固定资产投资计划、保持生产能力的均衡、充分利用闲置的生产资源和能力、防止资产意外损失等等。固定资产周转率是反映企业固定资产管理能力的重要财务指标。

流动资产管理战略。流动资产管理具体包括现金管理、存货管理、应收账款管理等等，战略重点在于节省不必要的开支，提高流动资金周转率，处理好保持流动性与现金持有成本、保证供货与降低存货成本、促进销售与减少应收账款等若干矛盾。用于分析企业流动资产管理能力和状况的相应财务指标主要有存货周转率和应收账款周转率。

3. 利润分配战略

企业依法交纳所得税后的利润是所有者权益，主要用于企业积累和向投资者分配。在现代企业制度下，利润分配战略实际上就是股利政策，即确定公司税后利润有多少作为股利发给股东，有多少应留在公司进行再投资。一般股利政策主要有以下四种：

（1）剩余股利政策，即公司只能利用满足投资后的剩余收益作为股利。这种股利分配政策首先根据企业投资计划选择最佳投资方案，确定投资方案所需筹集的所有者权益资金，然后最大可能地利用留存收益来满足所有者权益资金的需要；在投资方案所需的所有者资金全部得到满足后，如果尚有剩余，则将剩余部分作为股利发放。这种分配方式适合于业务高速成长的企业，其股东更多的是从股票的增值中获益。

（2）固定股利或稳定增长股利政策，即每年发放固定的股利数额，只有当公司认为未来收益的增加足以使其能够维持更高的股利水平时，才会提高股利的发放额。这种股利政策的根本原则是：绝对不要降低年度股利的发放额。如果存在通货膨胀，固定股利政策将转变为稳定的股利增长政策。这种情况下，一般要先制定股利目标增长率，然后再依此比率发放股利。对那些业绩优良且稳定的大企业，实施这种政策常能建立"蓝筹股"形象。

（3）固定股利支付率政策，即从公司利润中提取固定的比例作为股利，每年发放的股利数额随利润的波动而波动。

（4）固定低股利加额外分红政策。这是介于固定股利或稳定增长股利政策与固定股利支付率政策之间的一种折中政策。在这种政策下，公司将每年发放的股利固定于低水平，然后根据经营情况决定年末是否追加额外分红。

筹资战略、投资战略和分配战略并不是相互割裂、互不相关的，而是相互联系、相互依存的。上述三个既有联系又有一定区别的战略构成了完整的财务战略活动。因此，财务工作者应综合各种财务比率的分析，确定最有利于企业总体战略目标实现的最佳财务结构，保证企业偿债能力、盈利能力与资产管理能力在整体协调的基础上不断优化与提高。

四、人力资源战略

战略变化不可避免地要影响到企业的人员，人力资源战略主要包括人力资源计划、人员招聘、人力资源的培训与开发、人力资源的利用、员工的考评等内容。

（一）人力资源计划

人力资源计划的重要一部分是详细考虑某特定战略的人力资源的要求，包括所要求的人数、人员所应拥有的技能和水平等。进而应详细地计划怎样去实现这种新的人力资源配置。

（1）评估现有的人力资源状况。通过工作分析法检查现有人力资源状况并做出职务说明书，其中主要包括职责与工作任务、职权、任职资格、工作环境和协作关系等内容。

（2）评估未来人力资源状况。企业的目标与战略决定了人力资源的未来需求。要使战略规划转化成具体的、操作性较强的人力资源计划，企业就必须根据组织内外资源的情况对未来的人力资源状况进行预测，找出各时期各类人员的余缺分布。

（3）制订一套相适应的人力资源计划。对现状和未来人力资源需求做出评估之后，管理者就可以确定人员需求的数量、时间和种类，制定出一套与组织战略和环境相适应的人力资源计划，以确保未来的人力资源供需的匹配。这些计划包括总的人力资源计划，以及根据总计划制订的各项具体的业务性人力资源计划（如招聘计划、培训计划等）和相应的人事政策。

（二）人员招聘

要把招聘和选择与组织的战略方向和所经历的变化类型联系起来。如果变化不大，那么可以大量地使用现有员工或经过培训后使用他们，需要变化的范围越大，越应该吸收"新鲜血液"。这也许是由于需要新的技术或能力，也许是作为变革企业文化的一种方法。

实际上，由于多年来的招聘和培训政策，组织中多是那些已经接受了企业文化的人。要改变这种状况，有必要将有不同经验的人吸收到企业中来。

（三）人力资源的培训与开发

人才培训与开发包括两个方面的内容：一是通过对普通员工的教育培训，使其中具有才能者成为企业的人才；二是通过教育和其他方式提高现有人才的能力，挖掘他们的潜力。人力资源的培训与开发对企业的生存与发展具有重大意义。

成功的战略实施需要个人的价值观、技能和知识与战略相匹配。采用新战略或调整现行战略的企业正好拥有所需要的恰当的技能和人员的情况是很少的，因此，战略变化的程度越大，培训工作就越重要，只有这样才能将人力资源与企业战略相匹配。人员培训与开发的通常方法包括：岗前导向培训、理论培训、工作轮换、担任助理、参加委员会、上级指导、案例研究、研讨会、情景模拟、角色扮演等等。各种形式和方法的特点、适用对象、费用、效果存在着较大的差别，因此，企业有必要根据自身的情况和条件，选择自身的人力资源开发模式。

（四）人力资源的利用

人力资源的利用一般包括三个方面的内容：

（1）为各个战略岗位配备管理和技术人才，特别是关键岗位的关键人物

的选择。

（2）为战略实施建立人才及技能储备，不断为战略实施输送有效的人才。

（3）在战略实施过程中，注意整个队伍的综合力量搭配和权衡。

（五）员工的考评

考评的一个重要目标就是，促使员工为实现企业的目标和战略而努力工作。考评体系的设计必须解决以下主要问题：

（1）考评内容，即确定不同考评对象需要考评的内容，一般情况下从绩效、态度、能力三个维度进行考核。

（2）考评主体，即由谁对不同的被考评人进行考评。

（3）考评频率，即对不同的考评人分别在什么周期进行考评。

（4）考评操作程序，考评工作如何开展。

（5）考评结果的综合评价方法，比如是排序法还是强制分布法等。

（6）考评结果的运用，即考评结果与薪酬、晋升如何结合。

第二节　战略实施的计划

把战略性计划转化为战术性计划，就是要把战略目标在时间和空间两个维度展开，并且具体规定企业的各个部门在目前到未来的各个较短的时期阶段，特别是在最近的时段中，应该从事何种活动。实践中落实企业战略行之有效的方法主要有目标管理、滚动计划、网络计划技术等方法。同时，为了能对变化做出快速的反应，还要制订权变计划。

一、目标管理

目标管理（management by objectives，MBO）是美国管理学家德鲁克在20世纪50年代提出的。

（一）目标管理法的基本思想

（1）企业的任务必须转化为目标，企业管理人员必须通过这些目标对下级进行领导并以此来保证企业总目标的实现。

（2）目标管理是一种程序，是一个组织中的上下各级管理人员共同来制定共同的目标，确定彼此的成果责任，并以此项责任作为指导业务和衡量各自贡献的准则。

（3）形成以企业总目标为中心的、上下左右衔接和协调一致的目标体系。

每个部门或员工的分目标就是企业总目标对他的要求，同时也是企业管理人员或员工对企业总目标的贡献。

（4）管理人员和员工主要靠目标来管理，以所要达到的目标为依据，以自我指挥、自我控制为主，而不是完全由他的上级来指挥和控制。

（5）企业管理人员对下级进行考核和奖惩也是依据这些分目标。

（二）目标管理的步骤

目标管理有 4 个共同要素：明确目标、参与决策、规定期限和反馈绩效。目标管理一般需要按下述步骤来操作：

（1）制定企业的整体目标和战略；

（2）在经营单位和部门之间分配主要的目标；

（3）各单位的管理者和上级一起设定本部门的具体目标；

（4）部门的所有成员参与设定自己的目标；

（5）管理者与下级共同商定如何实现目标的行动方案；

（6）实行逐级充分授权，使之有能力调配和利用必要的资源，制订并实施行动计划；

（7）定期检查实现目标的进展情况，并向有关单位和个人反馈；

（8）根据目标完成情况给予奖励，促进目标的实现；

（9）对整个目标期的工作成果进行评价、总结和奖惩，制定新目标并开始新的目标管理循环。

二、滚动计划

这是一种把长短期计划结合起来，并随着时间的推移，逐步将计划期向前延伸的计划方式。由于在计划工作中很难准确地预测外部环境的各种变化，而且随着计划期越长，这种不确定性就越大。因此若机械地、静态地执行战略计划，则可能导致巨大的错误和损失。滚动计划可以避免这种不确定性带来的不良后果。具体做法是用近细远粗的办法制订计划，远期计划比较概略，着重目标和战略的规划；近期计划安排详尽具体，着重活动过程和实施细节。远有方向，把握全局；近有细则，脚踏实地；以远导近，由近及远。在计划期的第一阶段结束时，要根据该阶段计划的实际执行情况和内外部环境的变化情况，对原战略和计划进行调整修正，并根据同样的原则逐期滚动。每次修订都使整个计划向前滚动一个阶段，既保持计划对执行过程的指导作用，又能使企业不同时期的工作保持连续一贯。如图 8-1 所示的是五年期的滚动计划。

具体计划	比较具体计划		比较粗略计划	
2004	2005	2006	2007	2008

本年实际绩效

计划与实际差异

计划修正因素		
差异分析	客观条件变化	企业战略调整

具体计划	比较具体计划		比较粗略计划	
2004	2005	2006	2007	2008

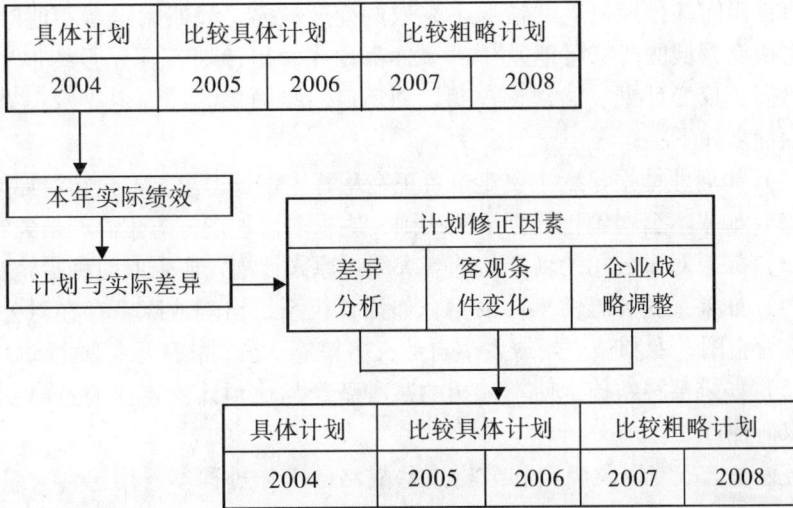

图 8-1　五年期的滚动计划

三、网络计划技术

网络计划技术是一种项目规划计划，它将待进行的计划项目看作一个系统，运用网络图统筹规划和反映出组成系统的各项活动之间的相互关系，并表示出计划任务的时间安排；在此基础上进行网络分析，计算出网络时间参数，确定关键活动和关键线路；利用时差，不断改进网络计划，从诸多方案中科学地选出综合考虑时间、资源与成本的满意方案；在计划执行过程中，通过信息反馈，始终保持对整体计划进行有效的监督、控制和调整，以保证预定计划目标的实现。

网络计划适用于落实那些一次性的项目，如新产品开发、技术改造、基建施工、顾客调查、特定的促销活动等等。

四、权变计划

良好战略管理的一个基本前提是企业能够对有利及不利事件的发生事先做出部署。很多企业只是为了对付不利事件而制订权变计划，这是错误的，因为将威胁降到最小和充分利用机会都可以增强企业的竞争优势。

无论经营战略被多么精心地制定、实施，环境与条件的重大变化都可能使战略过时。为了能对突然到来的机会和威胁做出反应，企业应将制订权变计划作为战略实施的一个组成部分。权变计划（也称应变计划），是指在特定关键事件没有按预期发生的情况下采取的变通战略。战略制定者不能够也不需要对所有领域的所有可能发生的事件都预先做出计划，只有那些非常重要的领域需要权变计划。通常，权变计划还应尽量简单。一些企业所广为采用的权变计划如下：

（1）如商业情报显示主要竞争者正在从特定市场退出，本公司将如何做？

（2）如果本公司销售目标未能达到，应采取何种措施防止盈利损失？

（3）如果对本公司的新产品的需求超过原来计划，应采取何种措施？

（4）如果某些灾难性事件发生，如计算机系统出现故障，存在对公司的恶意接管企图，专利被盗用或发生自然灾害等等，公司将采取何种行动？

（5）如果某种新技术使本公司的某种新产品比预计的要提前过时，公司应采取何种行动？

各种备选战略以及制定和分析这些战略的工作过程本身均包含大量的信息，但很多公司却把没有被选中的方案随意丢弃。实际上，这些方案之所以未被选中，关键是它所依据的环境前提受到多数人的反对。但是，如果现实的环境和条件向对这些方案有利的方向变化发展，而现行方案失效时，那些未被选中的战略正好可以作为权变战略。

在某些场合，内部条件和外部环境的变化会提供一些意料之外的机会或威胁。此时，有所准备的企业会立即处于有利的地位。利纳曼（Linneman）和钱德兰（Chandran）曾报道说，权变计划曾给予像杜邦公司、道氏化学公司、联合食品公司和埃默森公司这样的企业三种主要的益处：迅速对变化做出反应，防止在危机中陷于慌乱以及通过使管理者更加意识到未来是如何变化多端而提高他们的适应能力。他们提出了制订有效的权变计划的7个步骤：

（1）确认可能使现行战略失效的有利和不利的事件。

（2）确定这些事件可能发生的环境条件及触发点。

（3）评价各种突发事件的影响，估算这些事件会带来的益处或害处。

（4）制订权变计划。要确保这些计划与现行战略的兼容性和经济上的可行性。

（5）评价各权变计划对事件的作用，即这些计划在何种程度上可以利用事件带来的机会或抵消事件带来的不利影响。这样可以定量地确定各权变计划的潜在价值。

（6）确定各关键突发事件的早期征兆并监视这些征兆。

（7）对于那些确实已显现征兆的即将发生的事件，预先制订行动计划以获取时间优势。

第三节　战略的组织管理

一、组织结构调整的战略含义

企业组织结构是实施战略的一项重要工具，一个好的企业战略需要通过与其相适应的组织结构去完成方能起作用。美国学者钱德勒（A. D. Chandler）在 1962 年出版的《战略与结构：美国工业企业历史的篇章》一书中指出：战略与结构关系的基本原则是组织的结构要服从于组织的战略，即结构跟随战略。这一原则指出企业不能仅从现有的组织结构去考虑战略，而应从另一视角，即根据外在环境的变化去制定战略，然后再调整企业原有的组织结构。

企业作为一个开放系统，总是处于不断变化着的外部环境之中。相对于企业外部环境的变化而言，战略与组织结构做出反应的时间是有差别的，钱德勒通过对美国工业企业历史发展的分析得出结论：战略首先对环境的变化做出反应，而后组织结构才在战略的推动下对环境变化做出反应。这样就形成了战略的前导性和组织结构的滞后性。

（1）战略的前导性。企业战略的变化快于组织结构的变化。这是因为，企业一旦意识到外部环境的变化提供了新的机会，首先会在战略上做出反应，通过新的战略谋求经济效益的增长。而新战略实施要求有一个新的组织结构，至少在一定程度上调整原有的组织结构。如果组织结构不能做出相应的变化，新战略也不会使企业获得更大的收益。

（2）组织结构的滞后性。组织结构的变化常常慢于战略的变化速度。一方面，新旧结构交替有一定的时间过程。新的战略制定出来以后，原有的结构还有一定的惯性，原有的管理人员仍习惯运用旧的职权和沟通渠道从事管理活动。另一方面，由于担心自身的经济利益、权力、地位受到影响，原有的管理人员往往会以各种方式去抵制组织的变革。

战略的前导性和组织结构的滞后性表明，在应对环境变化而进行的战略转变过程中，总有一个利用旧结构推行新战略的过渡阶段。因此，在为战略的实施进行组织匹配过程中，战略管理者既要认识到组织结构反应滞后性的特征，在组织结构变革上不能操之过急，又要尽量努力来缩短组织结构的滞后时间，使组织结构尽快变革以保证战略实施活动的效率。

二、组织结构调整的原则和内容

（一）企业组织结构调整的原则

企业战略的重要特性之一便是它的适应性。它强调企业组织能运用已占有的资源和可能占有的资源去适应企业组织外部环境和内部条件的变化。这种适应是一种极为复杂的动态调整过程，它要求企业一方面能加强内部管理，另一方面则能不断推出适应性的有效组织结构。因此，适应的特殊性决定了这种适应不是简单的线性运动，而是一个循环上升的过程，企业组织理论界人士将这个过程称为适应循环。这明确地指出组织结构如何适应企业战略的原则。因此，适应循环原则是企业组织结构调整的根本原则。

（二）组织结构的基本概念

组织结构是描述组织的框架体系。不同企业的组织结构不同，主要表现在三个方面：复杂性、正规化和集权化。复杂性是指组织分化的程度。一个组织越是进行细致的专业分工，具有越多的纵向等级层次，拥有越多的部门，组织单位的地理分布越是广泛，则组织的复杂性就越高，而协调人员及其活动就越困难。正规化是指组织依靠规则和程序引导员工行为的程度。集权化是与分权化相对的一个概念，是指组织内决策制定权力的分布情况。在某些组织中，决策权集中在组织的高层，而在另一些组织中，决策权则分散在组织的各个层次。

组织结构的形式多种多样，但可以根据以上提出的三个要素的组合分为两种：机械式组织与有机式组织。表 8-4 列出了两种组织模式的特点。

表 8-4　机械式组织与有机式组织的对比

机械式组织	有机式组织
1. 严格的层次关系	1. 合作（纵向、横向）
2. 固定的职责	2. 不断调整的职责
3. 高度的正规化	3. 低度的正规化
4. 正式的沟通渠道	4. 非正式的沟通渠道
5. 集权的决策	5. 分权的决策

（三）组织结构调整的内容

与企业战略相适应的组织结构调整工作包括三个内容：

（1）正确分析企业目前组织结构的优势与劣势，设计开发出能适应战略需求的组织结构模式。

（2）确定具体的组织结构。这项工作主要是决定三个结构：一是纵向结构，确定管理层次和管理幅度；二是横向结构，确定部门设置；三是职权设置，确定职权在部门和层次中是如何分配的。

（3）为企业组织结构中的关键战略岗位选择最合适的人才，保证战略的顺利实施。

（四）组织结构调整的准备工作

为了帮助上述组织结构调整工作的有效开展，需要做好以下几方面的前期准备工作：

（1）确定战略实施的关键活动。管理者应该从错综复杂的活动中，如制度建设、人员培训、市场开发等方面，去寻找对战略实施起重大作用的活动。

（2）把战略推行活动划分为若干单元。将企业整体战略划分为若干战略实施活动单元，这些单元实际上就组成了组织结构调整的基本框架，这样在客观上保证了企业战略居于企业各项工作的首要地位。

（3）将各战略实施活动单元的责权利明确化。企业战略管理者应全面权衡集权与分权的利弊，从而作出适当选择，给每个战略实施单元授予适度的决策权力，并责成其制定符合企业战略的单元战略并负责贯彻执行。

（4）协调各战略实施活动单元的战略关系。这种协调包括：①通过整个组织权力等级层次的方式来实现目的；②在实施企业整体战略的过程中吸收各战略实施活动单元共同参加，让其在实施过程中相互了解，相互沟通，从而充分发挥和协调各方的作用。

在企业调整组织结构过程中，必然会对组织结构进行选择。而每一种组织结构都有其自身的长处与短处，在企业组织调整中，企业应综合考虑各种组织结构的特点，而不应局限于某一基本的组织形式。组织结构作为实现企业战略的手段，其本身无所谓好坏，关键在于其如何适应战略。因此，企业应从实际出发，对自身的组织结构进行有效的调整，让其既满足战略要求又非常简单可行，而不可盲目追求结构的膨胀和形式的完善。

三、业务层次战略的组织结构

（一）总成本领先战略的组织结构

总成本领先战略的核心是要在同业竞争者中建立单位产品成本最低的竞争优势。其主要途径是通过学习曲线和规模经济及高市场占有率以获得规模经济优势。因此，在组织结构上，总成本领先战略突出强调专业化、正规化和集权化。

专业化是为了使具有相同专长的人力资源集中到一个部门，以便于他们尽其所长对本部门的问题进行深入细致的研究。这些研究成果就成为企业竞争力的宝贵财富。为了使这些成果能够在今后的工作中发挥作用，就需要程式化，使之成为员工工作行为和部门之间工作流程的正式规则。通常情况下，部门内部的程式化可以由单一部门来完成，但各部门之间的工作流程和例外事件就要由上一级部门来制定和协调。这就需要权力的向上集中。

这些特征决定了实施总成本领先战略的企业通常采用机械式的职能结构（见图 8 - 2），而且将重点放在生产职能上。为了提高生产效率，也非常重视生产工艺和设备的开发研究，而对新产品的开发则不甚看重。因为，如果产品变动比较频繁，就会降低生产过程的效率。

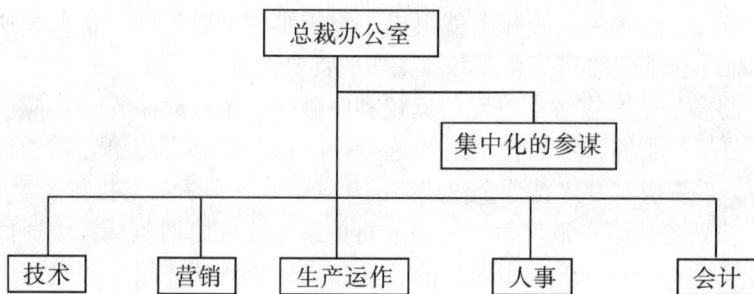

图 8 - 2　实施成本领先战略的职能结构

（二）差异化战略的组织结构

差异化战略的核心是要使自己的产品（整体产品的概念，包括品牌形象、服务、企业形象等）与众不同。为此，差异化战略要求企业具有较强的市场营销能力，以便企业对市场需求具有高度敏感性，能够及时发现市场机会，同时也要求企业必须通过广告等方式建立企业的独特形象，还要求企业在服务等方面能给顾客提供更大的价值。为了实现差异化，企业还必须强调创新，尤其是产品创新，这就要求企业格外重视研究与开发（R&D）职能。

在决策与控制的权力上，由于差异化战略需要对市场做出快速反应，因此，相对地分散权力就成为差异化战略组织结构的一个主要特征。例如，把某些产品的经营决策权下放给产品线或品牌经理，而不是事事由最高层来决定。差异化战略需要企业更具有创造力,不断进行营销和产品的创新,并要对各种问题和机会做出迅速的应对和反应。因此,规章制度、业务流程等只做较宽泛的程式化规定,而不能像总成本领先战略的企业那样进行详细的硬性规定。与上述特点相联系,差异化战略要求企业部门之间进行更多的沟通和协作。由各部门参加的"项目攻关小组"是实施差异化战略的企业常用的组织方式。因此,差异化战略的企业专业化程度也比较低。总之,差异化战略的企业结构更趋于有机化。

图8-3是差异化战略组织结构的一个典型形式。把此图与前面总成本领先战略的图加以比较可以发现一些有意义的差别。

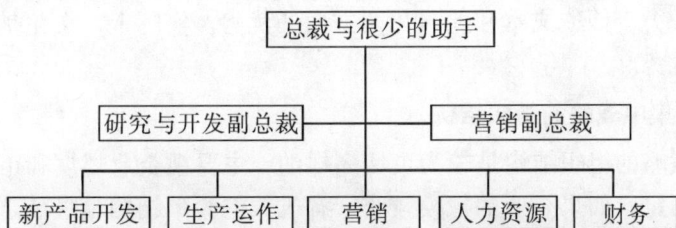

图8-3 实施差异化战略职能式结构

第一,两者的最高权力机构是不一样的。总成本领先战略因为要求权力的高度集中,因此总裁需要较多的助手协助他处理日常发生的各项事务。比较而言,差异化战略因为是相对分权的,所以,总裁的日常事务较少,他只有少数几个助手。

第二,实施总成本领先战略需要有集权化的职能部门,这个部门有较高的职能职权,它协助总裁制定各项工作(甚至包括定价、采购、产品开发等所有重要事务)的程序和标准,并具有对其他部门进行督导和检查的权力。在一些企业中,这个部门常常冠以"计划部"、"预算部"或"计划财务部"等名称。在差异化战略企业中,不设置这样的职能机构,但强调R&D与营销之间的沟通协调,并通过它们两者之间的协调带动整个企业的运转。

第三,总成本领先战略的沟通联系是程式化的,有较多的上下沟通而较少横向沟通。差异化战略组织则更注重非正式的信息交流,尤其是部门之间的交流与沟通。

第四,两者的部门名称也有差别。这种差别主要体现了两者的部门性质与功能的差异。

（三）总成本领先与差异化战略相结合的组织结构

一般而言，总成本领先战略与差异化战略有较大的内在矛盾。总成本领先战略通常强调生产制造，有产品改良，但很少有产品创新。而差异化战略注重市场营销和 R&D，产品变化很快，以建立产品独特性的形象。因此，将两种战略结合起来通常会非常困难。但随着柔性制造系统的产生，生产制造部分的刚性瓶颈问题得到了部分解决，因变换产品品种而引起的成本上升已不像过去那么严重；再辅以横向跨部门的协调（如跨部门的团队），有些企业已经能够有效地实施总成本领先与差异化相结合的战略。

建立部门之间的横向联系对实行总成本领先与差异化双重战略的企业非常重要，但更重要的是要能创造一种企业文化，使部门之间能够自愿地沟通协作，并致力于创造成本和差异化两方面的优势。实际上，文化是最难以模仿的竞争优势。

（四）集中战略的组织结构

集中战略的组织结构是较为灵活多样的，主要视企业规模和市场覆盖的地理范围而定。如果企业的规模较小，有机式的简单结构是最佳选择；如果企业规模较大，那么就需要考虑职能式结构。

在实施差异化集中战略的企业，小批量、灵活性生产和力所能及的 R&D，是企业的核心部门，再辅之以营销部门的支持，企业就可以对技术的变化做出快速的反应。在这样的企业中，低正规化和低集权化是非常重要的，即组织结构趋于有机化。

在实施成本集中战略的企业，对成本的严格控制是非常重要的，这要求企业在成本控制方面必须建立严格的规范，相应地，所有涉及成本的审批权力也要高度集中。

四、企业总体战略的组织结构

当企业由单一业务或主导业务型走向多样化经营时，企业就需要从总体战略的层次考虑采用分部式组织结构以适应多样化战略。通常，分部是按产品或市场来构建的，它接受总部的领导并拥有一定的自主权。总的来说，分部式结构有共同的特点，但对于不同的多样化企业来说，其具体的组织结构要求仍有很大差别。

（一）相关约束多样化战略的组织结构

相关约束多样化的企业在各业务之间共享产品、技术和分销渠道，因此各业务之间的联系非常重要。为了使各业务之间能够更有效地实现活动共享，提高范围经济性或转让技能，高层管理者必须鼓励在各业务之间进行合作。相应地，为了协调各业务之间的关系，某些活动的集中也非常必要。通常承担各业务部门协调职能的部门应当具有较高的地位和权威，由企业最高领导者直接领导。

除了集中，在相关约束多样化的企业中，一些其他的结构整合机制非常必要。例如，部门之间的直接沟通、在各部门之间建立联络员制度、建立临时团队和联合攻关小组等。NEC 公司为了推动它的 C&C（Computer and Comunication，电脑与通讯）战略，就建立了一种跨业务部门的委员会，定期召开会议，共同探讨电脑与通讯的结合问题。最终，在这种相关约束多样化的企业中可能会形成将职能和业务产品（或项目）两者结合起来的矩阵式组织结构。

为了建立业务部门之间的联系，人员的定期与不定期交换制度也是一个常用的方法。此外，诸如联合培训等方法对增进各业务之间的相互了解、相互合作也有意义。

对相关约束多样化企业，采用如图 8-4 所示的合作型组织结构可能是一种较好的选择。在这种形式的组织结构中，可以共享的职能和需要在各业务之间建立协调的主要职能集中在上一层，下面的各个产品分部在接受总部领导的同时，在产品分部之间建立广泛的联系。

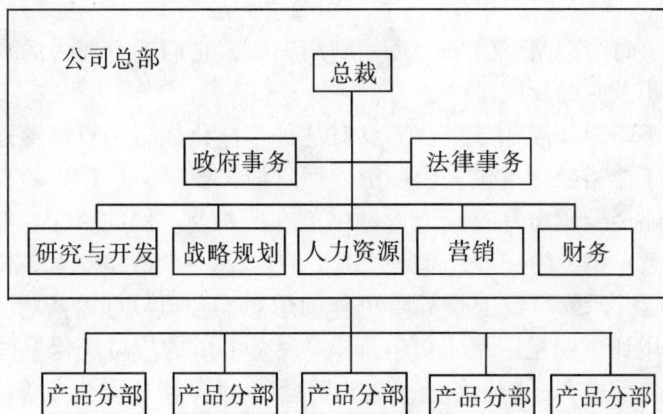

图 8-4　实施相关约束多样化战略的合作型结构

（二）相关联系多样化战略的组织结构

在相关联系多样化企业，某些业务是相关的，而另一些业务则是不相关的。对这种类型的多样化企业，超事业部（战略经营单位）的结构是较好的选择（见图 8-5）。这种结构分为三层：总部、战略经营单位和分部。首先，企业根据各项业务之间的相关性或将联系较为密切的业务部门归并为一个战略经营单位，然后再通过总部将各个战略经营单位组织起来。

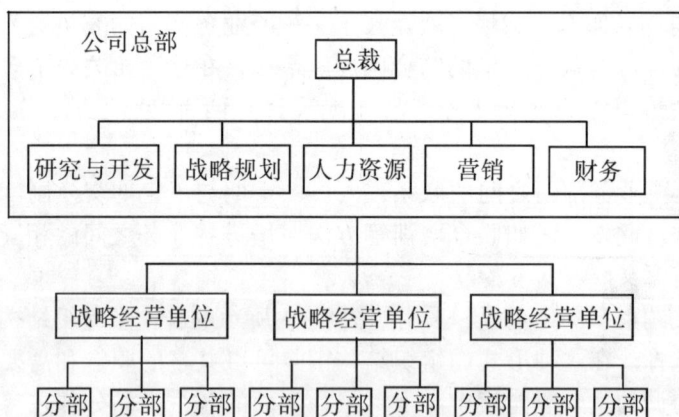

图 8-5 实施相关联系多样化战略的合作型结构

在这里，每个战略经营单位都是利润中心，它们拥有较大的自主权，以便对市场做出及时的反应。

波士顿战略矩阵等业务组合工具对这种多样化战略仍有借鉴意义，但由于中间加入了战略经营单位一个层级，而它们又被赋予了较大的自主权，因此总部与战略经营单位在目标上的冲突就在所难免。例如，在总部看来，某一个战略经营单位下的一个分部是"现金牛"，另一个战略经营单位下的一个分部是"明星"，按照波士顿战略矩阵的思想，公司总部希望将"现金牛"产生的现金用到"明星"上去。但是，"现金牛"的战略经营单位会提出在其管辖下的分部中有一个业务分部是"明星"，非常需要资金支持，不愿意总部把本战略经营单位的资金挪作他用。这样的问题就不是简单的业务经营问题，而是涉及企业内部的政治问题。

在这种结构中还有另一个问题需要注意，这就是由于总部与各分部之间增加了战略经营单位，使得总部在全面、准确、及时地掌握业务变化的信息方面的能力有所削弱。为此，企业需要恰当地制定信息沟通制度，以便及时地汇集重要信息。

（三）不相关多样化战略的组织结构

不相关多样化企业适于采用竞争型（Competitive Form）组织结构。在竞争型组织结构中，企业强调各个不相关业务部门相互竞争，通过竞争优胜劣汰。如图8-6所示。

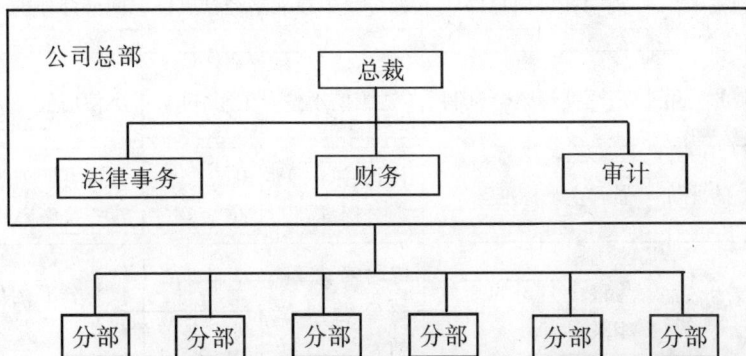

图8-6 实施不相关多样化战略的分部结构的竞争形式组织结构

总部为了保持其中立性，通常与各业务部门保持一定距离，除了对业务部门进行必要的经营管理和对主要管理者建立规范严密的考核管理制度以外，对业务部门的经营管理采取不干预政策。考核目标主要是投资报酬率。企业对各个业务单位的资金等资源分配也主要是鉴于这项考核目标。

由于总部工作相对简化，因此总部的职能部门设置也非常简练（见图8-4）。这种情形同前面提到的战略经营单位结构有相似之处，各战略经营单位之间也存在竞争。但不同的是，在战略经营单位结构中，一些分部的业务是有关联的，而在竞争型结构中，各分部的业务毫不相关。在一些多样化经营的企业中，每一个业务单位都是一个有限公司（法人结构），总公司全资拥有或部分拥有各业务公司，这种组织结构称为控股公司结构（H-form）。在这种公司中，总部既不培育各业务之间的相互联系，也不强调资源分配过程中的竞争。总部人数和服务都非常有限。控股公司最主要的特征是业务单位的自治程度，尤其是战略决策的自决权。各业务完全独立，很少有资源的相互流动。竞争型结构与此不同，它根据投资报酬率的考核在各分部之间分配和调拨资金等资源。

最后，我们对上面讨论过的主要的多样化组织结构问题作出总结（见表8－5）。

表8－5　各种多样化战略组织结构的特点

结构特点	结构形式		
	相关约束战略 （合作型分部结构）	相关联系战略 （战略经营单位结构）	不相关战略 （竞争型分部结构）
运作的集中	集中在公司总部	部分集中在战略经营单位	向分部分权
整合机制的使用	广泛使用整合机制	适当使用整合机制	不使用整合机制
分部绩效的评价	强调主观标准	使用主、客观相结合的混合标准	强调客观（财务或投资报酬率）标准
对分部的奖惩	与整个公司的绩效相联系	综合考虑整个公司、战略经营单位和分部的绩效	仅与分部的绩效相联系

五、中间结构与结构变异

（一）中间结构

上面讲的结构并不是截然分开的，许多组织结构的过渡是逐渐发展的，其技巧是将组织结构与它的环境以及本身的情况结合起来考虑。请看下面设想的一个例子。

一些公司经过微小的变动，可能会从职能型结构转向分部结构。由于开发新产品和市场需要资源，所以，问题可能首先出现在职能型结构内，最初这些矛盾要上报上级直到一个足够高的高级管理人员作出决策和给出判定后才能得到解决，但是当有太多的矛盾和冲突要这样解决时，就会制定一些新的规则、指导书和过程来指导如何在产品间分配资源。下一步是在规划过程中将这些过程、程序等正式化，比如，可以为新的产品/市场制定一个预算。

到这一阶段，只是通过控制和经营方法而不是通过改变结构来解决问题。当新产品/市场变得越来越重要，并且更加激烈地竞争资源时，就有必要确立部门间的联系规则，例如可能会设立一个委员会或者一个临时的工作小组来讨论和决定优先级。这最终会导致产生永久性的团体或协调人（产品经理就是一个好例子）。有必要保留职能结构的另一例子是具有独立协调作用的部门的形成，例如集中规划部门等。最后，随着多样化程度的加深和维持职能型结构的"成本"的提高，组织形成分部的形式。

解决类似的问题常常采用混合结构。如形成具有子公司的职能型结构，主干核心企业采用职能型结构，雇用绝大多数员工，而其他一些外围企业则作为分部或子公司存在。又如形成混合型的分部结构，主干核心业务形成事业部，以加强控制和协作，而其他一些业务则以子公司形式存在，以便分散风险。

（二）网络型组织结构

适应组织变动的这种需要，并且又不严重影响现有的东西的另一种方法，是将责任转移到企业的外部或转移到一个合营企业中。

网络型结构是指企业保留核心资源，而把非核心业务分包给其他组织完成，从而创造竞争优势。它通过以市场的、契约式的组合方式替代传统的纵向层级组织，实现了企业内的核心优势与市场外资源优势的有机结合，因而更具敏捷性和快速应变能力，可视为组织结构扁平化趋势的一个极端例子。但是网络型结构也有缺点，主要是对公司的主要职能活动缺乏有力的控制。

网络型组织有时也被称为"虚拟组织"，即组织中的许多部门是虚拟存在的，管理者最主要的任务是集中精力协调和控制好组织的外部关系。为了获得持续性的竞争优势，组织往往需要通过建立广泛的战略联盟来保持相对稳定的联合经营。早先的网络组织只适合于一些劳动密集型行业，如服装业、钢铁业等。近些年来，随着电子商务的发展以及外部合作竞争的加强，更多的知识型企业依靠因特网等信息技术手段，并以代为加工（OEM）、代为设计（ODM）等网络合作方式取得了快速响应市场变化的经营绩效。

（三）新型的组织结构

从20世纪80年代初开始，消费者需求越来越呈现出个性化、多样化的特征，产品开发周期越来越短，造成市场不确定性增加，竞争规则也发生了改变。在这种非连续的竞争环境中，灵活性成为企业生存的基础，从而出现了一些新型的组织结构。

1. 团队结构

团队结构是指企业通过采用团队来完成工作的结构模式。这种结构的主要特点是：打破部门界限，并把决策权下放到团队员工手中。

在实践中，有三种类型的团队结构，即解决问题型团队、自我管理型团

队和多功能型团队。

解决问题型团队一般由 5~12 人组成，重点解决组织活动中的重大问题。这种结构的特点是可以提高产品质量、生产效率以及改善工作环境。

自我管理团队是真正独立自主的团队，一般由 10~15 人组成，其目的是不仅要解决问题，而且执行解决的方案，并对工作结果承担全部责任。

多功能型团队由来自同一等级、不同工作领域的员工组成。其目的是要求彼此之间交换信息，激发出新的观点，解决面临的问题，协调复杂的项目。

2. 无边界组织

无边界组织是指企业取消组织结构中的垂直界限，组织趋向于扁平化。无边界组织所追求的是减少命令链，不限制控制幅度，取消各种职能部门，用经过授权的团队来代替。其目的是打破组织与客户之间的外在界限和地理障碍。

六、国际化经营的组织结构

（一）国际分部

国际化经营的企业的一种常见的结构形式是国际分部。首先要保留本国企业的结构，无论是职能型还是分部型，而海外企业则通过国际分部来进行管理。国际分公司会依赖于国内公司的产品，并且从这种技术转移中获得优势。这种结构的不足之处是缺少适合本地的产品或技术。在那些地域分布很广、产品却密切关联的多国公司内，这种结构很好，甚至可以是最好的结构。

（二）国际子公司

国际本土化战略是在每个国家市场的各部门实施各自的战略和运营策略，以使产品能适应当地市场。实施国际本土化战略的企业为了与全球竞争势力隔离，通常会在国家间差异最大的行业细分市场上建立市场地位或进行适度竞争。为了实施这种战略，需要建立地理区划区域结构。这种结构的特点是：

（1）公司建立区域性的国际子公司，实行业务分权化，由各子公司负责某一个国家或区域的各种产品的生产经营。

（2）注重当地/本国文化造成的需求差异。

（3）公司总部在各独立的国际子公司间控制金融财务资源。

（4）该组织类似一个分权化的联盟，全球协作的程度很低。

（三）全球产品公司

全球化战略向各个国家市场提供标准化产品，并由公司总部规定相应的竞争战略。它追求和强调规模经济和范围经济效应。实施这种战略相应的组织结构为产品分区性结构，即全球产品公司。产品分区性结构是一种赋予公司总部决策权来协调和整合各个分离的业务部门的决策和行动。这种形式是高速发展的公司为寻求有效管理它们的多样化产品线而选择的组织结构。这种结构的特点是：

（1）公司建立一个个产品公司，这种产品公司是国际范围的，在全球范围内管理该产品。

（2）公司部门运用许多内部协调机制来获得全球性的规模经济和范围经济。这些机制包括经理间的直接接触、部门间的联络、临时的任务小组或永久团队和整合人员等。因为经理们经常进行跨国调职，他们就得更熟悉在产品分区结构中实施整体战略的理论。标准化的政策和程序能使公司战略和结构的目标为经理人员共享。

（3）公司总部以合作的方式来分配财务资源。

（4）整个组织形同集权式的联邦。

（四）跨国公司

实施跨国战略的公司既寻求国际本土化战略具有的当地优势，又注重全球化战略所带来的全球效率。实施跨国战略的组织结构必须具备集权化和分权化、集合和分化、制度化和非制度化的灵活机动。这些看起来相反的特性必须由一个整体结构来管理。混合结构又称跨国公司，具有强调地理和产品结构的特点和机制。要实现跨国战略，关键在于创建一个网络，将相关的资源和能力联系起来。跨国公司具有以下特点：

（1）每个国家子公司独立经营，但也是整个公司创新思想和能力的来源。

（2）为了整个公司的利益，每个国家单位通过专业化达到全球规模。

（3）总部首先给每个子公司确定任务来管理全球网络，然后，通过维持原有的文化和系统，使整个网络能有效地运行下去。

思考题

1. 市场营销战略计划主要解决什么问题？需要进行哪些活动？

2. 产品技术开发和工艺技术开发两者在支持一般竞争战略方面各是怎样发挥作用的？

3. 如何确定是做一个技术领先者还是技术追随者？

4. 财务战略主要包括哪些部分？

5. 要使企业的人力资源与战略匹配，需要做哪些工作？

6. 目标管理、滚动计划、网络计划和权变计划各自在战略实施中有什么作用?

7. 熟悉各种结构的特点,它们为什么能与相应的战略相匹配?

网络练习

上网查找王石先生及其万科公司发展的有关资料,分析该公司在不同的发展阶段所采取的不同战略及与之相匹配的组织结构。

第九章　战略实施的领导与控制

学习目标

1. 高层领导班子对战略管理的意义
2. 两种经理人员来源的优缺点
3. 经理人员激励的方法以及对战略管理的影响
4. 如何克服变革的阻力来推动战略的实施
5. 战略控制的特点、原则和类型
6. 战略控制的过程和方法
7. 战略控制系统的要求和条件

开篇案例

IBM 公司战略的调整

巨人猛醒　重回赛场

仅仅在几年时间里，IBM 就发展了世界上规模最大的计算机服务业务，并在 1995 年超过了实力与之最接近的竞争对手电子数据系统公司（EDS）。1997 年，IBM 全球服务的营业收入为 193 亿美元，比 1996 年增长 24%，是 1990 年的近 9 倍。服务收入占公司 1997 年盈利总额的 1/4——服务部门在公司所有业务部门中的重要程度仅次于硬件部门，并且成为公司盈利增长的主要动力。1998 年，全球服务部的销售额接近 IBM 公司销售总额的 30%，并获得全世界计算机服务市场至少 10% 的份额。

计算机网络以及因特网的迅猛发展，也似乎正在使 IBM 公司恢复其对业务的把持。复杂系统的整合和管理方面的专门技术忽然间变得奇货可居，功能强大、不出故障的服务器也变得供不应求。昨天看似还无法适应一个开放标准、专门化和不断变化的世界（即微软、英特尔和康柏的世界）的蓝色巨人，不仅重新回到了赛场，甚至自认为最终可以赢得胜利。

技术为本　善用优势

格斯特纳的前任约翰·埃克斯曾经对公司进行过若干改组，但公司却因此变得越来越不稳定。1991 年，走投无路的埃克斯决定把公司化整为零，分成一些自主经营的业务单位。接下来的一步，是利用新的品牌把各个业务单位廉价卖掉。

当 1993 年埃克斯终于被解雇时，对于格斯特纳这样一位与 IBM 公司没有任何情感联系的局外人来说，贯彻解散公司的计划是自然而然的，甚至是理所应当的。

但是格斯特纳自有主张。他打定主意孤注一掷，相信 IBM 公司会重新体现其自身的价值。

格斯特纳得出的一点关键感悟是：如今技术已不仅仅是生产工具，技术已经成为公司经营之根本，因而也就成为公司总裁面前的战略问题——他和他的同行们把技术看作是公司竞争优势的主要源泉。

从客户的角度来看，20 世纪 90 年代初出现解体的计算机技术产业也许是创新——激烈竞争带来的一个奇迹，而在当时，该行业给人的感觉却是一片混乱。企业希望整合不同的计算机平台和应用程序，使之联成网络，但它们不知道如何下手。而且，在推崇核心能力的时代，企业未必想自己掌握如此复杂的技术。许多企业转向电子数据系统公司和计算机科学公司（CSC）之类的专业计算机服务公司，以及大型会计事务所的咨询部门寻求帮助。

所有这一切使格斯特纳确信，IBM 公司的规模及业务范围不但不是公司的弱点；相反，它们实际上使公司能够得天独厚地提供解决方案——他相信这正是客户要寻找的。问题是如何使不同的部门在一起工作。结果，这个问题的解决部门后来被称作"全球服务部"，它是几年前由邓尼·韦尔什悄悄创办的。韦尔什曾经负责管理过 IBM 公司捐献给国家航空航天局（NASA）航天飞机计划的计算机。

在开始的时候，该服务部门是 IBM 公司替政府管理大型计算机系统的经验产物。韦尔什认为，在 EDS 公司发了大财的市场中，IBM 公司的这种专门技术得不到利用是根本没有道理的。IBM 公司所能提供的广泛的技术资源很快给首批客户留下了深刻印象。

不过存在着两个问题。其一是，能否指望 IBM 公司解决存在于提供客户急需的和推销自己产品之间的潜在冲突？其二是，IBM 公司的全球服务部是不是真的能够在公司各部门之间做好协调，从而提供客户寻求的那种解决方案？

这两个问题的答案在于格斯特纳的座右铭：客户排第一，IBM 公司排第二，部门排第三。客户总是有权获得最优秀的解决方案。如果 IBM 没有合适的产品，或者只能提供一些劣等产品，那么全球服务部就有义务提出向第三方寻求帮助。

格斯特纳对提供解决方案十分着迷，这促使他又冒了一次险。在他上任之后的头一年里，IBM 公司宣布全面亏损，亏损额高达 89 亿美元，因此大刀阔斧削减每年 60 亿美元的研究与开发预算是很自然的事了。尤其是公司的研究部门偏爱艰深的长期项目，而且屡屡让竞争对手渔利，因此看来将其砍除的时机已经成熟。然而，格斯特纳对于他首次访问沃森研究中心时的所见所闻印象至深，于是便手下留情。预算被削减了，但长期研究计划得以继续下去。

因特网上借东风

由于认识到庞大的规模和深厚的技术资源使 IBM 公司拥有了作为解决方案供应商的巨大优势，格斯特纳理应受到赞誉。而因特网的出现则是他的幸运之处。因特网突显了 IBM 公司的优势，并使其重新置身信息技术的中心。

IBM 公司在 1995 年意识到了因特网的重要性——比微软公司早了大约一年。1996 年，公司宣布了其"电子商务"战略。该战略的宗旨是向企业证明它们怎样才能组成建立在因特网基础之上的虚拟贸易圈子。在这样的圈子里，买主和卖主可以会面并且安全地进行任何类型业务的交割。

格斯特纳认为，因特网是一场只有在"所有事物都实现了数字化"之后才会停止的革命。因特网的总体实质就是无处不在。这使 IBM 的各项优势有了用武之地——这些优势包括可靠性达"五个九"的大型服务器（据称运行可靠率为 99.999%）、巨大的储存能力、设有安全保护的数据库、大规模处理能力、专业系统整合技术以及战略策划等。

为了使公司跃入台式计算机网络技术的领域，格斯特纳在 1995 年拿出 29 亿美元巨资收购莲花软件开发公司。尽管困难重重——收购大型软件公司的工作总是出奇的艰难，但对莲花公司的收购还是成为 IBM 公司的一个成就。

具有讽刺意味的是，IBM 公司硬件业务中损失最惨重的部分是个人计算机，而且这一结果更多的是由于疯狂的价格竞争，而不是 IBM 的经营方式所引起的。IBM 公司与市场销量第一的康柏公司一样，一直受到堵塞了销售渠道的积压库存的影响——而像德尔公司这样的直销商则避开了这一厄运。不过，IBM 目前正在着手通过使生产更加贴近需求来解决这一问题。

IBM 公司已经重新找到了出路。对此几乎没有人会持异议。同样重要的是，该公司还为其全面从事计算机业各类业务的做法找到了根据。通过全球服务部，格斯特纳创造了一项令人惊叹的新业务，其规模以每年超过 20% 的速度稳步扩大，每月新雇员工 1 500 名。

IBM 公司的前途在很大程度上将取决于格斯特纳能否成功地让人们相信

IBM 是提供因特网商业解决方案的最合适的企业。IBM 公司似乎已经时来运转，而对格斯特纳来说，这样的运气多多益善。

讨论题：
1. 在现代高科技飞速发展、市场环境变化频繁的情况下，把握战略方向，及时做出战略调整有何重要意义？
2. IBM 公司是如何分析情况、调整战略的？
资料来源：根据互联网资料和参考资料改写。

第一节　战略实施中的领导

所谓领导，是指导和影响组织成员的思想和行为，使其为实现组织目标而作出努力和贡献的过程与艺术。一个新战略的实施对组织而言是一次重大的变革，变革总会有阻力，所以对变革的领导是很重要的。这包括建立与企业战略匹配的领导体制，培育支持战略实施的企业文化和激励系统，克服变革阻力等等。

一、建立与企业战略匹配的领导班子

企业战略要得以顺利实施，建立科学的领导班子与挑选优秀人才委以重任十分重要。

（一）经理人员的类型

每一个公司战略，都要求总经理具有一套独特的才能。购并战略对总经理能力的要求与稳定战略所要求的能力是不同的，总经理的具体条件要适合特定的战略。

人们从服从性、社交性、能动性、成就压力和思维方式等五个方面，清晰地说明各种总经理类型所表现出的特征，如表 9-1 所示。表中所选择的各项行为特征，旨在用来区别那些所谓的原始模型，目的是突出与不同战略相适应的总经理个人能力方面的变化情况。

表 9 - 1 各种总经理类型的特点

类型	行为方面	类型特点
开拓型	服从性	非常灵活，富有创造性，偏离常规
	社交性	性格明显外向，在环境的驱动下具有很强的才能与魅力
	能动性	极度活跃，难于休息，不能自制
	成就压力	容易冲动，寻求挑战，易受任何独特事物的刺激
	思维方式	非理性知觉，无系统的思维，有独创性
征服型	服从性	有节制的非服从主义，对新生事物具有创造性
	社交性	有选择的外向性，适于组成小团体
	能动性	精力旺盛，对"弱信号有反应"，能够自我控制
	成就压力	影响范围逐渐增加，考虑风险
	思维方式	有洞察力，知识丰富，博学，具有理性
冷静型	服从性	强调整体性，按时间表行事，求稳
	社交性	与人友好相处，保持联系，受人尊重
	能动性	按照目标行动，照章办事，遵守协议
	成就压力	稳步发展，通过控制局势达到满足
	思维方式	严谨，系统，具有专长
行政型	服从性	循规蹈矩，例行公事
	社交性	性格内向，有教养
	能动性	稳重沉静，照章办事，等待观望
	成就压力	维持现状，保护自己的势力范围
	思维方式	固执以往的处理方式
理财型	服从性	官僚，教条，僵化
	社交性	程序控制型
	能动性	只做必做的事情，无创造性
	成就压力	反应性行为，易受外部影响
	思维方式	墨守成规，按先例办事
交际型	服从性	在一定的目标内有最大的灵活性，有一定的约束性
	社交性	通情达理，受人信任，给人解忧，鼓舞人的信念
	能动性	扎实稳步，有保留但又灵活
	成就压力	注意长期战略，既按目标执行又慎重考虑投入
	思维方式	有深度与广度，能够进行比较思考

（二）战略与总经理能力的匹配

根据企业发展的速度，可以将战略划分为剧增战略、扩充战略、连续增长战略、巩固战略、抽资转向战略、收缩战略。在使用不同的战略时，不同类型的总经理与战略的匹配关系和成功机会是不同的。例如，图9－1表明，开拓型的总经理在剧增、扩充、连续增长三个战略中的作用是递减的，在巩固、抽资转向和收缩这三类战略中，开拓型总经理则很难发挥作用。

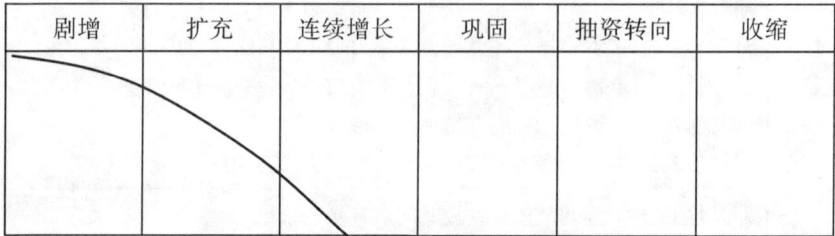

剧增	扩充	连续增长	巩固	抽资转向	收缩

图9－1　开拓型的总经理的效应

而图9－2表明，交际型的总经理由于缺少必要的创造力，在实施剧增和扩充战略中一般不会起多大作用，但在其他战略的实施中或多或少地发挥着作用。

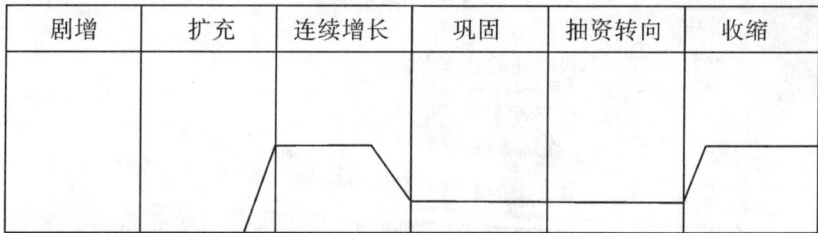

剧增	扩充	连续增长	巩固	抽资转向	收缩

图9－2　交际型的总经理的效应

（三）经理领导集体的建设

实施每一战略，都对总经理的能力提出了多方面的要求。在现实世界中，一个总经理很难完全满足战略的要求。因为一个人的能力、知识、阅历和经验以至精力都是有限的，无论多么优秀和杰出的经理人员，都不可能做到尽善尽美。因此，制定和实施一项战略，单靠一个总经理是远远不够的，还必须挑选一批助手组成一个管理班子。有了一个合理的经理班子，总经理可以集中大家的智慧，群策群力，发挥大家的作用，取长补短，确保战略的成功制定与实施。

在组建一个经理班子时，应遵循班子成员中能力相互匹配的原则，即使经理班子中各成员之间的能力相互补充、相互匹配，形成班子集体能力的优势。对于一个经理班子需要什么样的能力组合，美国学者艾夏克·阿代兹提出了四种能力组合的模式。这四种能力分别是：

P：提供劳务或产品的生产技术能力；

A：计划、组织和控制集团活动的管理技能；

E：适应动荡环境、创造新劳务和承担风险的企业家资质；

I：调节、平衡、统一集团活动与目标的综合才能。

阿代兹的模式对于理解经理班子能力的组合具有很重要的意义。它说明：第一，一个人能够具备 P、A、E、I 四种能力组合的可能性很小，所以应在管理班子中寻求这四种能力的组合。第二，P、A、E、I 的最佳比例，即对 P、A、E、I 各自的重视程度，应因时而异，因公司而异。相应的比例取决于公司的战略，尤其取决于公司所处的生命周期阶段和它所面临的环境。一个新开业的企业，首先要偏重于 E（企业家能力）；而一旦企业步入正轨，就必须重点注意 P（生产率）；随着企业的发展，A（管理）的重要性与日俱增；当企业壮大到现金牛时，E（企业家能力）需要很低，对于 P（生产率）、A（管理）和 I（综合能力）则应给予全部重视；面临"发展中危机"的大企业则在思考着如何激发变革和革新，又重新强调企业家能力，并结合有落实战略变革的 P、A、I 能力。

采用阿代兹模式来组建经理班子时，应首先根据企业寿命周期和企业面临的环境来确定所需要的各种管理能力组合及侧重点；然后据此考虑总经理的能力，考虑经理班子中其他成员互补情况，实现能力的匹配。当然，一个公司实际上可以选择与阿代兹的 P、A、E、I 不同的模式来考虑管理能力的组合匹配。但共同的一点是要根据新战略的要求，来对管理能力的组合进行调整和组建，应当尽最大可能来缩小最新战略所需管理人员能力与现有班子成员能力的差距。

（四）经理人员的来源

在确定了战略所需匹配的经理人员的能力之后，余下的问题就是如何获得具备这种能力和素质的经理。企业在发展中，需要新的经理人员，另外，老的经理也会面临退休的问题，也需要新的经理人员。新经理的来源主要有两种途径：一是内部提升，二是外部招聘。

1. 内部提升

这种方式是从企业内部提拔经理人员。内部提升有以下好处：

（1）他们对许多关键角色已经很熟悉，因此适应新战略所需要的学习时间短，疏忽出错的机会少。

（2）每个经理人员的资质情况相互了解，便于合作和相互配合。

（3）他们往往受到下属和同事们的拥戴，这样在经理人员参与制定和实施新战略时，能够保证最大限度的合作和支持。

（4）通过任命以往工作有成绩的人担当经理之职，能鼓舞士气，提高工作热情，培养员工对企业的忠诚精神，增强企业的凝聚力。

在美国，大公司的最高领导人每年总要有一两次请几位人事专家一起，对中层管理人员进行分类排队，看谁最有发展前途，编出一份"人才库名单"。如国际商用机器公司中，列入"人才库名单"的人数不到企业职工总人数的1%。被选人员本人可能知道，也可能不知道。对这些候选人有专门的培养和晋升方案，经过在各种岗位上的锻炼，一步步地提升上来。所以人们又称他们是企业的"子弟兵"。当公司需要高层管理人员时，就可以从"人才库名单"中选取。

各个国家的企业对在什么部门提拔和晋升经理人员各有不同。在英国和美国，最高管理层的经理多出自财务和市场营销部门；而在日本，出自研究与开发和生产部门的最高管理层经理所占比例最高，其次是出自市场营销部门，再次是财务和人事部门。这种最高管理层经理人员部门背景的不同，就赋予了公司行为模式的不同特点，也赋予了公司以长处和弱点。如来自研发部门的经理往往对技术发展敏感，来自生产部门的经理往往对效率敏感，他们都能根据理性来作出判断和决策。但有时他们被卷入具体的技术和工程问题之中，会出现忽视经济绩效的倾向。最高管理层经理中来自这些部门的人越多，公司对技术革新越敏感。来自市场营销部门的经理往往对市场敏感，但也往往急功近利。来自财务部门的经理比较关心经济效益，但他们往往对环境的变化不敏感，也多看重短期利益。因此，这更说明经理班子中能力和经验相互匹配和组合的重要意义。

然而，利用内部提升组建起的经理班子对于实施新战略也有其固有的弱点。他们往往不热心于战略变革；他们对于重要的企业战略变革具有较差的适应性；他们对过去的承诺和责任感，会阻碍实施一个新战略所需要的重要决策；他们往往缺乏对战略变化的实施热情。这主要是因为他们成功地参与了过去的战略的制定与实施，他们已有了固有的思维方式、价值观念和习惯做法，他们对过去有承诺和责任感。而改变一个人多年培养起来的这些思维方式、价值观、习惯和责任感要比他获得新知识难得多。因此，全部由内部人员来选择并推动雄心勃勃的战略变革是很困难的。

2. 外部招聘

如果企业内部没有合适的经理人员时，企业就得从外部招聘。人们将外部招聘的人员戏称为"空降兵"。吸引外部人员担任经理之职有几个潜在的好处：

（1）可以在更大范围内挑选符合新战略要求的外部人员，加之他们对新战略充满信心，能够避免现任经理面临的障碍。

（2）新任务提出的挑战容易激发人的活力，外部人员大显身手干番事业的急切心理可能导致创造性的成就。

（3）新引进的企业外部经理受企业人际关系网络和旧有秩序的影响较小，可以更超脱地推行新战略，而不会受以前允诺的牵累。

（4）外部招聘这一举动等于向整个企业和外界发出信号，预示着某种重大的、不寻常的变革。特别是一个权力很大的经理被撤换时，同事及下属们会意识到，他们的行为也许不得不随之而变。

然而，外部招聘也有一些弊端，表现为：

（1）各方面都合适的经理人员可能很难找到，或者他们要求的条件企业难以达到。

（2）企业对外聘者的情况无法深入了解。

（3）企业外部人员不熟悉组织内部情况和缺乏一定的人事基础，要尽快开展工作需要花费时间和精力。

（4）通常，被外聘经理所承担的职务是几个内部人员所觊觎的，也可能某个人被撤换后空出的，这些内部人员会感到他们过去的贡献白做了。如果撤职者或失势者为同事们所爱戴，那么这些人失望消沉的士气，甚至不满就可能影响到其他人，给外聘人员进入企业后开展工作带来阻力。

招聘外部人员后，对被撤职的管理人员安排是否妥当，直接影响到其他现任的管理人员。理想的处理原则是，既果断，又要讲求人道。充分利用两种选聘方式的优点，处理好"空降兵"与"子弟兵"的矛盾，是一种重要的领导艺术。

二、将业绩与报酬挂钩

（一）经理人员的激励

正确地制定战略和有效地实施战略是两项艰巨的任务。即使是非常称职的经理也需要激励，因为面对竞争中的各种压力，他们需要激励才能有效地完成既定的规划和战略。然而在实际工作中，要想使激励能促进战略行动并非易事。这是因为战略实施一般是长期的，其后果不能马上衡量；战略要冒很大风险，而且可能中途改变；一个战略周期结束前，经理更迭频繁；不同的战略，目标各异，达到目标必须采取的行动也不同；中间结果捉摸不定，难以衡量，环境要求和其他外部的要求常常打扰一环扣一环的战略规划。上述种种原因使人们难于将成果与经理业绩联系起来，从而难以奖励有成效的工作。

为了对经理人员的工作实行有效的激励，首先必须确立正确的评审经理人员工作业绩的方法，使奖酬激励与企业希望取得的成果一一对应起来；第二是如何鼓励经理人员能及时地和创造性地调整战略的行为，对创业精神有足够的重视。

在市场经济发达的国家里，经理人员市场对经营者能力的社会化评价作用，实际上提供了一种无形资产即人力资本价值方面的报酬激励。再从有形资产激励方面来看，现代公司对经理人员的物质激励采取多种形式：

（1）工资或薪金，这是经理人员的基本报酬，与企业经营绩效无关，是一种稳定、有保障的收入，其额度高低大体上反映了该经理人员的人力资本价值水平。

（2）奖金，这一般与企业年度经营绩效直接挂钩，有较强的刺激作用，但也易导致经营行为短期化。

（3）股票，奖励给经理人员公司的股票，是不直接以货币形式体现的对公司制企业经营者的一种报酬，与奖金一样，它将经理人员的报酬与经营绩效挂起钩来。同时，当经理们拥有一定数量的股票后，则促使他们从股东的角度看待企业的长期效益，这对战略管理更为有利。

（4）期股，也就是股票期权的简称，它着眼于促使经理人员从企业长期经营绩效的考虑中处理当前经营与决策问题，但其效果如何更加取决于股票市场的规范化运作。

工资和奖金属于对短期经营业绩的激励，而股票和期股属于长期业绩的奖励。这里就有一个如何确定两者比例的决策。

这些市场经济国家已经流行的做法，在我国当前阶段要全面实施尚有一定的难度。目前由于我国的股票市场还很不成熟，股份制也还存在许多不够规范的问题，导致股价变动与企业经营绩效并不紧密相关，因此使股权激励的作用受到相当程度的影响。目前只是逐渐引进，积极试验和探索，待积累了充分经验和基本条件成熟后再逐步推开。

（二）管理人员和员工的激励

企业中除最高管理团队外的管理人员和员工也存在激励问题，只有将业绩与报酬挂钩才能更好地支持企业战略目标的实现。一种经过适当设计的激励结构是管理层最有力的战略实施工具。要使人们将注意力集中于有效实施和达到业绩目标上来，最为可靠的方法是慷慨地奖励那些达到与有效的战略实施相一致的业绩目标的个人和部门。

激励的方式多种多样，下列主要的金钱奖励形式常用来促进战略实施：

（1）利润分享，即在利润中提取一定的比例（事先约定）来奖励员工，以促使员工关心公司的利润。30%以上的美国公司有利润分享制度，但是批评家强调，由于利润受到太多因素的影响，容易用会计手段进行操纵，因而不是一种好的考核指标。

（2）收益分享。这种方法要求员工或部门首先建立业绩目标，如实际工作绩效超过这一目标，则所有部门成员都将得到奖金。26%以上的美国公司都实行某种形式的收益分享。

（3）奖金制度。诸如销售额、生产效率、产品质量、安全等指标都作为有效奖金制度的考核依据。如果一家企业实现了特定的、为人们所理解和认同了的绩效目标，那么每位企业成员都应分享这一成果。奖金发放系统可以作为激励员工个人支持战略实施的一种有效工具。

（4）员工持股计划。员工持股计划是员工可以利用贷款或现金购买公司股票，它是一种减免税收的、固定缴款式的雇员福利制度。相对而言，员工持股计划在小企业的管理中比较流行，但也有像宝洁公司（P&G）这样的大公司采用这种激励计划。员工持股计划使员工能够以所有者的身份进行工作，实际上是公司以放弃股权的代价来提高生产率水平，换取员工更努力地工作，同时关心企业的长期利益。另外，它还能防止被恶意收购。

当然，企业还可以同时采用其他各种战略性激励措施以促进员工为战略的成功实施而努力工作。这些措施包括提高工资、工资外补贴、职务提升、业绩确认、表扬、批评、增加工作自主权、荣誉奖励等。

三、克服变革阻力

（一）变革阻力的来源

战略的实施对组织而言是一次重大的变革，变革必然会有阻力。阻力主要来自个人和团队两方面：

1. 个人阻力

个人阻力主要产生自两个方面：

（1）利益上的影响。战略变革从结果上看可能会威胁到某些人的利益，例如某些业务的收缩或退出、机构的撤并、管理层级的扁平等，都可能会使一部分人减少权力或利益。

（2）心理上的影响。变革意味着原有的平衡系统被打破，要求成员调整已经习惯了的管理观念、工作方式，而且变革意味着要承担一定的风险。对未来不确定性的担忧、因循守旧的习惯心理、对失败风险的惧怕、对绩效差距拉大的恐慌以及对公平竞争环境的担忧，都可能造成人们心理上的倾斜，进而产生心理上的变革阻力。

2. 团体阻力

团体对变革的阻力包括：

（1）组织结构变动的影响。战略常导致组织结构的变革，这会打破过去固有的管理层级和职能机构，并采取新的措施对责权利重新作出调整，这就必然要触及某些团体的利益和权力。

（2）人际关系调整的影响。战略变革导致的组织结构、技术、文化等方面的变革都可能打乱人们已经习惯了的相互关系。非正式组织的存在使得这种新旧关系的调整需要一个较长的过程。在新的关系未确立之前，组织成员之间很难磨合一致，一旦发生利益冲突就会对变革的目标和结果产生怀疑和动摇，进而产生变革阻力。

（二）克服变革阻力的策略

变革的阻力可以出现于战略实施过程中的任何阶段。存在着多种克服变革阻力的方法，可以把它们组合成三种基本的策略：

1. 强制变革策略

这种策略指靠发出和强制执行命令而实施变革，直接对抵制者使用威胁力和控制力，包括调换工作、不予升职、负面绩效评估及其他的处罚方式。强制变革的优越性是执行迅速，但其缺陷是低责任心、低士气和高阻力。

2. 教育变革策略

这种策略强调教育与沟通，使人们确信变革的必要性。这一策略假定，阻力的根源在于信息失真，或者是由不良的沟通造成的。如果员工们了解到全部的事实，澄清了他们的错误认识，那么其阻力就会自然减退。而这可以通过个别会谈、备忘录、小组讨论或报告会等取得。如果阻力的根源确实在于不良的沟通，且组织中的变革推动者与员工之间呈现一种相互信任和相互依赖的关系，那么这种策略是会有效的。但假如这些条件不存在，它就不能成功。另外，这一策略所需投入的时间和精力也应当相对其优点作出权衡，特别是当变革触动到许多员工时。

3. 理性或自利变革策略

这种策略的核心是使人们确信变革会对他们个人有利。如果这种策略成功，战略的实施将会相对容易。多数管理者认为这是较为理想的变革策略，它可以提高成功实施变革的可能性。通常可以按以下步骤进行：

（1）邀请员工参加变革和具体的转变过程。参与可以使每个人都能够表达自己的观点，把自己作为变革过程的一部分，并认清变革会给自己带来的利益。

（2）为推动变革需要有一些激励，确认自我利益便是一种最重要的激励。

（3）进行耐心的宣传和沟通，使人们了解变革对他的好处，或清楚阻碍变革会带来的后果。

（4）通过谈判，以某种有价值的东西来换取阻力减低。比如，如果阻力集中在少数有影响力的几个人中，可以通过谈判来形成某一奖酬方案使这些人的需要得到满足。

（5）发出和接受反馈，每个人都乐于知道事情进展如何，以及取得了何种进步。

第二节　战略控制

战略控制是战略管理过程中的一个不可忽视的重要环节，它伴随战略实施的整个过程。

一、战略控制的特征

战略控制是衡量和纠正组织成员所进行的各项活动，以保证实际进程与战略目标和方案动态相适应的管理活动。具体来说，就是将每一阶段、每一层次、每一方面的战略实施结果与预期目标进行比较，以便及时发现偏差，适时采取措施进行调整，以确保战略方案的顺利实施。如果在战略实施过程中，企业外部环境或内部条件发生了重大变化，则控制系统会要求对原战略目标或方案作出相应的调整。

企业的战略控制是一个动态的过程。这个过程有如下特征：

（一）渐进性

虽然人们可以经常在平时的点滴想法中发现一些十分精练的正规战略分析内容，但真正的战略却往往是逐步形成的。企业面对复杂多变的环境作出了一系列决策，这些决策在和外部事件的交互作用下产生了结果，使最高管理班子中的主要成员有了对行动的新的共同看法，管理人员积极有效地把这一系列行动和事件逐渐概括成思想中的战略。

认识到这一点后，高级经理们常有意识地用渐进的方式来进行战略控制。他们制定的很多战略方案带有试验性质，随时准备在适当的时候进行复审和修正。对一些前景不太明朗的战略方案，大家希望对其先进行一定的检验，并希望借此了解外界的反应。

实践证明，为了改善战略控制过程，最好谨慎地、有意识地以渐进法加以处理，以便决策能够与新出现的和必要的信息相吻合。

（二）交互性

现代企业面临的环境控制因素的多样性和相互依赖，决定了企业必须与外界信息来源进行高度适应性的互相交流，以及利用所获得信息的有力刺激，许多士气高昂的公司如英特尔公司正是借助这种交互性从而在设计上压倒了许多大型电子公司和庞大的、有计划的官僚机构。

对企业战略来说，最起码的先决条件是有一些明确的目标，以便确定主要行动的范围，在这一问题上做到统一指挥，留有足够的时限使战略有效，要使公众形成对自己有利的观点和政治行动需要很长时间，而这需要积极地、源源不断地投入智力和资源。

战略控制要求保持高质量的工作效果、态度、服务和形象等有助于提高战略可靠性的因素。由于许多复杂因素的影响，必须进行适当的检验、反馈和动态发展，注重信息收集、分析、检验，以唤起人们的意识，扩大集体意见，形成和其他一些与权力、行为有关的联合行动。

（三）系统性

有效的战略一般是从一系列制定战略的子系统中产生的。子系统指的是主要为实现某一重要的战略目标而相互作用的一组活动或决策。每一子系统均有自己的、与其他子系统相关的时间和信息要求，但它又在某些重要方面信赖于其他子系统。

子系统各自有组织地针对全公司性的某个问题（如产品系列的布局、技术革新、产品的多种经营、收购企业、出售产业、与政府及外界的联络、重大改组或国际化经营等）是企业总战略的关键组成部分。不过每个战略子系统在时间要求和内部进度参数方面，却很少能配合同时进行的其他战略子系统的需要，而且各子系统都有它自己的认知性限度和过程的限度，因此必须采取有目的、有效率、有效果的管理技巧把各个子系统整合起来。

由于各子系统的进度千差万别，因此，除了概括的原则之外，不可能一下提出同时能顾及所有领域的企业整体战略。整体战略在细节上永远不可能真正地完整。即使所有的子系统偶尔在同一时刻安排妥当，按照逻辑，战略会立刻随着数据、新情况对它的影响开始发生变化。实际上，认为应当先制定出详细的战略，然后再加以执行的想法甚至是很危险的。

二、战略控制的原则

（一）面向未来原则

战略实施控制的重点是企业的目标和方向，管理者不能被眼前的局部得失所纠缠，只要一些小得失在允许范围内，就应坚定不移地实施既定战略，面向未来。

（二）保持弹性原则

企业战略首先是一个方向，战略的实施方法应允许多种多样，战略实施的控制也因此具有多样性，并在时间进度、数量要求等方面保持一定的回旋余地，因此战略实施控制系统具有弹性。只要能保持方向的正确性，具有弹性的控制，往往比没有弹性的刚性控制效果更好。

（三）战略重点原则

在战略实施控制中，面对的事件非常多，战略实施控制应优先控制对战略实施有重要意义的事件，及超出预先确定的容许范围的例外事件，即抓住战略实施的重点，不能事无巨细、面面俱到。

（四）自我控制原则

如果企业内各单位和部门自己发现战略实施偏差而及时采取纠正措施，则控制的效果会好得多。

（五）经济合理原则

战略实施的不同技术、工艺质量的控制，不能要求准确无误，而只求经济合理。过度追求完美会导致控制费用的急剧增长，得不偿失。

三、战略控制的类型

战略控制主要有四种类型：

（一）回避控制

在许多情况下，管理人员可以采取一些适当的手段，避免不合适的情况发生，从而达到避免控制的目的。具体手段有：

（1）高效自动化。计算机等高效自动化手段通常可以按照企业预期的目标恰当地工作、保持工作的稳定性，使控制得到改善。对于企业来讲，企业可以采用计算机或者其他高效自动化的手段来减少控制的问题。

（2）管理集中化。管理集中化就是指把各个管理层次的权力集中在少数高层管理人员的手中，从而避免分层控制造成的矛盾。当管理人员在所有的决策中都采用集中化的方式时，事实上也就不存在管理意义上的控制问题了。

（3）风险共担。这里的风险共担是指企业可以将内部的一些风险与企业外的一些组织共同分担，例如，与保险公司签订协议等。这样，企业就可以不必担心某些职工的工作会严重地影响企业的利益，从而形成对企业的控制和威胁。

（4）转移或放弃某些经营活动。当企业的管理人员对于企业的某些生产经营活动感到很难控制时，可以考虑采取发包或完全放弃的方式来处理该项经营活动，从而将潜在的风险转移出去，当然与之相应的利益也就转移了出去，但这样可使企业消除有关的控制问题。

（二）具体活动的控制

具体活动的控制是保证企业职工能够按照企业的预期目标进行活动的一种控制手段，其具体做法主要有以下三种：

（1）行为限制。这种方式可以通过两种方式来实现：一是利用物质性的器械或设施来限制员工的行为；另一种是利用行政管理上的限制，员工必须按照各自的职责进行工作。

（2）工作责任制。实行工作责任制一般要求确定企业允许的行为界限，让职工按照一定的规章制度工作，经常检查职工在实际工作中的行为；根据所定的标准惩罚或者奖励职工的行为。这种系统主要是为了检查与考核职工的行为，同时激励职工，充分发挥他们的积极性。

（3）事前审查。这种审查主要是指职工工作完成前所作的审查，可以纠正潜在的有害行为，达到有效的控制。

（三）绩效控制

这种控制形式以企业的绩效为中心，通过绩效责任制来达到有效的控制。绩效控制系统一般要求确定预期的绩效范围；根据绩效范围衡量效益；根据效益对那些实现绩效的人员给以奖励，对没有实现绩效的人员给以惩罚。

绩效责任制与工作责任制在某种程度上有一定的相似性，即都是面向企业的未来，使职工的行为符合企业的预期。这种控制系统只有在职工充分认识到它的好处时才能发挥更大的效应。

（四）人员控制

人员控制系统是依靠涉及的人员为企业做出最大的贡献。此外，人员控制系统还可以为某些人员提供一定的帮助。当该控制系统出现问题时，一般可以采用以下手段加以解决：

（1）实施职工训练计划，改善工作分配，提高关键岗位上人员的能力；

（2）改进上下级的沟通，使企业职工更清楚地知道与理解自己的作用，将自己的工作与企业中其他群体的工作很好地加以协调；

（3）建立具有内在凝聚力的目标和高效协作的工作团队，促成同事间的互相控制。

四、战略控制的选择因素

管理人员在选择一种或多种控制方式时，一般应考虑三种控制因素，即控制的要求、控制量以及控制的成本。

（一）控制的要求

在一个企业里，管理人员往往要控制某些特定行为或作业运行。控制的根据就是这些行为对整个企业效益的影响程度。因此，企业控制的重点应放在有战略意义的重要行为上，而不应放在那些较容易控制的细节上。

（二）控制量

每一种控制手段所提供的控制量既取决于最初的控制设计，也取决于该手段对企业环境适应的程度。一般来讲，人员控制可以提供某种程度的控制，但这种控制很少或根本不能提供失败的警告。一旦管理的要求、机会或需求发生变化，人员控制很快会失效。具体活动控制与绩效控制所提供的控制量可以有很大的变动范围。在一般情况下，控制需要做到：

（1）详细规定每个人的工作内容；

（2）防止意外活动，经常有效地监控各项活动或绩效；

（3）有一定的奖惩制度。在具体活动责任制系统里，如果改变一个或几个因素，就会影响到该控制手段的控制量。

同样，成果责任制系统也有类似的变化。企业明确预期成果的工作方式以及成果标准，可以收到好的控制效果。

（三）控制的成本

控制的成本受到两方面因素的影响，一是控制系统的价格成本，二是各种控制系统所产生的副作用对实际成本的影响。

从控制系统的实际价格来看，人们掌握的技能越熟练，成本费用越有降低的趋势。控制系统副作用的影响应该引起注意，尽量在工作中避免。

具体活动的控制由于需要有一定的考核手段，往往会使生产过程拖延，影响生产费用。同时，具体活动控制不当，容易产生官僚主义行为，使管理人员不愿意或不考虑如何在新的环境下更好地完成任务。

成果控制也存在类似问题。如果衡量标准出现问题，成果控制便会产生严重问题。例如，质量标准偏低，奖金又与质量挂钩，结果职工往往会不顾真正的质量要求去生产。在这种情况下，人们乐于实现控制系统所规定的错误目标，结果生产不出企业真正需要的成果。此外，成果控制发生数据错误时，也会产生不良的后果。

五、战略控制方式的选择

选择控制方式主要依靠企业管理人员对有关预期的具体活动方面的知识与评价重要效益方面成果的能力。为了确定控制方式，企业可以用这两种因素建立一个矩阵，如图 9-3 所示。

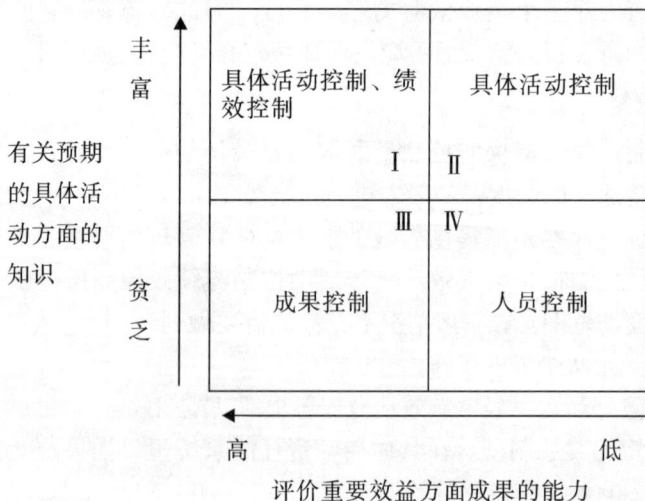

图 9-3　控制方式的选择

从图9－3可以看出，最难以控制的情况是企业对预期的具体活动不了解，对重要的成果领域也不能作出很好的评价（如第Ⅳ象限所示）。在这种情况下，企业一般只能采取人员控制或回避控制问题的方式。

在第Ⅲ象限里，管理人员在有关预期具体活动方面的知识比较贫乏，但有较好的评价成果控制能力。因此工作成果便可以取得较好的控制。这种控制适用于较高层的管理人员，使他们明确企业预期的成果以及各自的责任，从而达到控制的目的。

在管理人员对预期活动有较多的知识，但成果难以评价的地方（如第Ⅱ象限），管理上应采取具体活动控制手段。例如，企业在作出高额资本投资决策以后，由于期限较长，往往很难对决策的成果做出及时精确的评价。这时，管理人员应采取具体的投资分析技术对投资活动加以控制。

在第Ⅰ象限里，管理人员不能只依赖于一个固定领域的人员去采取行动，也不能过早地提出一种或多种回避的手段。此时，管理人员则应考虑具体活动控制、绩效控制，或者二者并用。

六、战略控制过程

战略控制的目标就是使企业战略的实际实施效果尽量符合战略的预期目标。为了达到这一点，战略控制过程可以分为四个步骤，如图9－4所示。

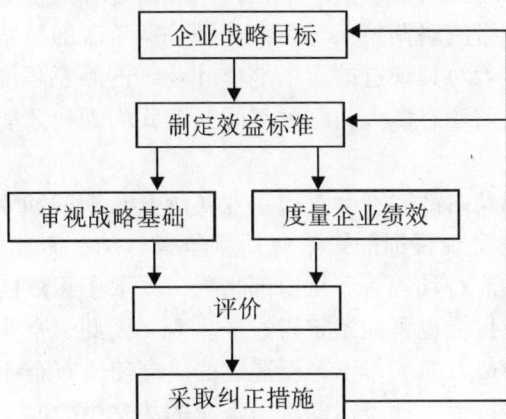

图9－4　战略控制的过程

（一）制定效益标准

战略控制的第一个步骤就是根据预期的战略目标和战略方案制定出应当

实现的战略效益，即制定出效益标准。在这之前，企业需要评价已定的计划，找出企业目前需要努力的方向，明确实现目标所需要完成的工作任务。这种评价的重点应放在那些可以确保战略实施成功的领域里，如组织结构、企业文化和控制系统等。经过一系列的评价，企业可以找出成功的关键因素，并据此作为企业实际效益的衡量标准。企业常用的衡量标准有销售额、销售增长、净利润、资产、销售成本、市场占有率、价值增值、产品质量和劳动生产率等。

（二）审视战略基础

企业战略是在研究了外部环境和内部条件的基础上制定出来的，对于构成现有战略基础的外部机会与威胁和内部优势与劣势，企业应当时时监测其变化。以下是审视中需要注意的一些关键问题：

（1）外部环境的变化。我们的机会是否仍为机会？是加强了还是减弱了？有无新的机会出现？我们的威胁是否仍为威胁？是加强了还是减弱了？有无新的威胁出现？

（2）内部条件的变化。我们的优势是否仍是优势？是否有所加强或减弱？体现在哪些方面？我们的内部劣势是否仍为劣势？是否又有了新的弱点，体现在何处？

（3）竞争者的分析。①竞争者对我们的战略做出了何种反应？②竞争者的战略曾发生了哪些变化？③主要竞争者的优势和劣势是否发生了变化？④竞争者为何在进行战略调整？⑤为什么有些竞争者的战略比其他竞争者更为成功？主要竞争者对其现有的市场地位和业绩的满意程度如何？⑥主要竞争者在进行报复之前还有多大的忍耐空间？⑦我们如何才能有效地与竞争者合作？

有众多的外部及内部因素会阻碍企业实现其长期的和年度的目标。从外部来看，阻碍企业实现目标的因素包括竞争者行动、需求变化、技术变化、经济状况变化、政府行动等等。从内部来看，采取了无效的战略，或者战略实施活动不利，原目标也可能制定得过于乐观。因此，企业目标未能实现不一定是由管理者和员工的工作不善而造成的。应使所有企业成员都明白这一点，以鼓励他们支持战略评价活动。当企业的战略失效时，企业领导需要尽快地知道。有时候，工作在第一线的管理者和员工会比战略制定者们更早得知这一点。

（三）度量企业绩效

另一项重要的战略评价活动是度量企业绩效，看一下企业是不是在令人满意地朝着既定的目标前进。这一活动包括将预期结果与实际结果进行比较，确定两者之间的差距。

有了偏差之后，首先要分析偏差的性质，即偏差是可以接受的吗？如果偏差不大，或偏差无关大局，或纠正它要花太大的成本，这时最佳的选择是什么也不做。

实际情况与预期标准之间存在的差异及其造成差异的原因，是拟定纠偏措施并将其付诸行动的依据。如果在原因不明的情况下，拟定和实施纠正措施，常常事倍功半，或者即使纠正了还会重现此类偏差。偏差出现的原因是多方面的，需要认真加以分析。

偏差的出现有可能是战略目标和战略本身的问题，通常包括下列两种情况：一是战略目标、战略或战略控制标准定得不科学，在执行中发现了问题；二是由于客观环境发生了预料不到的变化，原来被认为正确的目标、战略或实施计划不再适应新形势的需要。偏差的出现也可能是战略实施中的问题，这时就要把负关键责任的部门找出来。总之，必须把战略本身的问题与战略实施中的问题区分清楚。属于战略或实施计划本身的原因造成的偏差，则需要通过调整战略和修改标准加以纠正。

（四）纠正偏差

在战略控制的最后一个步骤里，企业应考虑采取纠正措施或实施权变计划。针对偏差产生的主要原因，管理者在战略控制中可以采取的处理措施有三种：第一，对于因工作失误造成的问题，控制的办法主要是通过加强管理和监督，确保工作与目标的接近或吻合；第二，目标或战略不切合实际，控制工作则主要是按实际情况修改目标或战略；第三，若是环境出现了重大的变化，致使战略或计划失去了客观的依据，那么相应的控制措施就是制订新的计划。

企业在采取纠正措施时有三种选择方式：

（1）常规模式。企业按照常规的方式去解决所出现的差距。这种模式花费的时间较多。

（2）专题解决模式。企业就目前所出现的问题进行专题重点解决。这种措施反应较快，节约时间。

（3）预先计划模式。企业事先对可能出现的问题制订权变计划，从而减少反应的时间，增强处理战略意外事件的能力。

七、战略控制的方法

为了实施有效的控制，人们在战略控制系统中使用了许多控制方法。下面介绍几种常用的控制方法。

（一）事前控制

事前控制又称前馈控制，其原理是：在战略实施中，通过对那些作用于实施系统的输入量和主要影响因素进行观察分析，对战略行动将产生的实际绩效进行预测，并将预测值与既定的标准进行比较分析，发现可能出现的偏差，从而提前采取纠正措施，使战略推进行动始终保持在正确的轨道上，最终保证战略目标的实现。

作为事先控制所要监控的因素主要有四类：①投入的资源。各种资源数量和质量将影响产出成果。常用方法有预算（包括投资预算、经营预算和财务预算）、重要人员的选聘和培养、重大合同的审批等等。②工作过程。为了使重要工作的过程不失控，预先制定各种政策、规程等，使过程标准化和技能标准化。③早期成果。依据战略活动的早期成果，可以对未来的结果进行预测。④外部环境和内部条件。外部环境和内部条件的变化，制约着战略的实施。

（二）随时控制

企业高层领导者要控制企业战略实施中关键性的过程或环节，随时掌握实施情况，纠正实施过程中产生的偏差，引导企业沿着战略的方向进行经营。

（三）事后控制

事后控制又称反馈控制，其原理是：在战略实施过程中，将行动的结果与期望的标准进行比较，然后根据差异大小及发生的原因采取措施，对今后的活动进行纠正。审计是战略控制中的事后控制最常用的方法。

八、建立战略控制系统

（一）战略实施的控制系统的组成

在战略实施的控制系统中，有三个基本的控制系统，即战略控制系统、业务控制系统和作业控制系统。战略控制系统关注的是与外部环境有关的因素和企业内部绩效，是针对总体战略和经营单位战略的控制。业务控制系统关注的是实现构成企业战略的各部分策略及中期计划目标的工作绩效，检查是否达到了企业战略为它们规定的目标，是对在时间和空间上分解了的战略计划的控制。作业控制系统是对具体负责作业的工作人员日常活动的控制，它关注的是作业人员履行规定的职责及完成作业性目标任务的绩效，作业控制由各基层主管人员进行。

应当注意，战略控制系统与业务控制系统的四点基本区别：

（1）执行的主体不同。战略控制主要由高层管理者执行，包括公司级和战略经营单位两级高层管理者；业务控制主要由中层管理者进行。

（2）战略控制具有开放性，业务控制具有封闭性。战略控制既要考虑外部环境因素，又要考虑企业内部因素；而业务控制主要考虑企业内部因素。

（3）战略控制的目标比较定性，不确定、不具体；业务控制的目标比较定量，确定、具体。

（4）战略控制主要解决企业的效能问题，业务控制主要解决企业的效率问题。

（二）战略控制系统的要求

（1）控制标准必须与整个企业的长远目标和年度目标相联系。有效的战略实施的控制必须将控制目标与各特定系统的绩效标准相联系，与资源的分配导向相联系，与外部环境的关键因素相联系，这样做有利于明确战略计划和人们的行为目标之间的联系。

（2）控制要与激励相结合。一般说来，当人们的行为取得符合战略需要的绩效时会得到激励，但在平时人们的行为期望目标并不十分清楚，而有效的战略实施的控制提供了人们行为的期望与战略目标之间的联系，这时的控制与评价就具有激励性的特点，这对有效地实施战略十分有用。

（3）控制系统需要有"早期预警系统"。该系统可以告知管理者在战略实施中存在的潜在问题或偏差，使管理者能及早警觉起来，提早纠正偏差。

（三）实施战略控制的条件

战略实施的控制有五个条件：

（1）完整的企业经营战略规划。战略控制是以企业经营战略规划为依据的，战略规划越是明确、全面和完整，其控制的效果就有可能越好。

（2）健全的组织结构。组织结构是战略实施的载体，它具有能够具体执行战略、衡量绩效、评估及纠正偏差、监测外部环境的变化等职能，因此组织结构越是合理、完善，控制的效果可能就会越好。

（3）得力的领导者。高层领导者是执行战略控制的主体，又是战略控制的对象，因此要选择和培训能够胜任新战略实施的得力的企业领导人。

（4）优良的企业文化。企业文化的影响根深蒂固，如果有优良的企业文

化能加以诱导和规范，对于战略实施的控制是最为理想的，当然这也是战略控制的一个难点。

（5）高效的信息系统。全面、准确、及时的信息使组织成员可以监督进展状况并迅速采取纠正行动。

思考题

1. 认识高层领导班子的组成对战略管理的意义。
2. 比较内部提升与外部招聘的优缺点。
3. 西方企业如何激励经理人员？这些方法对我国企业有何启示？
4. 详细叙述战略控制的过程。

网络练习

上网查找一个你感兴趣的服务外包企业，探讨该公司适合的战略控制类型。

参考文献

1. 吴彬，顾天辉．现代企业战略管理．北京：首都经济贸易大学出版社，2004.

2. 芮明杰．中国企业发展的战略选择．上海：复旦大学出版社，2000.

3. 童臻衡．企业战略管理．广州：中山大学出版社，1996.

4. 徐二明．企业战略管理．北京：中国经济出版社，1998.

5. 刘冀生．企业经营战略．北京：清华大学出版社，1995.

6. 孙耀君．西方管理思想史．太原：山西人民出版社，1987.

7. ［美］大卫·J. 科利斯，辛西娅·A. 蒙哥马利．公司战略．王永贵，杨永恒译．大连：东北财经大学出版社，2005.

8. ［英］唐纳德·索尔．如何提升企业核心竞争力．包刚升译．北京：企业管理出版社，2000.

9. ［英］安德鲁·坎贝尔，凯瑟琳·萨姆斯·卢克斯．战略协同．任通海，龙大伟译．北京：机械工业出版社，2000.

10. ［美］亚瑟·A. 汤姆森，A. J. 斯迪克兰迪．战略管理（第10版）．段盛华，王智慧译．北京：北京大学出版社；香港：科文出版有限公司，2000.

11. ［美］罗伯特·D. 巴泽尔，布拉德利·T. 盖尔．战略与绩效．吴冠之等译．北京：华夏出版社，2000.

12. ［美］安娜蓓尔·碧莱尔．领导与战略规划．赵伟译．北京：机械工业出版社，2000.

13. ［美］彼得·F. 德鲁克．公司绩效测评．李焰，江娅译．北京：中国人民大学出版社；哈佛商学院出版社，1999.

14. ［美］卡尔·W. 斯特恩，小乔治·斯托克．公司战略透视．波士顿顾问公司译．上海：上海远东出版社，1999.

15. ［美］戴维·贝赞可．公司战略经济学．武亚军译．北京：北京大学出版社，1999.

16. ［英］安德鲁·坎贝尔，凯瑟琳·萨默斯·卢斯．核心能力战略．严勇，

祝方译．大连：东北财经大学出版社，1999．

17. ［美］大卫·斯蒂文斯．战略性思维．曹祖平等译．北京：机械工业出版社，1999．

18. ［美］阿德里安·J. 斯莱沃茨基．价值转移．凌郢等译．北京：中国对外翻译出版公司，1999．

19. ［美］弗雷德·R. 戴维．战略管理．李克宁译．北京：经济科学出版社，1998．

20. ［美］迈克尔·波特．竞争战略．陈小悦译．北京：华夏出版社，1997．

21. ［美］迈克尔·波特．竞争优势．陈小悦译．北京：华夏出版社，1997．

22. ［美］彼得·圣吉．第五项修炼．张成林译．上海：上海三联书店，1998．